D1356490

Professor Gordon W. MacLennan

Seanchas Annie Bhán
The Lore of Annie Bhán

GORDON MAC GILL-FHINNEIN

GORDON W. MACLENNAN
*(First Holder of the Chair of Celtic Studies,
University of Ottawa)*

Seanchas Annie Bhán

Gordon Mac Gill-Fhinnein

Arna chur in eagar agus aistrithe ag
Alan Harrison
agus
Máiri Nic Gill-Fhinnein

The Lore of
Annie Bhán

GORDON W. MACLENNAN

Edited and translated by
Alan Harrison
and
Máiri Elena Crook

Published in 1997 by
The Seanchas Annie Bhán Publication Committee

ISBN 1-898473-84-6

This book was published with financial assistance from
The Arts Council

Fuair an leabhar seo cuidiú airgid ón Chomhairle Ealaíon

Cover drawing:
Annie Bhán (front) and Errigal Mountain (back cover)
by Michael O'Donnell

Printed and Bound in Ireland by
Typeform Repro Ltd.
Portside Business Centre
East Wall Road
Dublin 3

Contents

Réamhrá

Chóir a bheith dhá bhliain ó shin bunaíodh coiste beag le cuid de sheanchas Annie Bhán Nic Grianna, a raibh an scoláire Ceilteach Gordon Mac Gill-Fhinnein ag déanamh taighde air ar feadh roinnt blianta sula bhfuair sé bás, a fhoilsiú. Cuireadh litir thart ag lorg síntiús agus títhear toradh na litreach sin sa liosta síntiúsóirí ag deireadh an leabhair. Tá muid iontach buíoch do na daoine sin uilig agus do na hinstitiúidí acadúla agus eile a chuidigh leis an iarracht seo. Tá an leabhar á fhoilsiú in áit na Féilscríbhinne is cinnte a gheobhadh sé dá mairfeadh sé lena shaothar saoil a chur i gcrích. Ba cheart a rá nárbh é aidhm an leabhair seo an ainilís ar Bhéaloideas, ar Theangeolaíocht agus ar Chanúineolaíocht a bhí beartaithe ag Gordon a dhéanamh. Mar a deirtear in áiteanna eile beidh an corpus iomlán mar aon lena chuid nótaí ar fáil fá choinne scoláirí eile amach anseo. Tá muid ag foilsiú dhá aiste leis anseo fosta, agus léiríonn siadsan a bhfuil caillte againn de bharr a bháis anabaí.

Coiste Foilsitheoireachta:
Alan Harrison
Máiri Nic Gill-Fhinnein
David Crook

Foreword

About two years ago, a small committee was formed to publish some of the lore of Annie Bhán Nic Grianna which the Celtic scholar Gordon MacLennan had been researching for a number of years before his death. A letter was circulated seeking subscriptions and the result of this can be seen in the list of subscribers at the end of the book. We are most grateful for the support of all the subcribers, individuals and institutions, which has enabled us to publish this book in lieu of the Festschrift which Professor MacLennan would undoubtedly have received had he lived to complete his life's work. It should be said that it was not the aim of the committee to carry out the detailed analysis of the Folklore, Linguistics and Dialectology of the Annie Bhán material that Gordon had intended. As stated elsewhere the whole corpus and his notes will still be available for future scholars to do so. Also included here are two essays by Professor MacLennan which give an indication of what we have missed as a result of his untimely death.

Publication Committee:
Alan Harrison
Máiri Elena Crook
David Crook

Acknowledgements

The editors are happy to acknowledge all the debts they have incurred from the advice, expert knowledge and support of friends and colleagues all over the world. We would also like to thank all those who had given assistance and support to Professor MacLennan as he set about the compilation and preparation of the Annie Bhán material. We have been gratified by the great response of individuals and institutions who were invited to subscribe so that this volume could be published and we would like to thank all the people concerned. We wish to mention the names of a few people who gave special help. The Department of Irish Folklore, University College Dublin, through the then Professor, Bo Almqvist, originally gave Gordon access to the relevant manuscripts in the collection as well as permission to publish from them. John (Ghráinne) Devanney was an invaluable source of information on the Irish of Rannafast and his contribution and that of his brother Hughie are mentioned often in Gordon's notes. Brian Ó Domhnaill's support was appreciated from the beginning, both as a relation and a lover of the Donegal Gaeltacht and its traditions. His brother Michael O'Donnell of Annagry was kind enough to take time from a busy schedule to supply the artwork for the cover. We are indebted also to Vincent Ó Domhnaill of Rannafast and Inver from whose fascinating collection of photographs many of the illustrations were taken, and to Annie's nephews Dónall, Mícheál and Feidhlimidh Ó Baoill for their cooperation. Gordon's wife, Bríd, gave us constant and enthusiastic encouragement throughout. The patience and understanding of Corinne and Ashley Harrison were appreciated as usual, as were those of David Crook, whose dedicated interest and help in so many practical ways were essential ingredients in the successful completion of the book.

Rath agus bláth orthu uilig.

Gordon Wallace MacLennan
(1931-1992)

The making of a Celtic scholar

ALAN HARRISON

One of the seminal incidents in early Gaelic literature is the story of the god/hero Lugh coming to the royal court at Tara. He knocks on the door and the doorkeeper tells him that everyone who enters must be the possessor of a special skill. He mentions his several skills one by one and after each recitation the doorkeeper informs him that there is already someone inside who excels in that skill. When he is finished Lugh asks if there is anyone inside who is master of all the skills and he is thus admitted as a supreme hero because of his versatility. Versatility in academic life is less valued now than it used to be. Instead of having a reputation for accomplishment a versatile scholar is seen as a Jack-of-all-trades or a *Gobán Saor*, both of which names imply a shallowness of approach to every field. While I understand the reasons for such assessments I don't believe it is necessarily the most healthy situation for a field like Celtic Studies. The very nature of the discipline demands versatility and flexibility and is enhanced by a multi-faceted approach. Thus when I recall the Lugh legend in the context of Gordon MacLennan's performance as a professional Celtic scholar it is in recognition of his determination and his ability to master whatever skills were necessary and his belief that he was good enough to aspire to the highest standards.

Gordon MacLennan was conditioned to be versatile by both temperament and training. I hope my view of his temperament will emerge in this essay so I will concentrate first of all on his training. He was one of a cohort of brilliant students who studied under

Kenneth Jackson – himself a monument of industry and versatility – at Edinburgh University in the 1950s. In each of his years at College he was the outstanding student consistently winning prizes for first place in his class. He was from this time also one of the very few scholars who specialised in both Irish and Scottish Gaelic and who was equally at home speaking both languages, an accomplishment all the more remarkable given that he was monolingual (English) until he was twenty years old. Many have attained a high competence in one and a working knowledge in the other. Gordon was viable in each language at both the scholarly and demotic levels.

In 1956 he came to Ireland replacing Calum MacLean as the Scottish Gaelic specialist in the Modern Irish department at University College, Dublin. He immediately immersed himself in the academic, social and cultural life of Ireland. He wrote for and edited the weekly Irish language newspaper, *Inniu*, he collected folklore, firstly using the cumbersome Ediphone equipment for the Irish Folklore Commission, then a series of nearly as cumbersome tape recorders, he founded and ran an Irish summer College in the Gaeltacht, he founded an Irish-speaking badminton club, in which he was as efficient an administrator as he was competitive on the court, and he taught Scottish Gaelic and Ulster Irish language, linguistics and literature, as well as teaching some Modern Irish literary texts. In all these activities he showed a passion for his interests, a loyalty to friends and a general zest for life. He was a challenging, competitive personality who was always involved heart and soul in what he was doing.

Nowadays a scholar needs to focus early if he or she is to make an impact on his or her field, to publish regularly and to establish a reputation. That, of course, was not the norm in the 1950s and early 1960s. Gordon used this period to broaden his base and competence in the various Celtic disciplines. He attended additional courses in Indo-European Philology, Old Irish, Classical Irish, Welsh and Breton. In addition he added a German qualification to the French he had studied as part of his primary degree. All this stood him in good stead when he needed it later to set up and teach a Celtic Studies Programme at Ottawa University.

His major publication of that period was *Gàidhlig Uidhist A Deas* (The Gaelic of South Uist) published in 1966 by the prestigious School of Celtic Studies of the Dublin Institute for Advanced Studies. It was written in Irish and combined Gordon's main academic interests of linguistics and folk literature to introduce Irish learners to Scottish Gaelic. It was, and is, a useful and imaginative way of proclaiming the common tradition of the two Gaelic languages, and it remains a fairly unique and creative approach to the teaching of Scottish Gaelic in Ireland. It makes the very sensible assumption that Irish speakers, as opposed to other learners, do not need to have certain aspects of the language explained to them, and that it is possible to build on their knowledge of their own language by means of comparison and contrast and thus help them to understand the sister tongue.

By the late 1960s a Ph.D. had become essential for academic advancement. Gordon had already spent two years on sabbatical teaching assignments, once in Nigeria (1963), where he helped to organise the French Department at the New University of Nigeria and prepared a syllabus for the B.A. Degree in French, and then at Cornell University (1966-7), where he was the visiting Lecturer in Celtic and French in the Division of Modern Languages. While he was in Cornell he visited Cape Breton and other Gaelic-speaking areas in Nova Scotia and Ontario and began collecting material for his Ph.D. thesis. In 1974 he was awarded his Doctorate by the National University of Ireland for his study of the Gaelic of Inverness County, Cape Breton, Nova Scotia. This was a synchronic and diachronic linguistic study of the phonology of that dialect, using conversation and folklore he had collected in the intervening years. Naturally it also included much of the morphology and syntax of Canadian Scottish Gaelic as well. It is a valuable contribution to Gaelic linguistics which contains an analysis of material that would not have been collected otherwise, and that cannot be collected today because the informants are dead, and, to translate the Irish expression, "their like will not be seen (or heard) again." Not only that, but this material and much more remains on tapes and typescripts now in the possession of Ottawa University. It may be possible to publish this material in some form in the future. Indeed

Gordon himself mined his thesis for a number of key articles on the Gaelic of the Canadian territories. Typically, he shared his research with others and was especially pleased when they published and acknowledged his contribution to their researches.

Gordon left University College, Dublin in 1973 to take up a post at the National Museum of Man in Ottawa, Canada. This was a choice to change a teaching career for one which was more centred on research – especially in the research of the remnants of spoken Gaelic in Canada which had by this time become his own major area. By 1976 he was appointed Assistant Chief and Head of Research at the Museum which involved him in not only his own research but also the administration of research projects by others, both those on the staff and those whose work was sponsored by the Museum. It was a fruitful period for Gordon and he published and lectured extensively during the next ten years. He also profited from the interaction with scholars in other disciplines and from the discovery of the value of computerisation for the scholar. He was, I believe, one of the first of our colleagues in Celtic Studies to appreciate the potential of the computer and he embraced it with great enthusiasm. He was always to the fore in this aspect of the field and learned enough himself of the theory and practice to lecture to the rest of us about the virtues and practicalities of the computer. He had an early "portable" model, made in Canada and compatible with IBM systems which travelled to and fro with him between Canada and Ireland. It was in fact so big that it was usually carried by means of "portable" wheels. It was presented to a computer museum in Canada when he died!

I believe he was an efficient and conscientious administrator at the Museum. But as time went on he found that the attention he could give to his own fields of interest was becoming less and less, and as a public servant he was expected to supply information to the whole public about the cultures of all ethnic origins. In short, his academic canvas was becoming too diffuse, and so he decided to return to a university environment. He had at an early date established contact with the Celtic communities in Ottawa and elsewhere and had begun to serve them by teaching the two Gaelic languages and cultures in

which he was expert. He began this firstly as part of the extra-mural service for continuing education at the University of Ottawa from 1974 to 1985. This activity was the beginning of the campaign to establish a Chair of Celtic Studies at that University.

The story of the Celtic Chair campaign deserves to be told in detail. However, perhaps we are still too close to the events, and the future of the Chair still too uncertain for it to be dealt with dispassionately. Therefore I will confine myself here to the more salient points. A large number of people was involved, sometimes on a daily basis, in both practical and in supportive capacities in the campaign. Members from all the Celtic communities in Canada contributed time, energy, practical expertise and money to raise an enormous sum which would be matched by the Canadian Government thus enabling the University to set up the Chair. Most endowed chairs in Universities are set up with money that comes from a small number of individuals. The Ottawa Chair was the result of a public movement, not of the tax-deductible altruism of an interested individual. Gordon MacLennan was the driving force of the whole campaign. It was his teaching, in part-time and full-time capacities at the University that created the need for such a permanent service in Celtic Studies. He was the essential ingredient to fuse the different Celtic communities in a single campaign – he was held in high respect by each community, even reaching out and establishing close contact with the Canadian Welsh societies. Because of his understanding of academic life he was the ideal go-between for this Celtic public and the University authorities. He tirelessly planned strategy and led the group in its lobbying and negotiations with politicians and public servants. When the Chair was eventually set up and advertised many felt that it would have been a travesty if he had not been appointed, but it was without a doubt on his academic merit, and for no other reason, that he, from a strong international field of Celtic Scholars, became the first Holder of the Chair in 1986.

Gordon always kept in touch with the main centres of Celtic Studies and understood that the discipline would deserve to have no standing unless he established and maintained contact with the

mainstream of Celtic Studies, especially in the British Isles and Europe, as well as keeping in close co-operation with the Celtic Association of North America. He himself took every opportunity to attend conferences and Celtic congresses and to contribute papers as often as possible. He used these occasions to meet his colleagues and to invite them to visit Ottawa and contribute to his Celtic Studies programme. Celtic Scholars from Dublin, Belfast, Edinburgh, Aberdeen, Glasgow, Oxford, Cambridge, Aberystwyth, Cardiff, Swansea, Brest and Rennes from Europe and also many others from North America benefited from this farseeing policy and, of course, students at Ottawa University had the opportunity to taste the full range of the field.

A natural development of this activity was the plan to organise a Celtic Congress at Ottawa University to celebrate the foundation of the Chair in 1986. Once again Gordon planned to bring as many of the European scholars as the finances would allow. The result was a resounding success which owed much to Gordon's planning and organisational ability. He motivated and led a team of volunteers who ensured the smooth running of all the logistics and social events that made the Congress a truly memorable occasion. The number and variety of scholars present ensured the high academic content. It was a suitable way to celebrate the foundation of the Chair and put Ottawa firmly on the map of Celtic Studies. This was followed by his editing of the proceedings, which was a monumental task when one realises how quickly he achieved it (within two years) to such a high standard, and when one considers the difficulties in dealing with a large number of authors (42) from Europe and North America. In his typical fashion Gordon became an expert in all facets of academic editing and even concerned himself with the business side of production, marketing and distribution. Also, with an eye to the future, he set up a permanent secretariat for the Celtic Congress of North America at Ottawa, together with an international panel of advisers, both of which had a big input into the Second Congress held four years later (1990) in Halifax, Nova Scotia. This organisational activity is not the norm for academics and few are able or prepared to attempt it. However as I have said above, it was central to Gordon's understanding of what was necessary to establish the

integrity of his subject. Because of the importance he attached to this he expected the highest standards of himself and of others.

During the 1980s Gordon MacLennan continued to collect material in Gaelic Canada and to lecture extensively on the linguistic and cultural importance of this material. About the year 1983 he began to look again at similar material that he had collected as a young scholar in Donegal. It was at this time he listened again to the tapes he had taken from Annie Green from Rannafast in Co. Donegal, (the Annie Bhán of this book). He quickly realised that she was an exceptional tradition-bearer from an area well-known for its richness of folklore. When he checked the collection of the Irish Folklore Commission, which is now in the Department of Irish Folklore, University College, Dublin, for additional material he had collected on behalf of the Commission, he was surprised and delighted to find that others had also collected from her going back to the 1930s. He decided to bring the whole corpus together and began to study it. This became his major research for the last nine years of his life.

Gordon's training and experience until he worked with the Annie Bhán material had been primarily linguistic. He had however been familiar with the basics of folklore and ethnology in his University degree courses, in his teaching and in his administration of research at the Museum of Man. When the time came to tackle the Annie Bhán material in the early 1980s he set about mastering the modern theories of folklore and ethnology that would enable him to study and analyse it. He read widely in the field, consulted whatever experts were available to him, went to conferences and talked endlessly to those of us who would listen about this wonderful material he was working with. He continued to dig into the texts for linguistic notes, usually words and idioms not noted in dictionaries, and for stylistic and cultural traits that were typical of the Annie Bhán material. What he didn't understand himself he found out by using his network of friends in Donegal as expert informants, taking notes on any piece of paper to hand, which he kept even when he had transferred the information into his computer. This resulted in a number of articles which clearly showed his increasing familiarity

with the material itself and his gradual understanding of the theoretical foundation that would enable him to place it in its context. His last essay published in the Proceedings of the Second Celtic Congress of North America and republished in this volume is the best testimony to this, and also a sign of what we have missed since he was unable to complete this work himself.

His proficiency with computer programmes was also a great help to him. After trying to employ others to type the material for him he discovered that he could do it faster and more accurately himself. The material was collected at several periods by different collectors from the 1930s until his own taping in 1961. The transcriptions are not uniform and each of them uses its own conventions. He had to devise the editorial principles which would do justice both to Annie Bhán and to those who had collected from her. It will be enough to state here that the overriding principle of his editorial practice was to make the authentic voice of Annie Bhán accessible to a modern reader. Only someone like him who knew the Irish of Rannafast so well, and who had been trained by his journalistic and editorial experience could accomplish this. His transcriptions of the texts are full of his notes as he struggled with the problems of editing this vast corpus. Had he lived this would have been one of the pleasures of meeting Gordon, over coffee in Bewleys, discussing the minutiae of our trade, as well as the vagaries of our colleagues! We would not have agreed on everything but had engaged in similar discourse together often enough to realise that such discussion was essential to refine our work.

A few years before his death Gordon had come across a medieval tale, *Eachtra an Amadáin Mhóir* (the Adventure of the Great Fool) which was derived from an Arthurian tale and had echoes in Scottish Gaelic folklore. When he discovered that there was no modern edition, although he had no experience of editing such texts, he decided he would prepare one. The versions of the tale are in late Classical Irish and most of the manuscripts are relatively late, from the Seventeenth and Eighteenth Centuries. I don't think Gordon had ever had to use such primary material before but he tackled it as he always did when faced with new challenges. He purchased

photostat copies or microfilms of all the relevant manuscripts and proceeded to transcribe these versions into his computer, he talked to Arthurian scholars and came away from them armed with reading lists that would terrify most people and set to work. The modern edition was not completed before his final illness but he had already given two illuminating lectures on the material and published one article. I have no doubt that this research, which was so different from the work he was doing on modern Scottish and Irish Gaelic, would have solved many of the questions about this odd composition and have been a standard work on such material.

All this academic activity, Congresses, Proceedings, research and study are evidence of a full intellectual life. If that were all he managed to accomplish during the 1980s he would have no reason to be ashamed. However, he combined it with heavy teaching loads, often in areas outside his special competence, like the prehistory of the Celts. He planned his teaching in the same manner he did everything else and his papers have extensive notes and lectures on all the topics he taught. He realised that those whom he taught in Canada were different from the Irish speakers he had as pupils in Ireland, and so he prepared his material accordingly. He set about filling a serious need he felt concerning those to whom he was teaching the basics of the languages, namely grammars and primers that were suitable for North American English speakers. He began to prepare a basic course for beginners and tested it and refined it as he went along. This too was in an advanced state when he died and may be able to be published in the future. Earlier, using his experience as a summer College organiser, he arranged for students from North America to take part in summer school experiences in the Donegal Gaeltacht as a way of enriching the language courses he taught at Ottawa.

Such academic and administrative activity would be a heavy load for a healthy person. For the last six years of his life Gordon was fighting the debilitating effects of multiple myeloma and of the various treatments. Celtic Studies was one of his weapons. He gave what energy he had to his chosen profession and it in turn lifted him over hurdles of despair and disappointment. He tackled the illness

with his usual intellectual approach. When he was told of the nature of his disease he went to the University library and read all about it. Then he returned and questioned the physician about the future. All he required from the medical profession was that they would keep him well enough to work on his research long enough for him to finish it. He could have had a lighter teaching load, he could have attended less conferences and he could have given the tasks of administration to others but it was only during the last year of his life that he was forced to concede in any of these. He finished the work on his essay published here on New Year's day 1992. I spoke to him on the phone that day and it was mainly what he wanted to talk about. We only spoke together once more, and less than three weeks later he died.

The Annie Bhán material was not finished at Gordon's death. It was well on the way but would have required several more years of intensive work. This is a book about Gordon's work but it is not the book he would have written; his plan was much more ambitious. He wished to publish the whole corpus of stories and folklore collected from Annie Bhán in several volumes, with full linguistic and folkloristic notes, together with full contextual and theoretical analysis. Also, at the invitation of the Royal Irish Academy he undertook to publish a concordance of Annie Bhán vocabulary and a separate collection of words and phrases not found in standard dictionaries. In view of this I can't help feeling he would have been pressing us to add more, to do more! The remainder of the Annie Bhán texts and tapes (comprising about fifteen times as much as we have published here, some three thousand manuscript pages!) along with Gordon's copious working notes, is an inviting archive for future scholars. I hope Gordon will be remembered for this research in the same way that he will be remembered for his energy in establishing Ottawa as a centre of importance in Celtic Studies through the Celtic Chair and the subsequent Congresses and their Proceedings. He would, I believe, have laughed at me for using the god/hero Lugh as an introduction to his versatility, but I think also he might have been a little bit pleased.

Digression in Irish Oral Tradition: The Case of Anna Nic Grianna

GORDON W. MACLENNAN

IN October 1961 I recorded seven folktales from Anna Nic Grianna (better known as Annie Bhán) of Rannafast, County Donegal. At the time I was a close friend of her nephew, Dónall Boyle, an excellent traditional singer, and I recorded several songs from him at the same time. In the summer of 1962 I employed her along with others as storytellers in the Gaelic Summer College I was running in the neighbouring village of Annagry. Impressed by Annie's talent as a storyteller I decided to record as much from her as I could the following summer. Unfortunately, she died before I saw her again and I went on, with regret, to other things. In 1983 I transcribed one of the tales I had recorded from her for a paper I subsequently read at a meeting of the Celtic Studies Association of North America at the University of Chicago. Wishing to check up on a small textual problem in connection with the transcription I visited the archives of the Department of Irish Folklore at University College, Dublin, to see whether by any chance they had a version of my tale. Searching through their immense collection I made the pleasant discovery that the archives not only contained an earlier version of the story, recorded from Annie, but also about another 2,800 pages of oral tradition collected from the same lady. The size of the collection was interesting considering that Annie was not as well-known as other *seanchaithe* from her townland. Three other main tradition-bearers of Rannafast had acquired national and even some international fame in Gaelic and Celtic circles from the 1950s on: Mící Sheáin Néill (Ó Baoill), Neddy Frank (Ó Grianna), and Annie's brother Seán Bán (Ó Grianna). But Annie, though just as good, had received only minor recognition, probably because she was not as

11

footloose, or as free from house duties as the men, to travel, to take part in festivals and competitions, and to meet people. Nor was she able to offer accommodation to Irish-language summer college students, which was another way of becoming well-known and popular. At any rate it seemed to me that it was time to remedy that state of affairs and ensure that Annie's contribution to the heritage of Gaelic folklore was better known and appreciated. So, I decided to edit and publish all her known collected material.

On examining the corpus I found the following categories represented:

- Folktales
- Anecdotes
- Memorates and Fabulates. These are useful categories which were identified by the noted German folklorist Carl von Sydow in an article entitled "The Categories of Prose Tradition". Although they have been criticised, these categories are still valid and practical and have benefited from some elaboration and refinement by others such as Linda Dégh and Andrew Vázsonyi in their article "The Memorate and Proto-Memorate". Essentially, a memorate is a short single-episode narration recalling something that is claimed to have happened personally to someone. When such a memory is transformed by the inventive fantasy of the people into something which transcends reality, but is still claimed to be true, then it is called a fabulate. Both memorates and fabulates are common in Annie's repertoire.
- Folksongs and poetry.
- Children's rhymes.
- Riddles.
- Traditional prayers.
- Traditional medecine and cures.
- Superstitions.
- Customs and beliefs.
- Material culture.
- *Seanchas* or Talk about Annie's everyday life.
- Digressions.

These last two items are the main subjects of this article and I will return to them after establishing their context (Dundes 506) by discussing the *seanchaí* and the collectors.

THE SEANCHAÍ

Anna Nic Grianna, anglicised Annie Greene, and known by all as Annie Bhán (White-haired Annie), was born in Rannafast, one of the strongest Gaelic-speaking districts in Ireland, in 1893 and died in 1963 aged 70. She had a normal childhood and upbringing but, perhaps because of her poor eyesight, she never went to dances, never had a boyfriend, and never married. She was none the worse for that and she was a sociable person. By nature she was soft-hearted and compassionate, with a good sense of humour. On the other hand, she had some strong opinions, and a rather wicked tongue, if provoked. In her outlook and ways she was conservative and traditionalist, which is an asset for a *seanchaí*, of course, but does not explain how she came by her exceptional knowledge of traditional lore. One explanation for that is contained in one of the manuscripts of her collection in a note written by the then Archivist of the Irish Folklore Commission, Seán Ó Súilleabháin. The note reads as follows (in translation):

> Anna Nic Grianna: this woman is blind – she is an albino. She can walk around the house and she picked up these stories because she always had poor sight. She could remember a story after hearing it only once. Hughie Devanney told me this in the office, 11/11/1937.

However the misunderstanding occurred, this note is incorrect. Although Annie's sight was very poor she was not blind and was not confined to the house. I myself saw her, over twenty years after that note was written, doing her shopping in the village of Annagry after walking two miles on her own from Rannafast. In addition, she herself has recorded an account of a trip she and a friend once made to Glasgow, Scotland. Both external evidence of this kind and the internal evidence of the corpus show that her sight had little or nothing to do with her abilities as a *seanchaí*. The source of her talent was rather her own declared love of stories, her excellent memory, certainly, and the fact that she belonged to a family which was

steeped in tradition and whose house was known as a céilí house, a rendez-vous for story-bearing. Of her siblings, her brother John (also an albino with very poor sight) was an excellent *seanchaí*, despite the fact that he was a confirmed rambler who preferred travelling to staying at home. [Her other two brothers Séamus and Seosamh became major prose writers and literary figures in modern Irish literature.] Further on I shall be quoting from Annie herself to show how she acquired her lore. In the meantime let us look at the collectors of her extant repertoire.

THE COLLECTORS

The Irish Folklore Commission, a Government institution, was established in 1935 with James Delargy as its Honorary Director. Its purpose was "to undertake the collection, preservation, classification, study and exposition of all aspects of Irish folk tradition". For collecting, Delargy's policy was to appoint field-collectors who were known and trusted in the communities in which they lived and worked. They could, without delay, seek out the best informants and start recording their traditions. Some of these field-collectors were permanent and some were part-time. In the Rannafast area two cousins were employed as part-time collectors: Hughie Devanney (Hiúdaí Phadaí Hiúdaí) and Hugh O'Donnell (Hiúdaí Mhicí Hiúdaí). At first they both collected mainly from two female *seanchaithe*, both called Greene though not related: Sorcha Bean Mhic Grianna, known as Sorcha Chonaill, and Anna Nic Grianna, or Annie Bhán, the subject of this paper. However, after a while they decided to avoid the inconvenience of competition (they were paid according to the amount of material collected) by agreeing that Hiúdaí Mhicí Hiúdaí would collect from Sorcha Chonaill while Hiúdaí Phadaí Hiúdaí would collect from Annie Bhán. Thus, while a little of Annie's lore was collected by Hiúdaí Mhicí Hiúdaí the vast bulk was collected by Hiúdaí Phadaí Hiúdaí. In addition a very small amount was collected by two non-locals (Críostóir Ó Muireadhaigh and Seán Mac Diarmada), and I myself, as mentioned above, tape-recorded seven tales. All the material, except mine, was recorded on Ediphone wax cylinders which, unfortunately, were re-used later, so that there is now no record of Annie's voice in the Folklore Archives in Dublin. Fortunately, on the other hand, my tape-recordings are

safe and duplicated, and these, as far as I am aware, are the only extant audio records of how Annie told her tales.

Hughie Devanney collected from Annie and others, off and on, during the years 1937, 1938, and 1939, and then went on to other work. His brother John told me recently that he thought Hughie felt he had got as much as he could in Rannafast – that the well was drying up. I could see how he might have felt that way after such a long effort in one spot, resulting in such a big collection, but, in fact, as I have already said, twenty-two years later I collected fresh material from Annie. Of course, Annie may have been adding all the time to her repertoire – in more ways than one since she herself told me that she sometimes made up her own stories. Nevertheless, I do believe that the bulk of her repertoire was collected, at least as far as folktales were concerned, whatever about other categories of lore.

How did Hughie go about his work with Annie? We have no direct detailed information but the internal evidence is that any requests or instructions that he may have given her were given before the Ediphone was started and that thereafter he did not converse with her or ask questions while the machine was recording. He appeared to think that he should not record himself (a standard belief among many collectors). In fact, only a few words spoken by him have been recorded and they were mainly forced out of him by Annie. This is a pity since contextual information of this kind would have been interesting. On the other hand, the Commission's collectors were required to write occasional simple accounts of what they were doing and I have noted two from Hughie which have contextual interest. Here they are in translation (square brackets enclose editorial additions):

> I'm almost finished with the Ediphone now for another while. If I am it was about time, I've had it since the 6th of July [1937]. I got it that day and took it over to Sorcha Chonaill's house [Sorcha Bean Mhic Grianna]. The house there was full of [summer] college boys and I thought I would not be able to do anything because of them. However, they scattered here, there, and every way, and the house was left to myself and the old woman and it wasn't long till we had filled a dozen cylinders; and these were all

the cylinders I had with me that day. The next day, when
classes were finished in the college [the local summer
college, Coláiste Bhríde, where he was teaching Irish], I
took another dozen cylinders and went to Sorcha Chonaill
and filled two of them. I left Sorcha's house then and went
to the house of Feidhlimidh Dhónaill Phroinsiais [Annie's
father] and filled the rest of them there. Then I took the
Ediphone home and I wrote down the lot, and I am just
finishing with it now.

The Ediphone was a heavy cumbersome mechanical machine
which used a needle on a wax cylinder resembling a cylindrical
gramophone record and recorded with the aid of a speaking tube.
The Commission still used them in 1954 (and into the sixties) when I
was lent one myself for some volunteer collecting in the Rannafast
district. I had expected a tape-recorder such as I had been used to
when collecting in the Outer Hebrides for the School of Scottish
Studies and was somewhat taken aback when I saw this comparatively
clumsy device. However, it did its job and using it was much better
than having to write tales verbatim as I had also had to do in
Rannafast at an earlier period.

Hughie wrote another, longer, account of his movements a few
months later in which he said (in translation):

Diary – visits to Sorcha Chonaill and Annie Bhán. Monday
evening, the 13th of September [1937], I was at the funeral
of one of the men of our townland, Dennis Gallagher. I
went with the funeral procession to Annagry and stayed
there till he was buried. When I came home that evening
there was a dozen cylinders waiting for me. When I had
drunk my tea I took the Ediphone under one arm and the
cylinders under another and away I went down the short
cut through parks and stone dykes and ditches and rocks
till I was in Sorcha Chonaill's house, about three-quarters
of a mile from my own house. It was fairly late in the
evening when I was there and I was tired for it was no fun
at all to haul that Ediphone that distance by that rough
route.

I got a big welcome from Sorcha and her family.

Gordon MacLennan in Donegal in the late 1950s, with Annagry in the background.

Irish class in Ottawa

The Canadian Minister for Multiculturalism, Otto Jelinek, congratulates Professor MacLennan at the opening of the First North American Congress of Celtic Studies

Gordon MacLennan and John Ghráinne in Rannafast.

Rannafast, Co. Donegal (circa the 1950s).

Some members of the Mac Grianna family
Standing: Séamus, Hiúdaí, Seosamh, Dónall
Sitting: Máire Sheimisín, Feidhlimidh, Annie Bhán
In front: Seán Bán

"My pet," said Sorcha, "you're a bird of storm, wandering around in all kinds of weather like Dónall the Box used to do long ago."

This was a wee man who used to travel around with a box selling small items. "Fine combs, penny whistles, and shaving soap" he used to say himself.

I put the Ediphone on the table, she sat down at one end, and she began to talk. She filled three cylinders for me that night. I left the Ediphone there that night, and the next day I came back and she did four cylinders for me; and the third day she finished the dozen.

Then I got another dozen cylinders and I took them and the machine to the house of Feidhlimidh Dhónaill Phroinsiais on the 17th of October. The people of that house gave me a big welcome. Annie began and she did seven cylinders before she stopped.

It was evening by then and I came home; and I went back the next day and finished the dozen. I took the Ediphone and the cylinders home and am now sitting in my room about to begin to write out the lot.

I recently asked Hughie's brother John why Hughie concentrated on collecting from Annie and recorded very little from other members of the family. His answer was that it was just more convenient, that the parents were a bit old for it and her siblings were not much interested, at that time, in sitting around to be recorded. But Annie was in charge of the house and so he could almost always be sure of getting her at home, and she was interested and willing.

Incidentally, John told me that Hughie was paid by the cylinder at the rate of two pounds ten shillings per cylinder. I found that the contents of a cylinder, when transcribed, covered twelve to fourteen pages of manuscript. Informants were not officially paid – and this was true, in my experience, in Ireland, Scotland and Canada, although it was not unknown for a bottle of whiskey to change hands – or be opened on the spot.

THE CATEGORIES OF DIGRESSION, AND *SEANCHAS* OR EVERYDAY TALK

Having established their context let us return now to the above categories of Annie's repertoire which require further explanation as they bear on a major concern of this paper – the personality of the narrator. While I was editing Annie's material it became evident that it differed strikingly from the average published collection of Gaelic folktales or folklore (and indeed, collections in other languages) inasmuch as it was stamped with Annie's personality as revealed by her digressions and *seanchas*. The result is what we might call "folklore with a human face". Other collections are faceless; we read the stories and anecdotes, we hear the voice, but we cannot see who is speaking. In some cases the collector, or editor, gives us a picture of the *seanchaí* to look at, in the form of a foreword, or notes, or even a biography – separate from the material itself which is essentially impersonal. Now I do not believe that Annie was unique in her style, although she was certainly outstanding, so the question must be asked, "Why is her style different?" or even, "Is her style really different?" or is it that the personal material was edited out of the published collections we have seen from other storytellers possibly because it was perceived to be irrelevant and not really a valid part of the genuine folklore? This latter theory certainly does not prevail among folklorists nowadays. Another possible reason for the impersonal style of other collections may be that the conditions under which a collection was recorded were not favourable to personal intrusions on the part of the tradition bearer; for instance, the collector might have been a stranger to whom the narrator did not feel close enough to make seemingly extraneous comments, or to insert chat, jokes, or opinions.

This whole question is one which deserves further investigation, especially among large unpublished collections such as those in the archives of the Department of Irish Folklore in University College, Dublin, or the School of Scottish Studies in Edinburgh, and would make an interesting research project.

SEANCHAS

In such a project, as well as looking for digressions, the investigator

should also look for the category of material we call *seanchas*, a heading which occurs here and there throughout Annie's collection. Now *seanchas* is an ambiguous word which can mean either *traditional lore* or, simply, *conversation* or *talk*. Perhaps it was this ambiguity which inspired Hughie to regard any kind of *seanchas* as being legitimate folklore and to collect it and not edit it out when transcribing. It is the latter kind of *seanchas* which I have categorised as "Talk about Annie's everyday life". I can hardly call it conversation since it is all one-sided due to Hughie's policy of not recording himself. Some people might not accept this as being folk culture, although others might say that with the passage of fifty-two years it has become so and that, anyway, it is important for the understanding of Irish social and cultural life. At any rate it is not necessary to search among the many definitions of folklore to justify its inclusion for there are two very good reasons for it. Firstly, it gives us the context of the lore and the collecting process, which should satisfy that school which attaches great importance to the contextual theory. Secondly, this material, which is often delightful and interesting in itself, throws light on Annie's character and personality, and this too has theoretical importance in the study of folklore. This *seanchas* material is closely connected with that in our final category – digressions, and, indeed, may itself be considered as a form of digression.

DIGRESSIONS

A marked feature of Annie's material is the number of digressions found in it. The existence and importance of digressions in literature, e.g. Beowulf and the Homeric epics, have long been recognized and they have been made the subject of lengthy studies. However, until recently, folklorists have not taken digressions in folklore material seriously. They did not consider them to be part of the text and rarely recorded or published them. Alan Dundes criticized this attitude in his article "Metafolklore and Oral Literary Criticism" (v. footnote 3.) when he said:

> Another source of overt literary criticism ... consists of the asides or explanatory commentary made by raconteurs as they tell tales or sing songs. These asides are sometimes unwisely eliminated by the overscrupulous editors, but they should not be.

The validity of this view has recently been conclusively established by the Turkish folklorist Ilhan Basgöz in his article "Digression in Oral Narrative". In this study Basgöz shows that in Turkish romance tales the digressions or individual remarks of the teller can make a traditional story contemporary, can change the meaning of motifs, episodes, and the attributes of story characters, can express the ideology, values, and worldview of the performer, and bring social, economic, and political topics into the performance. Much of this applies to Annie's digressions, and we can add that hers also illustrate the personality and emotions of the performer. Basgöz subdivides digressions into the following categories, while at the same time warning that they are not watertight and may sometimes overlap each other (Annie's material also may contain several overlapping categories of digression):

Category 1. Explanatory and Instructional Digressions.
Category 2. Opinions, Comments, and Criticisms.
Category 3. Self-Reproach and Confession.

To these I would add:

Category 4. Personal Feelings and Emotions.

Digression in Gaelic oral narrative, and "talk" type Gaelic narratives, are new subjects which have not been previously studied by folklorists. This paper, while initiating such study, does not have the space for an extensive investigation of the plentiful material in Annie's collection. Rather, I have made a selection from many items which illustrate Annie's personality and the personal nature of many of her narrations.

Having considered the theoretical background we can now proceed to concrete examples. Headings at the left margin indicate the category of digression which is being exemplified.

The headings in Irish identify the corpus items, and the numbers at the left margin indicate the order in which these items appear in this paper. Translated quotes from the text are indented, except that if a quote is short it is placed between inverted commas. Where deemed helpful a digression is indicated by italics. Within the quotes, text in square brackets has been added by the writer.

DIGRESSIONS AND SEANCHAS

Feelings

1 Gol A' Gheimhridh Agus Galar Cluimhrigh

> They were very poor and all they owned in the world was a
> calf. Then *the poor things* had to send the calf to the market
> and sell it.

Annie was a compassionate person and she shows this side of her
nature by frequent use of words such as *bocht* or *gránna* (which both
mean 'poor') and *créatúr* (creature, poor thing). The use of these
words, even single words, is also a form of digression as they are not
necessary for the story. Indeed there are many examples of similar
stories by other storytellers where personal feeling of this kind is not
revealed.

Feelings

2 A' Fear A Dhíol a Chuid Níonach

In this story the hero has to defeat a giant to win the girl and he does
so with the aid of the girl who tricks the giant into telling where his
soul is hidden, thus condemning him to death. Annie's compassion
and sense of justice manifests itself here in unusual expressions of
sympathy for the giant who is nominally the evil character but in this
story just wants to keep his girl and his life but loses both. She
empathises with him thus:

> The *poor* giant was coming up and he could hardly walk, he
> was clutching the wall to support himself and he was crying
> [a unique image, surely!] ... then the poor giant fell dead.

Feelings

3 Scéal Chráidheain

In another story telling how a cunning trickster steals from a
credulous couple she begins with:

> There was a couple in this townland once, the poor things,
> and they had only one son; and God preserve us, death

came to the son and he died. They were full of sadness and sorrow. I never ever saw a couple even half as sorry and I believe they would be hard to see.

She talks as if she had known this couple and had sympathised with them in their grief but it is clear that this is a traditional tale type and that the connection with the couple is imaginary. Her sympathetic comments, however, serve as a technique to personalize the story and thus to make it a bit more interesting.

Feelings

4 Dán A' Toir

> O God, how scared I was one night long ago when Eoghan Tharlaigh Thuathail was telling a story about a man who was out walking one day and he came upon a human skull. He gave it a kick and the skull turned round and said: "I was as you are and you will be as I am."

This remark, by the way, is reminiscent of a comment in a short literary story by her writer brother Jimmie Fheidhlimidh (Séamus Ó Grianna) where he says to a cynical old man scoffing at a young man in the throes of love: *Bhí tusa mar atá seisean agus beidh seisean mar atá tusa* ("You were as he is and he will be as you are"). That Séamus's writings are rooted in oral tradition is well-known and this may be another piece of evidence to corroborate that.

Coming back to Annie, her remark makes it clear that she is not ashamed to admit her feelings of fear. At the same time she shows a trait which prompted many of her digressions – a belief in the supernatural. It may be that she was very young when this particular story scared her but many other digressions show that she retained her belief in the supernatural all her life although she is frequently ambiguous in her expression of this belief.

Feelings

5 Taibhsí Agus Cróchnaidí

In another comment on her feelings about ghosts she says:

Now we're going to talk about ghosts for a while, and I don't like them at all. I would like to agree that they don't exist but in spite of that I am too afraid of them when I'm out late at night by myself. I have heard a lot of stories about them.

Then she recites several ghostly memorates all of them experienced either by herself, or by relatives, or neighbours, e.g. her father, her grandmother, her brother, and in one case, by a whole group of local people.

Feelings

6 Tomhaiseannaí

Twelve went to drink, and they only drank a shilling's worth. The boys spent fourpence, the girls spent twopence, the old men spent a halfpenny, and the old women a farthing.

Now this riddle requires you to figure out how many drinkers there were in each category, so Annie says: "Count that up now", but then she adds immediately "I suppose I have to count it up myself", and she does.

Her remark here might seem to be inspired by contempt for the intelligence of the audience/collector, but in fact it is probably inspired by the need not to waste time while the Ediphone is running and shows feelings of consideration for the collector. It also tells us that the process of recording distorts the normal context for a puzzle since the point is to have fun challenging the audience to work out the answer.

Feelings

7 Tomhais Eile

Another one-word digression illustrating the opinion or feelings of the *seanchaí* is appended to this riddle:

Who do I see coming towards me through the moor,
But a useless man, running,
The man with the thin hard legs,

I greatly pity any man who cannot flee.

That's Death, *alas!*

The answer to the riddle could be given impersonally as just "Death", but Annie's humanity demands something more – the expression of her own feelings of mortality by the addition of "alas!"

Some digressions give us interesting information about otherwise forgotten local storytellers and throw considerable light on the context of storytelling in Annie's community.

Explanatory

8 Scéal Na Maoile

A longish digression in this story illustrates Annie's experience of storytelling in her childhood. The story itself is of the memorate type although it is already on its way to becoming a fabulate or legend. It deals with a man from the neighbouring village of Loch an Iúir (called after the loch it overlooks) who had to sell his last cow and couldn't feed his family. Then a beautiful cow which was a splendid milker appeared out of nowhere at his door and nobody claimed it. It fed them and had nine calves over the years. Then one day it got into a field of oats and he got annoyed with it. When he said he wished it would go back where it came from, a mysterious tall dark man stood up on the nearby island in the loch and called the cow and its offspring who all swam out to the island and were seen no more.

Now the memorate could be told just as impersonally as that but Annie's digressions make the narration more interesting and informative. She begins with:

> Eoinín Thuathail used to pass evenings here also, long ago. He was a very fine *seanchaí* and the night he would be here we would be in our glory. We would be out of the house till the last third of the night then we would come in and my mother would make tea. I remember one night Eoinín was telling about a man from Loch an Iúir. He became ill and he wasn't able to go to Scotland that year.

Now an explanatory digression would have been useful here to

this Halifax audience for I am sure that there are many here who are not aware that seasonal emigration to work in Scotland was then the fate of most able-bodied men from this part of Donegal. However, the collector, being a local man, was well aware of this fact, hence Annie felt no need to digress. She goes on:

> We didn't pay much attention to Eoinín for we were busy playing. At the same time we would catch a bit of his conversation here and there, especially when he'd tell a story. We loved to hear stories, and we still do to this today.

Then with wry humour she comments:

> We were well off then, unlike now, but we didn't have enough sense to thank God for it. Unfortunately, life teaches us nothing but sense.

Then she ends this digression and gets back to the story:

> But I was talking about the Loch an Iúir man. The poor man got sick and had to stay home from Scotland – and he had a big crowd of children. When November came his creditors were pressing him and he hadn't a penny to give them.

Here again an explanatory digression was not necessary for the collector but others would need to know that by November the migrant workers would have returned with money in their pockets to pay their debts. However, we scholars should be glad when a *seanchaí* leaves us something to write footnotes about. The story goes on:

> All the poor man could do was to sell his only cow and give the money to his creditors. He came home that night from the market, sad and worried, and looked at the little nest of children sitting around the fire.

And here Annie digresses again:

> Well, when Eoinín was telling that story we thought we could see that picture before our eyes – the children sitting around the fire and getting no supper that night. And it did not matter what fun we had been having before that, all night, we would think how miserable we would be going

to bed without our supper, and we would maybe start
crying before Eoinín had finished telling the story.

Then she finishes the story.

So, by her digressions, Annie has vividly and naturally, given us the
context of the storytelling – the place, the audience, the effect on the
young members of the audience, and information on the addiction
of young and old to these stories up to the time she was recorded in
1937, and how she herself heard and remembered stories in her
repertoire.

This latter piece of evidence, along with other internal evidence in
the collection, also contradicts the note by Seán Ó Súilleabháin
about Annie being a *seanchaí* because of her poor eyesight.

Explanatory + Self-Reproach + Comment

9 A' Fear A Bhí Le Cur 'Un Báis

In this digression we learn more about storytellers and their milieu
and hear Annie reproaching herself for not having learned and
preserved more of the stories she heard when she was young.

> Well here's a wee story I heard from Máire Ghráinne Óige
> – may God have mercy on her soul. But I can't tell it as
> Máire told it. In fact I can't tell it at all – I have forgotten it.
> In spite of that I well remember when we used to spend the
> evening with her. Máire loved to have a crowd of children
> gather into her house and she would sit till well after
> midnight telling them stories. I don't know how her head
> could keep all the stories she had. Many many of them
> went to the grave with her without anyone keeping them in
> memory. If I had been any good who knows how many
> stories I could have had because of Máire Ghráinne. But I
> remember her telling stories one night – Big Frank was in
> bed smoking tobacco. She only had herself and Big Frank
> and poor Frank was ill from having fallen in Scotland and
> broken his leg. He came home then and took to his bed for
> seven years. But he was alright except that he had no
> feeling in his bones. We used to be in the house with a
> grand fire lit, the house swept, and Máire sitting by the

fireside knitting stockings and telling us stories. She was telling us all about a lad who lived long ago.

Then she tells a story about how a travelling woman reads the shoulder bone of a red rooster and forecasts the exact day of death of the new-born son of a gentleman and describes his killer. Here Annie gives us a crumb of information about witchcraft by commenting: *I don't know if it had to be a March rooster or not.* The gentleman employs an elaborate stratagem to prevent the fulfillment of the prophecy but without success, and, inexorably, the son is killed as forecast. At the end of the story Annie comments: *It is difficult to prepare a defence against death.*

Explanatory

10 Scéal a' Ghadaí

Annie has another digressional habit which makes her style very personal – she occasionally speaks to the person from whom she heard a story or anecdote, either someone who has long since passed away, or who is still alive but not present. This is a dramatic substitute for a factual explanation of their relationship, or a bare statement that she heard the item from so and so. For instance she begins a tale about theft, murder, revenge, and repentance, by addressing the deceased storyteller from whom she heard it like this:

> "May God be good to you, Donnchadh Ruadh, you were a fine storyteller, and it's many a time you visited our house to spend the evening talking and telling stories. And I well remember the way you would bless your food when we had you, which you did always before you ate." It seems as if I am watching him when he would take off his hat [to say grace].

After this tidbit of explanation of a storytelling context she says the grace she heard from Donnchadh Ruadh – a rhythmic and poetical grace – and goes on: "But I remember him in our house one night telling a story about a man who lived on Cruit Island." Then she tells that story.

Comment

11 Leanbh Na Mná Boichte

Here is another example where Annie addresses two storytellers, one of whom is still alive but not present, and the other long dead. The context is a true story about the death of a beggar woman's child, it is both sad and funny. She begins thus:

> "Indeed, I wish you well, Beil Dhónaill Phroinsiais, you've got a sense of humour." She was telling me the other day about the child of a beggar woman which died in Nuala Bhán's house.

Then she tells the anecdote which finishes with a wake for the child, which seems to have been fairly wild. The old-style wake, which is long gone now, was more like a party than a wake, especially for the young people present, and especially if the dead person was not a young person or a member of the community, and therefore less to be mourned. She finishes with this comment:

> There wasn't a wake like it since Frainc Diarmada's wake in Padaí Bríde Bige's house. [Frainc Diarmada, she tells us, was also a beggar.] "Padaí Bríde Bige, you are dead. It wouldn't be right for me to tell a lie about you, may God have mercy on your soul. I heard you telling my father that you never saw the likes of it [of that wake]; that you thought they would bring down the rafters of the house."

Explanatory

12 Gliúram Gleáram agus Fúinneam Fáinneam

This tale is preceded by a digression about local history and customs in hungry times then leads into a folktale about greedy simpletons.

> There was one year here when we were very short of fodder. There was nothing for it but to go to John Ferry's Hill to pluck black mountain grass for fear the cattle would die of starvation. We would make a big pot of porridge and the fodder (if you can call that kind of grass fodder) was put into a tub and the porridge was poured on top of it.

The poor cows were only skin and bone, but at any rate they were alive.

After that realistic explanatory digression she launches into a folktale about greedy simpletons which is situated in the same district, thus:

There were four people living in the place called Gliúram Gleáram, Fúinneam Fáinneam, Tadhg Ua Butail, Cailleach Bhun Rump.

These characters with the comic names have the same fodder problem and the story tells how they foolishly try to cope with it.

Explanatory

13 Jackie Na Luaithe Buí

This is a blackly humorous story about a lazy but clever and ruthless boy. The story is well-known in the district and it appears to have given rise to a saying which Annie uses and explains in a preliminary digression before going on to tell the associated story. She uses it as a piece of jocular criticism:

Sit down for you're no better than a Jackie of the Yellow Ashes, and, of course, if you were as clever as Jackie you'd be the better of it. He was a Jackie of the Yellow Ashes [i.e. lazy] and in spite of all that he was very clever. Did you ever hear the story of Jackie of the Yellow Ashes? Well, I'll tell it to you now.

Explanatory + Comment

14 Sinid Agus Seonaidh

In this tale we see how an explanatory comment appropriate to the particular audience can effectively substitute for a piece of description:

One night there was a terrific rainstorm (*just like the one we had last Saturday*).

This comment tells us that the audience is either local or has been

in the district for at least a few days and is known to the narrator. In either case it establishes a certain intimacy between the speaker and her audience. It also conjures up the sort of night she wishes to describe better than words and so it has a practical function too.

At another place in this story she says:

He opened the door at daybreak (*as many people do*).

This explanatory comment anticipates the question "Why daybreak?" The collector was a young man and Annie probably felt that he might not be aware that this was a custom practised by an older generation.

At another point in the narration we get:

"I killed him" she said, beginning and telling him the story
as I [Annie] *told it to you* [Hughie].

This explanatory remark serves the practical function of saving her from repeating the story while at the same time reinforcing the bond between the narrator and the listener.

Explanatory + Opinion

15 A' Rí Agus A Chuid Mac

Our next digression is partly explanation and partly opinion and occurs in an item which begins like a folktale but turns out to be a trick-answer guessing game designed to illustrate the meaning of one of the many sayings in Annie's repertoire.

There was once a king in Ireland who had two sons. That was all the family he had. When he began to grow old he partitioned his house in two halves. He and one son went to live in one half and his wife and the other son went to live in the other half. Now the king wanted the son in the other half of the house to be able to take part in the conversation in his half, and he himself wanted to be able to join in any conversation that was taking place in the other half. So he went and made a hole in the wall so that they could all converse together as if they were all sitting by the one fireside. And the first night after that when the king sat down and listened to the conversation on the other side what do you thing he heard?

Hughie: I don't know.

Here the listener is supposed to say, as Hughie did, "I don't know. What did they hear?", and then hope for a juicy revelation of some kind. Instead he gets the answer: "If you had had your ear to the hole in the wall you would have heard." That could be the end but Annie goes on to add a digression which combines explanation and opinion:

> That's the way it is, frequently, if we had our ear to the hole in the wall perhaps we would hear something we ought to hear which we otherwise wouldn't. [Anyone] who is shrewd enough could take several meanings out of that saying. If you had had your ear to the hole in the wall you would have known. But we don't have our ear to the hole in the wall half often enough and so we often suffer, and, unfortunately, we always have. But what's the good of talking. We are as we are, alas, and we are as we will be, and I'm afraid we will not change till death changes us, and then we'll be too late.

Incidentally, when Hughie is made to answer "I don't know" it is another of the very rare occasions when he records himself saying anything. As mentioned above, we have no direct record of exactly how he questioned, guided, or responded to Annie during recording sessions.

Explanatory + Comment

16 Bilí Crosta

The next digression comes at the end of a long humorous story about a mischievous and cunning young lad who becomes a professional thief and wins his master's daughter by means of trickery. She finishes off as follows:

> A little boy came in just now and said a button fell off his trousers and I have to go and sew the button. As Róise Éamoinn said once: "It's hard to give them all a spoon and a bowl."

The allusion to Róise Éamoinn's saying belongs to some anecdote,

clearly, but the collector didn't elicit it. However, the meaning is clear and Annie explains it and adds another humorous comment as she goes on and says:

> It's hard to do everything. But that's my story now and if any of you is as clever as Billy I'll say that he's clever.

Comment

17 Cúig Phaidir

About the last of five prayers she comments:

> Anyone who would say that prayer three times within twenty-four hours will never sleep one wink on the flagstones of hell.

I am treating this as a comment but the question may be raised "Is this a comment or an opinion?" For the collector or reader or listener it might be an opinion, depending on the state of their religious belief, but for the narrator, whose basic belief is unquestioning, it is a comment along the same lines as her comments on two other prayers which she tells us should be said after going to bed.

Comment

18 An Dílleachta

In this short, sentimental, religious tale the digression illustrates the thin line Annie draws between religious belief and superstition:

> There was a picture of the Virgin Mary hanging on the wall with the Holy Child in her arms .... He lifted a piece of bread and offered it to the Child. But the Child didn't take it – *which wasn't surprising*. Nevertheless, the picture of the Virgin Mary spoke to him.

This comment on the Child in the picture is typical of a certain ambiguity of Annie's with regard to the supernatural. On the one hand she shows the innocence of the boy who wants to give a child in a picture some bread – impossible! On the other hand the Virgin Mary can speak from the picture without eliciting a comment. Here

Fr. Marren, Máire Sheimisín and Annie Bhán

Seanchaithe of Rannafast
Mici Sheáin Néill, Neidí Frank, John Ghráinne, Seán Bán
and in front: Joe Johnny Sheimisín
(in the mid 1960s)

Sorcha Chonaill and Maggie Chonaill

The fiddle player Jimmy Boyle, the collector Hughie Devanney (Hiúdaí Phadaí Hiúdaí), the writer Jimmy Fheidlimidh (Máire), and the seanchaí Seán Bán

Annie Bhán (with child on knee) and Seán Bán entertaining by the fireside

Hughie Devanney (Hiúdaí Phadaí Hiúdaí),
Hugh O'Donnell (Hiúdaí Mhicí Hiúdaí) and Seán Bán

By the sea in Rannafast

Jack's Fair (Aonach Jack) in Meenaleck

the ambiguity manifests itself indirectly but frequently she expresses it with direct statements.

Comment

19 A' Gé Óir

This next digression appears in a story about three brothers. The third and weakest is good-hearted and this earns him magic help and a golden goose. Greedy people stick to the goose. This makes a rich man's daughter laugh for the first time. The weakling is transformed into a fine lad and marries the girl. Her comment, an ironical one, is on a traditional tale opening which she herself uses often:

> There was once a couple, *as there often is, it's many a time there was a couple*, but there was this couple, and they had three sons.

If we didn't already know we now know that "There was once a couple" is a stock beginning for a story. Predictability is one of the key elements of humour and it activated Annie's sense of irony here.

She finishes with: "And there you have my story. Some stories are funny."

Seanchas/Talk

20 A Máthair, Daltaí Coláiste, Mná.

Now we come to a piece of *seanchas* where Annie is talking and joking about everyday matters. This item could be regarded as one long digression from which we can derive information about:

1. The friendly teasing relationship Annie had with two collectors, Hughie Phadaí Hiúdaí and his cousin Hiúdaí Mhicí Hiúdaí.

2. Her personality and sense of humour.

3. The context of collecting, and her storytelling, and her relations with the summer college students.

She is telling what was in a letter she got from her mother who was away in hospital (a letter which would have been in English as was the custom then and for a long time afterwards when the community rules of diglossia required that you used Gaelic for ordinary conversation but English for "official" things like letters.)

She tells that her mother was asking:

How many scholars are attending the college, or is this person or that one in Rannafast?

Now her mother would certainly ask that sort of question, but the next few about girlfriends I am pretty sure were made up by Annie for fun. She claims her mother is asking, "Who is John going with?" John was Annie's brother, an old friend of my own, who was proud of the epithet "*banaí mór*" which indicates he was keenly interested in women, or "a ladies' man", right into his old age. The word "*banaí*" is not to be confused with the word "*bánaí*", an "albino", though of course, John qualified on both counts. She then says her mother was asking:

Who's Hughie Phadaí Hiúdaí going with? Who's Hiúdaí Mhicí going with? Is Winnie Dick in Rannafast?

This last question was aimed at Hughie who was friendly with one of the regular summer visitors of this name. Then Annie comments on this last question:

But I believe Hughie is expecting that Winnie Dick will be here tonight or tomorrow, because I know his eyes are very bright and he can't help smiling when he talks about her, so I think she's not far away.

The rest is interesting for the view she gives of the college students:

And there's a good crowd of college students around. Musha, I'm fed up with them half the time. When I've got the most to do that's when they come and sit around and I can't get anything done. And then they ask me to explain this and that. I come out with a rhyme or little story, as I usually do, and there's one here and one there saying "Excuse me. Slowly, please, slowly. Say it slowly! Say it clearly! What did you say then? Explain it to me, please! I don't understand." Well, do you know, they'll put me away in the head. Half the time I have a mind to get up and leave the house. And I did do that today. I was tired, and I stayed out till they had gone. No matter what work I had to do it seemed to me that I was as well off outside as inside –

they'll put me away in the head. Perhaps, when I'd be going to make porridge, the oat meal would burn on the bottom of the pot while I tried to explain something, or tell them a story; and they don't understand at all the work I have to do.

Now you have to understand that the college kids were lodged with the locals but Annie's house never kept them so she was under no obligation to let them in, entertain them with her lore, or teach them anything, but she did, freely and generously. However, sometimes, feeling harassed, she says she felt like telling them that teachers usually get paid for their work. But then she repents immediately and says:

Oh, I'd be sorry to say that to someone I like. True enough, we have a very nice time when they are here. When the nights grow a bit longer it'll be lovely to have their company; but then, when they go away, it's a heartbreak. God knows what we'll do without them at all.

Then she begins to kid Hughie and her brother about women again and give some joking commentary on women.

But as I said already Hughie won't make many moves till Winnie Dick arrives; and as for John! The two of them are on the go and all they can talk about is women, and I don't know what to do with them at all. But it doesn't matter – we'll leave this subject behind us. There's plenty of women and they are easy to get, and maybe that's the way they should be.

This is not a reflection on the women's morality, Annie only meant that it was not hard to get a girlfriend or wife. She goes on:

Some people will say there are too many women in the world but they are not getting any scarcer, in fact they are probably getting more plentiful. It's hard to do without them and it's hard to put up with them.

Now, in this piece we see a glimpse of the new storytelling pattern that had been emerging in the late twenties and thirties i.e. instead of the oral tradition being a community function it is becoming a

performance for outsiders. A powerful stimulant for the new pattern was the establishment of the Irish summer college and the employment in them of locals as storytellers and language teachers. One local man, John O'Donnell (Johnny Sheimisín) was employed as a college *seanchaí* from 1924-1941, both in Belfast and Rannafast. This new function gradually ousted the older one as the community discovered modern amusements to replace the old, and as the growing interest of outsiders in folklore and language reinforced the demand for non-community performance. The new function is still strong today but, interestingly enough, a third community-oriented function has grown up – public performances by the community for the community in the form of cultural competitions or cultural entertainments on stage or local radio, organized by schools and local cultural organizations. I have myself taken on the dangerous task of judging a traditional storytelling competition for children at a local school (with my fellow judge being the same Hughie who recorded Annie Bhán's repertoire.)

Explanatory Seanchas + Criticism

21 Scéal Cholm Cille

Another extraordinary, and possibly unique, method used by Annie to bring a storytelling situation to life is to create an imaginary conversation. For instance, a story about St. Columba is preceded by a digression in the form of a contextual introduction with Annie acting out a storytelling situation which she partly imagines and partly remembers from her own childhood. She also gets in a few mock-serious criticisms about the youth of her day. This acting method is much more personal, dramatic, and lively, than a mere statement of how stories were told to children. Note the name of the first child she addresses – Beití (Betty). This name is unknown in the district though it occurs twice in Annie's tales and was probably regarded by her as an exotic fairy-tale type name.

> Betty, take that can and bring in the basin from the
> henhouse till I mix the hens' food; and the rest of you sit
> down for God's sake, and give me five minutes of peace till
> I get some work done on my knitting [a source of income].
> I have had material for a dozen pairs of stockings in for five

weeks and all I've got done is three and a half pairs. I don't
know what I'm doing. I'm on my feet every day and there's
always someone with rips and tears in their clothes that
need mending. Sit down! You'd think you would sit quietly
instead of standing around like a bunch of outlaws. For
God's sake sit down! Go you and bring in some turf and set
a fire. All of you sit around the way children ought to, and if
you please, I'll tell you a story. Eternal Father, when we were
small we would sit from dusk till ... oh, I don't know what
time it would be for there were no clocks in the houses at
that time – and we would sit while my mother told us stories
till one would fall asleep here and another there and it
would be hard to wake us. And it was pure torture to have
to wash our feet then when we had not washed them before
dark. We were so eager to hear the stories that we wouldn't
wash them then. That's not how things are now with you.
Indeed there's an iron heating on the fire at each of you
girls in turn to curl her hair. It'll be wavy soon enough at
you. That's all you get from girls these days – curling their
hair and putting on powder. I think I saw one of you the
other day with a layer of flour on her face. At any rate that's
what it looked like you were so pale and white. Goodness
knows what you'll do when you grow up. But, anyway, go
and stir the hens' feed. You're better off learning that than
messing with face powder. You bring over the water now –
we need a mouthful of tea; and you'll wash the dishes
and look as if you'll do something worthwhile as you start
out in life instead of copying those flighty girls who're
going up and down [the beach] now wearing bathing
costumes. They've got nothing else to do – they're on
holiday. You lot will never be on holiday, I'm afraid, unless
you mend your ways. Did you bring over the water?
Here now, sit around and tell me what story you'd like me
to tell you. I'm just coming to the narrow part of the shank
of this stocking and when I do I'll be working with three
knitting needles, so until I reach the bit where I need to
change to three needles I'll keep telling you stories. St.
Columba? All right, I'll tell you a story about St. Columba.

This type of digression bears witness to Annie's imagination and powers of dialogue, traits which stand storytellers in good stead and are exhibited also in the poetical and literary works of three of her brothers, Joe, Jimmy, and John.

Explanatory Seanchas + Opinion + Criticism

22 Scéal Shéamais Uí Arlaigh

After she finished that last story she starts on a new one and at the end of that one she goes on with her imaginary conversation.

This story is about how a trickster gets the better of a miser. It begins with Annie reciting a verse of a song about James Harley after which Hughie says: "What about James Harley?" to prompt her to tell the story. This is one of the few times the collector records himself saying anything. However, Annie leads into it in her own way with a couple of opinions:

> Oh, what about James Harley – you didn't hear? A hard mean miserable man. I never saw anyone profit from being miserly. It doesn't matter what you mention, everything should be done in moderation, even if it was only eating porridge.

Now she tells the story and then she follows it by continuing with her recreation of a story-telling context:

> Maybe the bread's baked and ready. Have a look at it, pet. Bring me over a knife or a spoon. Oh, by God, it's not baked, it's burnt. I've had to pay heavily for you and your stories, and I've got more to suffer yet, it seems. All I get is "Tell a story!", but none of you will look after the bread. My stocking is coming on well but the bread's burnt. Give me a knife till I scrape it. Well, it's not bad. It's got yellow meal in it and it isn't as noticeable as it is with white bread. Why didn't one of you lift out that ember which blazed up and then the bread wouldn't be burnt. But it doesn't matter, it will be eaten. Did someone bring in fresh water? Put on a kettle quickly for it's five o'clock and it's time we had a mouthful of tea. The cattle are still inside, do you see, and they're dying with hunger. They must go out. I

suppose the one who milked them in the morning won't milk them in the evening. At the same time you must go up to Matthew's store, we haven't a drop of oil in the house. I don't believe we've got a bit of tea left for the morning. We'll make the tea fast and let out the cattle. Your father will kill us. He's out working now and he didn't get a bite to eat since one o'clock. Did you see if he got the haycock finished or is anyone helping him? If there is, things are worse [because they would have to feed him too]. Och, we'll manage somehow. Did you feed the hens back when I asked you? I'll tell you another story soon but I have no time just now. You can see I'm busy and I've got too much to do.

These are just a few examples of the digressions contained in this collection but I think they are enough to show that Annie's narratives are made much more interesting, informative, and folkloristically valuable, by her intrusive personal style. She is not a mere instrument through which oral tradition is transmitted anonymously but rather a living, thinking, feeling being whose performance is imbued with her humanity.

WORKS CITED

Basgöz, Ilhan. "Digression in Oral Narrative". *Journal of American Folklore 99* (1986): 5-23.

Dégh, Linda and Andrew Vázsonyi. "The Memorate and Proto-Memorate". *Journal of American Folklore 87* (1974): 225-39.

Dundes, Alan. "Metafolklore and Oral Literary Criticism". *The Monist* 50 (1966): 506-516.

Ó Grianna, Séamus [Jimmie Fheidhlimidh] "Mánas Ó Súileachán", *Cith is Dealán*. Cork:Mercer Press,1983. 38.

Sydow, Carl Wilhelm von. "The Categories of Prose Tradition". *Selected Papers on Folklore*. Copenhagen: Rosenkilde and Bagger, 1948. 60-88.

Words and Phrases from Annie Bhán: More Gaelic Dialectology

GORDON W. MACLENNAN

This article is a combination of two selections of linguistic items which I discussed in Irish at the International Congress of Celtic Studies at Swansea in 1987 and at the Second North American Congress of Celtic Studies at Halifax in 1989.

The source of the material is the extant repertoire of the late Annie Bhán Nic Grianna of Rannafast, Co. Donegal, with some items from my present main informant on this source, John (Ghráinne) Devanney whose late brother Hughie collected most of the material for the then Irish Folklore Commission in the late 1930's.

As part of my project to publish Annie's repertoire I intend to try to explain every difficult word and phrase. Usually collections of Irish folklore ignore such difficulties or give them scant or indirect consideration. Even text translations into English frequently manage to skip around these problems, and text summaries, of course, normally ignore them completely.

These items either do not appear in the Irish-English Dictionary, ed. Niall Ó Dónaill, or are not fully explained there. Irish explanations are John Ghráinne's, English ones are mine.

NOD = Niall Ó Dónaill.
JG = John Ghráinne Ó Duibheanaigh.
TDB = Tomás de Bhaldraithe, editor, English-Irish Dictionary.

ACHA DTAOBH DO: about. Níl fhios agam a dhath acha dtaobh dó – I don't know anything about it. Bhí siad a' caint acha dtaobh domh – They were talking about me.

This compound preposition appears to derive from a mixture of "fá dtaobh" and the preposition "do (<de)" and "gacha taobh" with "do". The form "gacha" as well as "gach" is well attested in both Irish and Scottish e.g. in Scottish you can get "shuidh iad fear gacha taobh dheth" – "they sat down one on each side of him". Now the "g" of

40

"gach(a)" is commonly dropped in our dialect v. achan fhear < gach aon fhear, etc. Thus you could get semantically overlapping phrases such as, "sheas na daoiní (ar) acha taobh dó" and "sheas na daoiní thart fá dtaobh dó" – "the people stood around him". Since "acha" cannot eclipse it is clear that "acha dtaobh" is by analogy with "fá dtaobh". Annie has both phrases and uses them interchangeably, as do others.

ALT, ALT DAN MHUINEÁL A' DÍS: The two are one joint of the neck.

This expression of JG's means that two people are so close that they are like one person, for instance a man and wife.

v. "DÍS" and DO/DE.

ATHAIR MÓR, ATHRA MÓIRE: athair mór (grandfather) is feminine in the genitive singular under the influence, obviously, of máthair mhór (grandmother), genitive singular, mathra móire. Probably this assimilation was facilitated by the fact that the stressed vowel in "máthair" in this dialect is always short so that in fact one says "athair is mathair" rather than "athair is máthair".

BAINIS: As well as having the usual meaning of "wedding" this word is used to describe other occasions which resemble a wedding party i.e. any enjoyable social function e.g. bhí bainis acú – they had a grand night/a great time/a fine party, etc.

BAINNE BÁN: Tá eagla orm go mbéidh fómhar mall i mbliana againn. Níl ann ach go bhfuil bainne bán a' teacht sa choirce go fóill nuair ba cheart dó bheith bainte.

I'm afraid that we'll have a late harvest this year. The "white milk" is just coming in the oats now when they should have been reaped.

JG: Nuair atá an coirce a' goil i gcraobh tig bainne bán isteach sa ghráinnín nuair atá sé a' toiseacht a dh'abadh rud beag.

When the oats are coming in the ear "white milk" appears in the grain when it is beginning to ripen a little.

B'FHÉIDIR, DHÁ BH'FHÉIDIR: B'fhéidir can be treated as a noun represented in the mind as "béidir" and then it can be lenited like any other noun.

JG: B'fhéidir go bhfeicfeadh agus dhá bh'fhéidir nach bhfeicfeadh.

Maybe (he) would see (it) but it's twice as likely that he wouldn't.

BHÍC, BHÍCEANACH: Examples of onomatopoeic formations allowing the normally impossible basic initial "bh".

"Bhíc, bhíc" ar sise. "Cheep, cheep" she said (a woman hiding in a barrel in a story).

JG: Cluinfidh tú bhíceanach na n-éanach. You'll hear the cheeping of the birds/chicks.

BIOR MAIDE: NOD gives this as "rod for probing bog-wood" but JG amplifies the number of uses of the rod as follows – fá choinne fáil amach goidé tá faoin talamh – grágán, fréamhacha nó clocha e.g. clocha aoil, nó ag iarraidh a fháil amach a' bhfuil a' chréafóg domhain (an ndeánfadh sé dúshraith), nó má bhí luchógaí sa chruach fhodair chuirfeá an bior maide sa nead agus é a scrios – chuir sin coscradh faoin luch.

for finding out what is under the ground – bog-wood, roots, stones e.g. limestone (for the kiln), or for trying to find out if the soil is deep (would it do for a foundation), or if there were mice in the haystack you would put the rod in the nest and destroy it – that defeated the mouse.

CAILLEACH: This is used as a term of affection when addressing either men or women of all ages e.g. a father says to his daughter: "Ach, a chailleach" adúirt sé, "coimheád na réaltaí." "But, my dear" he said, "observe the stars."

JG says it is also used to incite people to action and you would say, "Buail, a chailleach!" le misneach a thabhairt do dhuine troid, agus tú i bhfáthach leis.

"Hit (him), boy" (pal, etc.) to encourage someone to fight when you (the speaker) are keen for it.

See also CUILT.

CEASACHT: NOD has this but indicates it is used with "ar" whereas Annie shows it without any preposition e.g.

D'imigh sé a' chéad uair a cheasacht cruth.

He started off complaining about the dowry.

i.e. JG: Thoisigh sé a rá nach bhfuair sé a sháith.

He began to say that he did not get enough.

CÍAC: /k'i.ak/ JG: Buille nach bhfuil íontach trom ná íontach éadrom
A blow that is not too heavy or too light.
Bhuail siad cíac ar a chéile ag a' damhsa.
They punched each other at the dance.
Thug mé cíac dó – I gave him a good punch.
JG says it is the opposite of "strámáid" which NOD gives (v. straiméad) as "a heavy blow", but obviously "moderate" is meant rather than "light".

CLAÍMHE /kLE:və/: CLAÍMHE COSANTA: literally, "a sword of defence". Indicates any means of defence e.g. when a boy loses his three magic strands of bull's hair he says, "Anois, níl claímhe cosanta ar bith agam" – "now I have no means of defence/no protection at all".
Note that claímhe is masculine but is always referred to with the feminine pronoun as "sí/í".

CRÚSA: Tí siad crúsa da sheanduine mór anásta – They see a big bony awkward old man.
This word can describe a big old bony man or woman.

CUILLSEACH: D'iarr sé air cuillseach mhaith bhata a fháil dó.
He asked him to get him a good stout stick.
JG: cuillseach da bhean – bean nach rabh deas déanta = an ill-shaped woman – a woman with a poor figure.

CUILT: JG: cailleach da dhuine, súgán gan casadh i.e. a spineless, cowardly person.

DATH, DARA DHATH: "dath" meaning "nothing" is normally lenited in phrases such as: Níl a dhath le deánamh agam – I have nothing to do. Níor chuala mé a dhath – I heard nothing.
Because of that, and because the preceding "a" is commonly elided, the word can now be perceived to be a noun with a lenited "d" as its basic initial (cp. Scottish dhachaidh).
Ex. Ní rabh an dara dhath le deánamh ach imeacht – There was no alternative but to go. ("Dara" does not lenite).

This is obviously modelled on the sentence, "Ní rabh a dhath le deánamh ach imeacht – There was nothing to do but go."

The phrase is analogous with the synonymous phrase, "Ní rabh an dara suí sa bhuailidh agam", and "ní rabh an dara rogha agam", both of which mean, "I had no alternative".

Thus, in this context, we not only get a new anomalous basic form "dhath" but the word gets the new meaning "alternative", or "choice".

DEÁN SIN ACH SIN: JG: His mother used this often when scolding the children. It means, Ná deán sin níos mó – Don't do that any more.

DIABHAL, NÓ AN DIABHAL AS A CHRAICEANN: "Or the devil out of his skin". This is an intensifying phrase used to indicate that a great effort will be made in some enterprise.

Gheobhaidh muid a' tarbh a chur i leataobh nó an diabhal as a chraiceann.

We'll manage to kill the bull if it's the last thing we do.

DÍS: This word meaning "two people" and corresponding to Scottish "dithis" is not used in this dialect except as a survival in idioms such as "alt dan mhuineál a' dís", v. ALT. The ordinary word is "beirt".

DO/DE: These are commonly pronounced da /da/. The vowel is often not elided before another vowel e.g. "cineál da fhear a bhí ann..." – "he was the kind of man who ...". Combined with the article we get da+an > dan, cp. Scottish do+an > dha'n.

DROCHMHÚNAS /drɔxənəs/: Ill-temper. Níl drochmhúnas ar bith ann – he's not bad-tempered at all. This word can only be used in reference to animals, e.g. dogs, bulls, etc.

DUL: D'aithin sé an beathach ar a' chéad dul amach (He recognised the animal immediately).

Note that "dul" in this dialect is used only in this expression and that the verbal noun of the verb "to go" is otherwise "goil" /gɔl'/ < gabháil.

FIDILEOIR: As well as meaning "a fiddler" this word can mean a

night of music, dancing, and fun. Fiddlers were in demand to play at social functions and clearly the function became identified with the fiddler to the point that one commonly said that there would be a "fiddler" in so and so's house tonight meaning a social function rather than an actual musician.

FOLACHÁN NA gCRUACH: This is the name of a children's game – hide and seek among the stacks of hay or grain. Annie reminisces about her childhood thus:

Bhí oíche gheal gealaí ann san fhómhar agus d'imigh muid amach a dheánamh folachán na gcruach. Sin a' dóigh ar chaill Peadar Phadaí an tsúil, a' deánamh folachán na gcruach go dteachaidh coinlín ina shúil.

It was a bright moonlit night in the autumn and we went out to play "folachán na gcruach". That's how Peadar Phadaí lost the eye, playing hide and seek among the stacks till a piece of stubble went into his eye.

FRÍD: (1) The preposition "fríd" ("through") is commonly used with a noun to create an adverbial phrase e.g. fríd mhíshásamh = go míshásta – discontentedly; fríd eagla = go heaglach – fearfully.

(2) "fríd" is also used for "ar" = "on" in phrases such as: bhuail sé fríd na hailt é – he rapped him on the knuckles; bhuail sí Séamas fríd a' bhéal – she struck James on the mouth.

GABHAIM ORM IS DOMH: Gabhaim orm is domh gurb é atá a' fáil a sháith le hithe

I'll warrant that he is the one who is getting plenty to eat.

NOD has "Gabhaim orm" but not the "is domh" part. JG had not heard this saying with the "is domh" part either but Annie had two examples of it. JG says it is commonly reduced to "go morm" and that in the neighbouring parish of Gaoth Dobhair you can hear simply "marm".

GEARRFHIA: JG: Tá beatha an ghearrfhia aige – He has the life of a hare i.e. tá drochdhóigh air agus é ar a sheachnadh – he is on the run and in a bad way. Níl aonduine á iarraidh – Nobody wants him.

GÓCHA: /gɔːxə/ JG: This obsolete expression was used to express

strong emotion or surprise. Nowadays its function has been largely taken over by English swear words.

GREAFADACH: Shaking, trembling. Thoisigh an coinín a screadaigh agus a ghreafadaigh.
The rabbit began to scream and shake.
JG: Thig leis a' talamh greafadach faoi do chosa – The ground can shake under your feet.

IS EA, LE 'SEA NÓ NÍ HEA: Bhí ansin Dabhs agus Siúsaidh Dhearg. Lánúin a bhí iontú, agus bhí Siúsaidh Dhearg gomh dolba le coileach turcaigh. Mharbhadh sí Dabhs le 'sea ná ní hea.
Then there was Dabhs and Red Susie. They were a married couple, and Red Susie was as bad-tempered as a turkey cock. She'd attack Dabhs for no reason at all/no matter what he said/whether he agreed with her or not.
JG: ar fhíorbheagan siocrach – for very little reason.
v. SMUG

LÁN CÓIRIGH: Cóirigh (= cóirithe) go breá – finely dressed.
Ní thaitneann na bábógaí liom. Tá siad lán cóirigh agus níl gnaithe ar bith le bean chóirigh agam.
I don't like "dolls". They are too well-dressed and I have no time for a dolled-up woman.

MUINEÁL: JG: Seachain a' ceann 's buail a' muineál. JG explains this with "Tig sé fhad le an rud amháin – "It comes to the same thing." He further explains with, "'S ionann 's a' cás é – in the event it is the same thing".

PLUBAISTÍN: cailín deas cothaigh – a nice well-nourished girl or a "muirleog" which NOD gives as "a plump little girl". NOD gives plobaire, var: plobaistín – a puffy-cheeked person, a flabby person.

RÁ, NÍL RUD AR BITH LE RÁ LEAT: This means that there is nothing to be said *against* you.
Annie has many exx. of this, e.g. Is cuma goidé bhí le rá leat bhí 'fhios ag Mícheál é.
This refers to gossip and means that it does not matter what you

had done (that you should not have done) Michael knew about it i.e. he knew all the gossip about you for which you could be upbraided.

SÍNEADH REATHA: JG: Bhí mé amuigh a (<de) shíneadh reatha = Rinn mé rás amach – I raced out.

SMUG, AG ITHE SMUG A CHEILE: Agus i ndéidh a' maicín – a' t-am a ba troime bhéadh maicín ann – bhéadh Dabhs agus Siúsaidh agna chéile roimhe chúig bhomaite agus iad ag ithe agus ag ól as béal a chéile.

And after the fight – even the most violent of fights – Dabhs and Susy (a tinker couple) would make up in less than five minutes and they would be the best of friends.

NOD has this polite form but JG commented that in such circumstances you would be liable to hear a cruder form i.e. AG ITHE SMUG A CHEILE – eating each other's snot.

SMÚRTHACHT: NOD has this form as the verbal noun but Annie uses it as the verb itself.

Tháinig a' tarbh beag anall go dtí é agus smúrthacht sé air.

The little bull came over to him and sniffed him.

SOILLSE, ACH OIREAD LE SOILLSE: Ní rabh fhios aige cá háit a dteachaidh sí ach oiread le soillse.

JG: ach oiread 's bhí fhios aige cá dtéann splancanna.

He did not know where she had gone any more than he knew where lightning goes i.e. she disappeared in a flash.

SOTAL AG: Ní rabh sotal ar bith sa teach aicí – No one in the house was nice or polite to her. With identical meaning you can say, "bhíthear sotalach léithí".

SPOR: a blow. Bhuail sé spor ins a' tsúil air agus bhain sé an tsúil as.

He struck him a blow in the eye and took out his eye.

SÚILEAS, TÁ SÚILEAS AGAM: NOD does not have SÚILEAS as a head word but instead has SÚIL and DÚIL. The question is, Where does the – eas come from? Well the saying "Tá súil as Dia agam" and its equivalent "Tá dúil as Dia agam" (I hope to God) are both common. I believe that "súileas" derives from the shortening of the

"súil as (>súileas) Dia agam" phrase. Since "Tá súileas agam" means "I hope" the derivation of the form may also have been reinforced by the –as ending of the word "dóchas" in the equivalent phrase "Tá dóchas agam".

TAIS, MA BA TAISE: Thoisigh Molly bhocht a chaoineadh agus má ba taise liomsa é – Poor Molly began to cry and (JG: bhí mise lán gomh (<chomh) holc) I was just as bad.

TAOBHAIGH: Warn. Thaobhaigh siad go cruaidh leis fanacht amach ón choillidh
They warned him strictly to stay away from the forest.

TEANN ANAMA: D'imigh an duine bocht ar theann a anama.
JG: = gomh gasta agus thiocfadh leis.
The poor man went off as fast as he could.

THÍOS LE: NOD has samples of the idiom "thíos leis" which he gives as meaning "prostrate, in lowly state, at loss, suffering and oppressed". He gives the exx.:–
mise bhí thíos leis – I had to pay for it, to bear the consequences
bhí mo phóca thíos leis – I was out of pocket by it
ní rabh mé thíos ná thuas leis – I neither lost nor gained by it
ní hé atá thíos leis ach a pháistí – it is not he who has to suffer for it but his children
In these examples "leis" is a neutral prepositional pronoun referring to something which has happened. He has no examples or mention of the fact that this idiom can be used with "le" as an ordinary preposition or combined with a pronoun to refer to people who are paralysed or have lost the use of a part of the body. (The same applies to TDB who also has "thíos leis" but not the other idiom, at least under the heads "loss, paralysis".)
Exx. tá mo lámh thíos liom – my arm is paralysed/ I do not have the proper use of my arm/ I have lost the full use of my arm
bhí a chos thíos le Séamas – James had lost the use of his leg
bhí a taobh thíos léithí – her side was paralysed

TOG ORT! Tog ort ... suas chuig Nóra Mhaitiú agus fagh órtha an ruaidh deánta do do mháthair.

Off you go to Nóra Mhaitiú and get the charm against erysipelas made for your mother.

tog /tʌg/ like English "tug". This corresponds to Scottish Gaelic and suggests a Scottish origin since the vowel is always long in the Irish form of the verb (tóg). The expression is now obsolete in Rannafast as far as I am aware.

TOILGHNÚSTA: NOD has "wilfully, deliberately" but my exx. are much stronger. In a Cinderella story we have: Labhair bean da (<de) na leasdeirfeáracha go híontach toilghnústa léithí, "Cá bhfuil tusa a' goil a chur na bróige ort ... deán do ghnaithe duit fhéin."

One of the stepsisters spoke very bitingly to her, "What do you think you're doing, going to put on the shoe. Mind your own business."

JG explains this as: go nimhneach (bitingly, venomously), gan urram (disrespectfully), gan sotal (impolitely), gan cairdeas (in hostile fashion).

JG: "Thig leat duine a bhualadh le bata go toilghnústa i.e. le fuath ann do chroí".

You can hit someone with a stick viciously i.e. with hate in your heart.

TOISIM: It is common to repeat a word in order to emphasise it e.g. rith sé agus rith sé (he ran and ran); chaoin sí agus chaoin sí (she cried and cried); bhí siad a' screadaigh 's a' screadaigh 's a' screadaigh (they were shouting and shouting and shouting); bhí sé fuar fuar (it was very cold).

Rare though is the repetition of the main verb in order to intensify the meaning of the verbal noun in a sentence. This can be done with the verb "toisim" as shown in this text of Annie's:

Thoisigh a rabh sa teach a' gáirí agus thoisigh siad agus thoisigh siad.

Everyone in the house began laughing and they laughed and laughed.

[A version of this paper was published in *Scottish Gaelic Studies Volume XVII, Feill Sgribhinn do Ruaraidh Mac Thomais* (volume in honour of Professor Derick Thomson), Ed. Donald McAulay, James Gleasure, and Colm Ó Baoill.]

Editing the Texts

The origins of these texts are described in the paper written by Gordon MacLennan shortly before his death and published in this volume (*Digression in Irish Oral Tradition: The Case of Anna Nic Grianna*). The stories and other folklore in the Annie Bhán corpus were collected on Ediphone recording cylinders by two of the Irish Folklore Commission's collectors in the late 1930s and by Gordon MacLennan himself on reel to reel tapes in the early 1960s. The former material was then transcribed by the collectors for the Folklore Commission and the Ediphone cylinders were re-used or destroyed. Professor MacLennan transcribed his material and regularly re-recorded his tapes to preserve the quality. While each transcriber is usually consistent in the material he is dealing with, there are some differences in the manuscripts caused mostly by changes in spelling conventions in Irish from the 1930s to the 1960s. Gordon had begun to deal with these problems and had partly edited some of the texts, and had started to outline some editorial principles necessary to represent Annie's speech. He also kept detailed working notes on grammar, syntax, spelling, phonetics, pronunciation etc., at the end of the passages he had begun to edit, pointing out problems and their possible solutions. These notes were of the greatest help to the editors, and should prove an equally invaluable reference for scholars who come to this material in the future.

The principle aim in the editing of the texts for this volume was to apply conventions of spelling in Standard Irish while still enabling the reader to come very close to hearing the authentic voice of the storyteller in her native dialect. Annie Bhán was very fluent in her delivery. Judging by Gordon's extant tapes of her stories it is clear that no editing of hesitation or repetition was necessary when transcribing them, and it is unlikely that at the time of the earlier recordings, when she was younger, that she would have been any less fluent. Only some minor changes to the punctuation and paragraphing of the original manuscripts have been made.

The following is a guideline to some of the principles applied:

(a) Form used in text.

(b) Standard spelling.

(c) Spelling indicating pronunciation, when necessary.

(a)	(b)	(c)
aon nduine	aon duine	a'n nduine
bheadh	bheadh	bhéadh
chualaidh	chuala	–
chugam	chugam	'ugam
cionn	ceann	–
comh	chomh	gomh
daoiní	daoine	–
deán	déan	–
déidh	diaidh	–
do(n)	de(n)/do(n)	da(n)
do fhear	d'fhear	da fhear (i.e. no elision of vowel)
eadar	idir	–
fágh	faigh	fá
fríd	tríd	–
goil	gabháil	–
ins	inis	–
inseochaidh	inseoidh	–
istigh	istigh	astoigh
léithi	léi	–
ní fhacaidh	ní fhaca	–
tí	tí	toighe
tím	feicim/chím	–
tríú	tríú	tríthiú

The second conjugation verb endings are pronounced as follows:

1st sg.	–eochainn/-óchain = /ahin'/
2nd sg.	–eochthá/-ochthá = /aha/
3rd sg. & pl. & 2nd pl.	–eochadh/-óchadh = /ahu/
1st pl.	–eochamais/-óchamais = /ahamwis'/

In addition the article "an" is written "a'" as the "n" is normally dropped before consonants in the dialect (including lenited consonants), except if preceded by a word ending in a vowel or a vowel sound e.g. "thoisigh", "bheadh", and "caithfidh". Similarly, "a'", is used for "ag" before consonants, e.g. "a' cur" for "ag cur".

In the prepositional forms such as aistí, astú, acú, aicí, intí, orthú, léithí, etc. the length mark (fada) signifying the pronunciation, has been removed, e.g. léithí becomes léithi, acú becomes acu, etc.

Some older spellings are maintained in order to keep grammatical distinctions not found in the standard language, e.g. "tinidh" with a genitive form "tineadh", "ruadh" with genitive "ruaidh", "móin" with genitive "mónadh" and dative "mónaidh", "coillidh" with genitive "coilleadh" etc.

It was not considered necessary to regularise all variant spellings, thus, the verbal form "taisbeánfaidh" occurs in the texts as "teispeánfaidh", "teisteanaidh", and "teiseanaidh". Variation depending on register or on emphasis is a feature of all speech and the extant tapes confirm that Annie used all the forms indicated by these spellings. A phonetic transcription from these tapes would probably yield interesting information on the subject of speech variation.

This is not a comprehensive list, but most of the principles applied are covered here. These notes are intended only as an aid to those who are unfamiliar with the dialect and not as an analysis of Annie's speech. Such an analysis was part of the project that Gordon MacLennan had planned, and it will be clear to students of the language how valuable such a study would be.

The Translations

"It must be remembered, however, that all folktales live only on the lips of their narrators; when heard even on a tape or disc, or when read in a manuscript or on the printed page, only a lifeless echo of the original is heard; and this lack is further accentuated when translation into a second language has been carried out."

This quotation from Seán Ó Súilleabháin (*The Folklore of Ireland,* 1974.), an archivist in the Irish Folklore Commission from 1935 to 1970, sums up the difficulties faced in an endeavour such as this.

The texts were translated by Alan Harrison and Máiri Elena Crook. John (Ghráinne) Devanney's help with the Irish of Rannafast was invaluable to them, as it had been to Gordon in the past. David Crook was of crucial importance in pointing out obscurities and infelicities in the translations and in providing useful alternatives.

These translations were not approached with the freedom one might have had with stories meant to stand on their own in a separate volume in English. The aim of the editors was to produce translations as faithful to the Irish texts as possible, so that they would be useful to scholars, and yet still be accessible and attractive to the general reader. They hoped to achieve this by closely following the original Irish, while trying to avoid any awkward literal translations. The construction of sentences has been altered at times to avoid what might have been perceived as a stage-Irish feel. Nevertheless, it was felt legitimate to occasionally use what could be described as Hiberno-English turns of phrase in an effort to convey the flavour of the original spoken word. But no hard and fast rules were applied.

Try as one might, it is truly not possible to do justice to the beauty, verve and vitality of this extraordinarily rich Irish of Rannafast in Donegal, not to mention the descriptive powers of Annie Bhán in the full flight of story-telling. It is hoped that much of the vivacity, humanity, and everyday reality of life in Annie's day comes through, and that the editors have captured enough to convey the authentic voice of the powerful story-teller that Annie was. However, the reader

should remember that it is the spirit of the spoken word that is being pursued, and it, of necessity, will always evade capture once committed to paper.

The Story of Colm Cille

Colm Cille is one of Ireland's foremost saints. Renowned as a scholar and theologian, he was the founder of a large number of monasteries in Ireland and Scotland. He was born of noble birth in Gartan, County Donegal in 521 A.D. His name means "Dove of the Church", however, legend has it that he was banished from Ireland for fomenting war over the copying of a holy manuscript. Whatever the reasons, in 563 A.D. he set sail for Iona in Scotland with twelve companions. There, known as Columba, he started preaching to the Picts and during his lifetime Iona became the spiritual and cultural centre of Scotland. He died there in 597 A.D. Stories about him are current in Donegal folklore to this day, and he is often portrayed as a hard ungenerous man during his early life.

Scéal Cholm Cille

Beití, tabhair leat a' canna agus tabhair isteach a' mias as baitheach[1] na gcearc go dtí go suaithí mé cuid na gcearc; agus suíodh an chuid eile agaibh, 'gheall ar Dhia, agus tabhraigí suaimhneas cúig bomaite domh go bhfágha mé giota a dheánamh ar mo stocaí. Tá duisín na stocaí sin istigh agam le cúig seachtainí agus níl déanta agam ach trí phéire agus leathstocaí. Níl fhios agam goidé tá mé a dheánamh; tá mé 'mo sheasamh achan lá, tá bratóg síos agus bratóg suas le duine inteacht agaibh ar a thurn. Suígí! Nár chóir go suífeadh sibh go suaimhneach agus gan a bheith mur seasamh mur gcearn choilleadh ansin. 'Gheall ar Dhia agus suígí! Imigh thusa agus tabhair isteach móin agus cuir síos tinidh, agus suígí thart mar tífeadh sibh páistí a dheánamh agus más é mur dtoil é inseochaidh mé scéal daoibh.

'Athair shíoraí, nuair a bhí muidinne beag shuífeamais ó ghoil ó sholas go mbeadh sé – Ó, níl fhios agam goidé an t-am a bheadh sé ná ní rabh clogannaí ar bith insna tithe an uair sin – agus shuífeamais ansin agus mo mháthair ag inse scéaltach dúinn go dtí go dtitfeadh duine thall agus abhus 'na gcodladh agus go mbeadh obair ár muscladh. Agus ba é an phianpháis a bhí uilig ann ár gcosa a ní nuair nach nífeamais a' goil ó sholas iad. Bhí oiread fonn orainn ag éisteacht leis na scéalta agus nach nífeamais iad. Ní sin daoibhse anois é, m'anam go bhfuil giota iarainn sáite sa tinidh ag bean agaibh ar a turn a' casadh a cuid gruaige. Beidh sé catach luath go leor agaibh. Sin eile a bhfuil le gnóú ar ghiorsachaí anois, a' catadh a ngruaige, a' cur isteach púdair. Tá mé a' deánamh go bhfaca mé bean agaibh a' lá eile agus cumhdach plúir ar a haghaidh; bhí tú snoite bán cosúil leis. Is maith an rud a dheánfas sibh nuair a thiocfas sibh i gcrann. Ach imigh ar scor ar bith agus suaith cuid na gcearc. Is fearr daoibh sin a fhoghlaim i bhfad ná gnaithe an phúdair. Más é mur dtoil é inseochaidh mé scéal daoibh nuair a bhéas sin déanta.

---

1. "baitheach" < "bóitheach", = cró na mbó go bunúsach ach anseo ciallaíonn sé cró ar bith taobh amuigh. Dá bhrí sin "baitheach na gcearc" = "henhouse".

The Story of Colm Cille

Betty, take that can and bring in the basin from the henhouse till I mix the hens' food; and the rest of you sit down for God's sake, and give me five minutes' peace till I get some work done on my stockings[1]. I have had wool in for a dozen pairs of those stockings this last five weeks, and all I've got done is three and a half pairs. I don't know what I'm doing; I'm on my feet every day, and one or other of you in turn is up and down with clothes to be mended. Sit down! You'd think you would sit quietly instead of standing around like a bunch of thieves. For God's sake sit down! Go you and bring in some turf and set a fire, and sit around the way children ought to, and if you please, I'll tell you a story.

Eternal Father, when we were small we would sit from dusk till – oh, I don't know what time it would be for there were no clocks in the houses in those days – and we would sit while my mother told us stories till one of us here and there would fall asleep, and it would be hard work to wake us. And it was pure torture to have to wash our feet then when we hadn't washed them before dark. We were so eager to hear the stories that we wouldn't wash them then. That's not how it is with you now. Indeed, each of you girls in turn has an iron heating in the fire to curl her hair. It'll be curly for you soon enough. That's all you get from girls nowadays, curling their hair and putting on powder. I think I saw one of you the other day with a layer of flour on her face; in any case that's what it looked like you were so ghostly white. Goodness knows what you'll do when you grow up. But anyway, go and stir the hens' feed. You're better off learning that than the face powder business. If you like, I'll tell you a story when that is

---

1. Stockings Annie knitted as a source of income.

Tabhair thusa aniar a' t-uisce anois – tá bolgam tae a dhíobháil
orainn; agus nífidh sibh suas na soithigh agus cuirfidh sibh cuma
oraibh go ndeánfaidh sibh rud inteacht i dtús mur saoil agus gan a
bheith a' deánamh aithris ar ghiodrógaí atá a' goil thart aníos agus
síos agus éadach snámh leofa. Níl a dhath eile le deánamh acu sin –
tá siad ar laethe saoire. Ní bheidh sibhse a choíche ar laethe saoire tá
eagla orm, sin ná cuirfidh sibh cuma inteacht oraibh fhéin thaire
mar tá sibh. A' dtug tú aniar a' t-uisce? Seo anois suígí thart agus
insigí cá bith scéal is mian libh a inse, inseochaidh mise daoibh é. Tá
an stocaí a' druid a' mhill[2] agus má tá dúil agaibh ann, tá druid thrí
ndealgán uirthi agus go dtí go rabh mé a' druid leis na trí dealgáin
beidh mé ag inse scéaltach daoibh. Colm Cille? Maith go leor,
inseochaidh mé scéal Cholm Cille daoibh.

Bhí Colm Cille 'na chónaí anseo fad ó shoin. Duine íontach
cruaidh ceachartha a bhí ann agus níor mhaith leis déirc a thabhairt
do dhuine ar bith. B'fhéidir dá dtaradh duine 'un tí chuige, agus bia
eadar lámha acu, go rannfadh sé leis, ach ní thabharfadh sé pínn ná
leithphínn dó ná aon chineál eile i ngnaithe déirce dó.

Bhí sé lá amháin amuigh insa ghárradh agus é a' cur uisce ar a
chuid tortha agus ar a chuid blátha. Ní rabh istigh ach a' cailín
aimsire. Tháinig fear bocht díoblaí isteach agus d'iarr sé déirc.
"Ó," dúirt a' cailín, "ní thig liom. Níl cead agam déirc a thabhairt
do dhuine ar bith."
"Cá tuí nach bhfuil cead agat déirc a thabhairt uait?" adeir sé.
"Cailín bocht seirbhís atá ionam," adeir sí, "agus ní ligfidh mo
mháistir domh déirc a thabhairt do dhuine ar bith."
Bhí sí a' fuinteadh aráin.
"Bhail," adeir sé, "a' dtabharfaidh tú domh crág don taos?" adeir
sé. "Tá ocras orm."
Thóg sí crág don taos agus shín sí dó é. Rinn sé trí chuid dó agus
shuaith sé suas ina lámha é agus chaith sé na trí chuid isteach insa
tinidh. Agus d'fhás na trí chrann dheasa ghlasa amach as a' tinidh ba
deise a chonaic tú ariamh. Thóg Colm Cille a chionn agus é amuigh
sa ghárradh agus chonaic sé na crainn ghlasa a' fás amach ar a'
tsimleoir. Tháinig sé isteach.

---

2. Mhínigh Hiúdaí Phadaí Hiúdaí "druid a' mhill" mar seo – "a' lurga chóir a bheith deánta
    réidh le cionn a chur uirthi."

done. You bring over the water now – we need a sup of tea; and you'll wash up the dishes and look as if you'll do something useful as you start out in life instead of copying those giddy girls who are swanning around, up and down [to the beach] with swimming togs. They have nothing else to do – they're on holiday. I'm afraid you lot will never be on holiday unless you mend your ways. Did you bring over the water? Here now, sit around and tell me what story you'd like and I'll tell it to you. I'm just coming to the narrow part of the shank of this stocking and when I do I'll be working with three knitting needles, and if you like, until I reach the bit where I need to change to three needles, I'll keep telling you stories. Colm Cille? All right, I'll tell you a story about St. Colm Cille.[2]

Colm Cille lived here long ago. He was a very hard, mean person and he disliked giving alms to anyone. Perhaps if someone came to the house while he was at his food he'd share it with him, but he wouldn't give him a penny or a halfpenny or anything else by way of charity.

One day he was out in the garden watering his fruit-trees and his flowers. Only the maidservant was indoors. A poor wretched man came in and asked for alms.

"Oh," said the girl, "I can't. I'm not allowed to give alms to anyone."

"Why are you not allowed to give alms?" says he.

"I'm a poor servant girl," she answered, "and my master won't let me give alms to anyone."

She was kneading bread.

"Well," says he, "will you give me a handful of the dough?" says he. "I'm hungry."

She lifted a handful of the dough and handed it to him. He made three pieces of it and he rolled it up in his hands and threw the three pieces into the fire. And the three finest green trees you ever saw grew out of the fire. Out in the garden Colm Cille looked up and saw the green trees growing out of the chimney. He came in.

---

2. See Prof. MacLennan's article, notes 21 and 22, for comments on Annie's imaginative scene-setting for these inter-linked stories on meanness.

"Goidé na crainn ghlasa," adeir sé, "atá a' fás amach ar a' tsimleoir?"

"Ní fhaca mise," dúirt sí, "crainn ghlasa ar bith a fás amach ar a' tsimleoir."

"Cé bhí istigh?" adúirt sé.

"Tháinig fear bocht isteach," adúirt sí, "agus d'iarr sé déirce agus dúirt mé nach dtiocfadh liom déirce a thabhairt dó agus d'iarr sé crág don taos agus thug mé dó é agus rinn sé trí chuid dó agus chaith sé isteach sa tinidh é."

"Ó Dia na ngrásta," arsa Colm Cille, "pheacaidh mise" – a' cathamh uaidh an channa a bhí 'na láimh agus reath sé. Cé bhí anseo ach a' tAthair Síoraí!

Mhaithigh Sé an trup 'nA dhéidh agus thiontaigh Sé thart, agus bhí Colm i ndeireadh na péice an uair sin, a' tarraingt Air. Chaith sé é fhéin ar a dhá ghlún agus d'iarr sé mathúnas Air.

> "Is luath reathas a' ruadh reatha agus a ghruadh ar
>   dhath na druithleann,
> Fhad is bhéas grian gheal dhathúil ar aer cha dtéid
>   fial go hIfreann."[3]

"Cá tuí," arsa Colam Cille, "nuair a thug tú mo sháith le cathamh agam nach dtug tú mo sháith do chroí domh?"

"D'fhág mé toil shaor agat," arsa an Slánaitheoir, "ach anois," adúirt Sé, "nuair a rachas tú 'na bhaile," adúirt Sé, "cuir bocsa ar a' doras agus cur rud inteacht airgid ann achan uile lá, agus duine ar bith a dtiocfaidh abair leis a lámh a chur insa bhocsa agus é a thabhairt leis."

Ach nuair a chaith Colm é fhéin ar a dhá ghlún (bhí sé íontach ramhar) réab mealltaí a chuid cos agus tháinig geir amach astu. Thóg a' tAthair Síoraí an gheir agus thug Sé dó 'na láimh í. Chumail Sé A lámh do na cneitheacha ansin agus leigheas Sé é.

---

3.   Tá nóta ag an Ollamh Mac Gill-Fhinnein ag rá go bhuil seo cosúil leis an chéad líne den amhrán "Ainnir Dheas na gCiabhfholt Donn":

> " 'Sé dúirt Colm Cille linn,
>   Go hIfreann cha dtéid fial;
>   Lucht a' tsaibhris go gcailleann
>   Siadsan páirt mhór le Dia."

"What green trees are those," says he, "growing out of the chimney?"

"I didn't see," said she, "any green trees growing out of the chimney."

"Who's been here?" said he.

"A poor man came in," said she, "and asked for alms and I said I couldn't give him alms, and he asked me for a handful of the dough and I gave it to him and he made three pieces of it and threw it into the fire."

"Oh, merciful God, I have sinned!" said Colm Cille – throwing away the watering can in his hand and running off. Who had it been but the Eternal Father!

God heard the footsteps behind Him and He turned around and Colm Cille, completely exhausted by then, was coming towards Him. He threw himself onto his knees and asked His forgiveness.

> "Swiftly the runner races,
> His cheek the colour of fire,
> While there's a bright beautiful sun in the sky,
> The generous will not go to Hell".[3]

"Why," said Colm Cille, "when you gave me plenty to spend, did you not give me plenty of generosity?"

"I gave you free will," said the Saviour, "but now," said He, "when you go home," said He, "put a box on the door and put some money in it every day, and tell anyone who comes to put his hand in the box and help himself."

But when Colm Cille had thrown himself down on his two knees, (he was very fat) the calfs of his legs had torn and fat had dripped from them. The Eternal Father gathered the fat and handed it to him. He rubbed His hand on the wounds then and healed him.

---

3. This verse echoes a well-known proverb on generosity which is found in many songs and poems about the Saint in his native Donegal.

"Anois," ar Seisean, "cuir sin faoi bhéal pota go cionn cheithre n-uaire fichead agus tiocfaidh rud inteacht as a chuideochas leis na daoine."

D'imigh Colm 'na bhaile agus chuir sé an gheir faoi bhéal pota. Chonaic a' cailín seirbhís é agus dar léithi:

"Goidé tá sé a dheánamh?"

Nuair a d'imigh Colm ar ais ghoid sí cuid don gheir agus chuir sí fhéin faoi bhéal babhail é. Chuir Colm a' bocsa ar a' doras mar hiarradh air agus chuireadh sé pínn nó leithphínn achan lá ann, nó rud inteacht airgid. Ach nuair a bhí na ceithre huaire fichead thuas thóg sé an pota go bhfeicfeadh sé goidé bhí ann, agus goidé bhí faoi ach scaifte do mhuca óga – reath siad amach as.

Dar leis a' chailín:

"Tífidh mise goidé tá agam fhéin".

Agus nuair a fuair sí faill ar Cholm Cille chuaigh sí agus thóg sí an babhal, agus reath scaifte do luchógaí beaga amach as faoi bhéal a' bhabhail. Bhí Colm an uair seo a' deánamh réidh a ghoil in áit inteacht agus é a' cur air a chuid miotóg; agus nuair a chonaic sé an luchóg chaith sé an mhiotóg uirthi. D'éirigh an mhiotóg 'na cat agus mharaigh sí an luchóg.

D'fhág sin buaidh ar a' luchóig ó shoin gan a dhath a fháil ach a' méid a ghoidfeadh sí, ar an ábhar go b'é rud a goideadh a hábhar fhéin.

Bhí go maith agus ní rabh go holc.

Tháinig fear bocht inniu agus fear bocht amárach agus do réir sin, agus d'iarr Colm orthu a lámh a chur sa bhocsa agus a' déirce a thabhairt leo. Lá amháin chuir sé scilling insa bhocsa. Taraidh scafaire cruaidh gasta glan díreach aníos; cuiridh sé a lámh insa bhocsa agus thug sé leis a' scilling. Dar le Colm:

"Tá sin go maith. Nach doiligh domhsa scillingeacha a bheith agam fá choinne a mhacasamhail sin!"

Bhí go maith 's ní rabh go holc.

Lárnamhárach taraidh seanduine bocht crupthaí crapthaí díoblaí nach mó ná go rabh sé ábalta a lámh a thógáil agus a cur insa bhocsa,

"Now," said He, "put that under an upturned pot for twenty-four hours and something will come from it that will help the people."

Colm went home and he placed the fat under a pot. The maidservant saw him and thought to herself:

"What is he doing?"

When Colm went away later, she stole some of the fat and put it under an upturned bowl herself. Colm put the box on the door as he had been told, and every day he'd put a penny or a halfpenny or some money in it. Anyway, when the twenty-four hours were up he lifted the pot to see what was there, and what was under it but a herd of piglets – they ran out from it.

The girl thought:

"I'll see what I've got myself."

So when she found Colm off guard she went and lifted the bowl, and a cluster of little mice ran out from under the lip of the bowl. Colm Cille was getting ready to go somewhere at the time and he was putting on his gloves; and when he saw one of the mice he threw a glove at it. The glove turned into a cat and killed the mouse.

Ever since then the mouse can't help stealing what it needs, because of the fact that it itself was created from something stolen.

So far so good.

A poor man would come one day, another the next, and so on, and Colm asked them to put their hands in the box and take the alms. One day he put a shilling in the box. Along came a strapping, hardy, clean and straight fellow; and he put his hand in the box and took the shilling. Colm thought:

"That's a good one. Isn't it hard on me to have shillings for the likes of him!"

So far so good.

The next day a poor, wretched, bent and crippled old man arrived, barely able to lift his hand to put it in the box he was so old and crippled, and all he got was a halfpenny. Colm Cille thought:

bhí sé comh haosta creaplaí sin, agus ní rabh le fáil aige ach leithphínn. Dar le Colm Cille:

"Goidé seo ar chor ar bith, nó goidé an dóigh a bhfuil a' saol seo 'na shuí – fear cruaidh gasta a mb'fhusa dó a chuid a shaothrú ná do dhuine ar bith, dar leat, go bhfuair sé an scilling, agus a' seanduine bocht a bhí a' titim ar a bhata, nach mó ná go rabh sé ábalta a lámh a chur sa bhocsa leis a' leithphínn a thógáil, bhí sé comh creaplaí, nach bhfuair sé ach a' leithphínn!"

D'imigh sé amach agus é a' caint leis fhéin agus níorbh fhada a chuaigh sé gur casadh an Slánaitheoir air.

" 'Cholm Cille," adeir Sé, "cé air a bhfuil tú a' smaoitiú? Tá barúil agam air," adeir Sé.

" Tá fhios agat go maith é," deir Colm Cille, adeir sé. "Chuir mé scilling insa bhocsa inné," deir sé, "agus tháinig scafaire cruaidh gasta," deir sé, "láidir, a ba láidire ná mé fhéin, agus thug sé leis a' scilling. Dar liom gur dhoiligh seasamh le sin, agus níor chuir mé ann ansin, a' lárnamhárach ach leithphínn. Tháinig seanduine bocht creaplaí nach mó ná go rabh sé ábalta a lámh a thógáil, bhí sé comh creaplaí sin, agus a cur sa bhocsa, fá choinne na leithphínne, agus ní bhfuair sé ach a' leithphínn. Títhear domh gur 'na éagóir atá an saol agus títhear domh gur éagóir mhór atá ansin."

"Sílidh tú sin, a Cholm Cille," adeir a' tAthair Síoraí, "tá an fear óg sin anois istigh i dtigh an óil," adeir Sé, "agus scaifte aige," deir Sé, "agus é a' cathamh na scillinge sin fá chroí mhór mhaith. Tá an seanduine 'na luí ar bhruach abhna 'na leithid seo a dh'áit agus é a' fáil bháis, agus ní rabh a dhíobháil air ach a' leithphínn leis a' chéad a dhéanamh amach, agus tá céad punta aige nach bhfuil duine ar bith a' goil a ghnóú a dhath orthu. Agus imigh anois agus an áit ar ins mise duit gheobhaidh tú 'na luí a' fáil bháis é.

Gabh anois agus gheobhaidh tú 'na luí san áit ar ins mé duit."

D'imigh Colam Cille go bruach na habhna agus bhí an seanduine 'na luí agus é i ndéidh síothlú – bhí an anál ar shiúl as. D'amharc sé air. Bhí sé marbh. Chuartaigh sé agus fuair sé an spaga mar dúirt a' tAthair Síoraí agus céad punta ann. D'iarr a' tAthair Síoraí air nuair a gheobhadh sé an sparán é a chathamh amach san abhainn. Dar le Colm Cille:

"What's this at all, or what kind of world is it – when a tough and agile fellow who could earn his living easier than most, you'd think, got the shilling, and the poor, decrepit old man who was hardly able to put his hand in the box to take it he was so crippled, only got the halfpenny!"

He went out talking to himself and he didn't go far until he met the Saviour.

"Colm Cille," says He, "what are you thinking about? I have an idea what it is," says He.

"You know well what it is," says Colm Cille, says he. "I put a shilling in the box yesterday," says he, "and a strapping, hardy young fellow," says he, "strong, stronger than myself, came along and took the shilling. I thought that was hard to put up with, so then the next day I only put in a halfpenny. A poor, crippled old man, so crippled he could barely lift his hand to put it in the box for the halfpenny came along, and all he got was that halfpenny. It seems to me that life is unfair and that that is a great injustice."

"You may think that, Colm Cille," says the Eternal Father. "That young man is in the tavern now," says He, "with a crowd around him," says He, "and he's spending that shilling with great generosity. The old man is lying by a riverbank in such and such a place and he's dying, and he only needed a halfpenny to make up a hundred pounds, and now he has a hundred pounds that will be of no benefit to anyone. So go now and you'll find him lying dying where I told you.

Go now, and you'll find him lying where I told you."[4]

Colm Cille went to the riverbank and the old man was lying there and had just passed away – he had drawn his last breath. He examined him. He was dead. He searched and he found the pouch with a hundred pounds in it as the Eternal Father had said he would. The Eternal Father had told him to throw the purse into the river when he found it. Colm Cille thought:

---

4. The repetition is due to Annie picking up where she left off after the collector changed cylinders on the Ediphone recorder. For a description of the Ediphone see Prof. MacLennan's article.

"Is doiligh sin a dheánamh."

Chuir sé an sparán ina ochras agus d'imigh leis go dtí an áit ar fhág sé. Casadh an Slánaitheoir ansin air.

"Bhail," adeir Sé, "a' bhfacaidh tú é?"

"Chonaic," adeir Colm Cille.

" 'Bhfuair tú an t-airgead?"

"Fuair," adeir Colm

"Goidé rinn tú leis?" adeir Sé. "Ar chaith tú amach san abhainn é?"

"Maise, níor chaith," adeir Colm. "Dar liom gur mhór a' truaighe," adúirt sé, "a chathamh amach san abhainn," adúirt sé. "Thug mé liom é," dúirt sé. "Dar liom go gcuirfinn sa bhocsa é agus go ndeánfadh sé déirce."

"Imigh anois," adeir a' Slánaitheoir, "caol díreach go dtí an áit a d'fhág tú agus caith sin fad d'urchair amach san abhainn, agus b'fhéidir fá chionn míle bliain gur ann a gheobhadh duine inteacht a' t-airgead sin a rachadh sé ar sochar dó."

B'éigean do Cholm Cille a ghoil agus a chathamh amach san abhainn mar hiarradh air.

Agus deir siad gur fhág sin buaidh ar na sagairt, ón lá sin go dtí an lá inniu, airgead ar bith a bhfeicfidh siad a bheith acu!

Scéal Shéamais Uí Arlaigh

> Caitheadh cuid Shéamais Uí Arlaigh,
> Caitheadh cuid Eamoinn Uí Phéire,
> Caitheadh cuid Eoghain Uí Bhaoill,
> Caitheadh an saol mór.

"Goidé fá Shéamas Ua hArlaigh?"

Ó! Goidé fá Shéamas Ua hArlaigh, char chuala tú é? Fear cruaidh críonna ceachartha. Ní fhaca mé a dhath ariamh gnóite ar a' cheacharacht. Is cuma goidé an rud é tá measaracht ar achan seort, dá mba ól a' bhracháin é.

"That's hard to do."

He tucked the purse inside his shirt and went back to where he had come from. There he met the Saviour.

"Well," says He, "did you see him?"

"I did," says Colm Cille.

"Did you find the money?"

"I did," says Colm.

"What did you do with it?" says He. "Did you throw it out into the river?"

"Indeed, I didn't," says Colm. "I thought it a great pity," said he, "to throw it out into the river," said he. "I took it," said he. "I thought I would put it in the box and it would serve as alms."

"Go now," says the Saviour; "straight back to the place you left and throw that as far as you can out into the river, and perhaps in a thousand years someone might find the money there and it would be of benefit to him."

Colm Cille had to go and throw it out into the river as he had been told.

And they say, that from that day to this, priests can't help taking any money they set eyes on!

The Story of James Harley

> James Harley's wealth is spent,
> Eamonn Pare's wealth is spent,
> Owen Boyle's wealth is spent,
> Everything is spent.

"What about James Harley?"[5]

Oh! What about James Harley, did you not hear? A tight-fisted, mean, miserly man. I never saw anything gained from being miserly. No matter what it is, there should be moderation in everything, even if it were only the eating of porridge.

---

5. After this verse of song from Annie, Hugh Devanney prompts her to tell the story about James Harley. This is one of the rare occasions when the collector's voice is recorded.

Bhí Séamas ceachartha santach. Ba ghnách leis buachaill aimsire a choinneáil ráithe an earraigh, ach nuair a bhíodh ráithe an earraigh bainte as rachadh sé 'na bhaile. Creidim nach rabh feidhm aige air, ceart go leor. Bhíodh sé gaite le farraige. Chuir sé a mhac fhéin agus buachaill na haimsire soir aon lá amháin go Baile Rabastan fá choinne tarr a chuirfeadh sé ar a' bhád. Cha dtug sé luach a mbricfeasta ná a ndinneára daofa. Bhuail a' t-ocras na créatúir ar a' chasán agus tháinig fear gortach[4] orthu agus dheamhan ann ach gur tugadh beo 'na bhaile iad.

"Bhail, nach truagh seo," arsa mac Shéamais, "agus a' méid airgid atá ag m'athair!"

" 'Bhfuil airgead mar seo aige?" arsa an buachaill.

"Tá, neart," adeir sé.

"Ó, maise," deir sé, "ní rachaidh sé mórán ar sochar dó; ní aithneochaidh sé fhéin ná tusa aige é. Agus cá háit a bhfuil sé aige? Ní fhaca mise aon phínn dá chuid ariamh. Is íontach ceachartha cruaidhchroítheach a bheir sé mo chuid fhéin domhsa nuair a bíos mo thuarastal saothraí agam."

"Tá sé istigh i bpota bheag aige agus leac ina mhullach, thíos faoin urlár faoi phosta na leapa."

Ní rabh dó sin ach sin go rabh an t-earrach déanta. D'imigh an buachaill 'na bhaile. Ba as taobh thall don Ghaoth an buachaill agus lá amháin bhí lom trá ann agus ní rabh ag Séamas ach é fhéin. Bhí a bhean agus a chlann ar shiúl ar buailteachas leis an eallach – tá mé a' deánamh – agus istigh in Inis Sionnaigh a bhí siad. Anall leis a' bhuachaill a' tráigh, cruaidh gasta. Ní rabh bróg ná stocaí air. Tháinig sé isteach. (Ní rabh ar a' doras ach rúóg). Bhí an pota beag thíos mar dúirt sé. Ní rabh aon bhonn airgid a bhfuair sé, ó bhonn na dtrí bpínn suas go dtí an ghiní nach rabh sa phota bheag agus é lán. Féadann tú a ráit nach mó ná go dtiocfadh leis a' leic luí air. Thug a' buachaill leis é agus d'imigh leis go cruaidh gasta. Níor throm leis a' t-ualach a bhí leis. Isteach le Séamas gránna go mbruitheadh sé cupla préata nuair a tháinig ocras air. Ach nuair a

---

4. Ls. "fear gortach". Nuair a cuireadh ceist ar J.G. faoi seo mhínigh sé mar seo é: "fear gortach" = "laige – tig priocadh ar do ghoile – bíonn tú ar crith leis an ocras agus shílfeá go raibh tú ag fáil bháis". Dúirt sé gur thuig sé gur "féar gortach" ba cheart a bheith ann ach gur "fear" a deirtear thart fá Rann na Feirste.

James was mean and greedy. He used to keep a servant-boy for the spring quarter, but when he had got the spring quarter out of him the boy would go home. I suppose he didn't need him any longer, right enough. He used to be kept busy on the sea[6]. One day he sent his own son and the servant-boy over to Baile Rabastan[7] for tar to put on his boat. He didn't give them the price of their breakfast or their dinner. The poor things were seized with hunger on the way, and they were weak with hunger[8], and they only barely made it home alive.

"Well, isn't this a pity," said James' son, "with all the money my father has!"

"Has he got much money then?" said the boy.

"He has, plenty," says he.

"Oh musha," says he, "for all the good it'll do him, neither you nor he will get the benefit of it. So where does he keep it? I never saw a penny of his. When I've earned my wages, he gives me what's due to me in a very mean and hard-hearted manner."

"He keeps it in a little pot with a flat stone on top of it, under the floor by the bedpost."

There was no more about it until the spring was over. The boy went home. He was from the other side of the estuary[9], and one day at low tide James was by himself. His wife and children were tending the cattle at the summer pasture – I think – and they were over on Inis Sionnaigh[10]. The boy came swiftly across the strand. He wore neither shoes nor socks. He came into the house. (There was only a string holding the door). The little pot was down where he'd been told. Every penny that James had got, from a threepenny piece up to a guinea, was in the little pot and it was full. You might say that the stone could hardly lie on top of it. The boy took it and made off quickly. He didn't feel the weight of his burden. In came poor James to boil a couple of potatoes when he got hungry. But when he came

---

6. Carrying livestock and goods in and out to islands, harvesting seaweed, fishing etc.
7. Falcarragh; probably referred to as "Baile Rabastan" after Robinsons or Robertsons, big landowners of past days.
8. The Irish words "féar gortach" literally mean "hunger-inducing grass". In folk belief this was a sort of enchanted fairy grass which when encountered caused severe hunger pangs but even a crumb of food would offer protection against it.
9. Annie is referring to Gweedore which lies across the estuary from Rannafast.
10. A small island just off the northern end of the Carrickfin peninsula, regularly used for summer grazing.

tháinig sé isteach chonaic sé an tachaltán⁵ déanta. Chonaic sé posta
na leapa as áit, a' pota beag caite ar uachtar agus a' leac agna thaobh,
agus gan comh beag le cianóg le fáil dona chuid airgid. Thochas sé a
chionn agus d'imigh sé amach a' doras mar bheadh duine a
chaillfeadh a chiall ann. Ní rabh mórán ocrais ansin air. Ní rabh fhios
aige goidé dheánfadh sé. Bhí barúil mhór aige gurb é an buachaill
aimsire a tháinig air.

D'imigh sé an Domhnach sin a bhí chugat anonn chuig sagart na
paróiste agus d'ins sé an scéal dó óna thús go dtína dheireadh; agus
dúirt sé gur iomaí deor allais a chuir seisean ag iarraidh an t-airgead
sin a chruinniú, agus gur iomaí lá cruaidh oibre ab éigean dó a
dheánamh, nach rabh airgead agna mhacasamhailsan ar chor ar bith
gan oibriú go cruaidh ar a shon,
"...agus fágaimsa eadar dhá láimh Dé," dúirt sé, "a' duine 'dtug
leis é," dúirt sé, "agus tá barúil mhór agam cé rinn."
"Bhail ní ghnóifí a dhath air," arsa an sagart, "fhad agus bheadh sé
insa phota bheag. Sin rud amháin nach ngnóíonn aon duine air,
airgead a chur i leataobh mar sin. Ní ghnóifeá fhéin ná aon duine
eile a dhath air fhad agus bheadh sé faoin talamh, agus fuair duine
inteacht é a chaithfeas é fá chroí mhór mhaith. Agus dá gcuirtheá
thusa leat fhéin agus le do chuid páistí é ní bheadh sé ar shiúl inniu
agus ní rabh an buaireadh intinne agatsa atá agat. Sin a dtearn do
chuid airgid duit. Chruinnigh tú go cruaidh cruadálach é. Thug tú
anás agus ampla agus ocras duit fhéin agus do do pháistí, agus cibé
chonaic tú, thug tú anás don tseirbhíseach fosta, a' cruinniú an
airgid sin agus á chur sa phota bheag faoi phosta na leapa. Tá an t-
airgead ar shiúl inniu agus ní bhfuighidh tusa aon lá suaimhnis go
dté tú i dtalamh, fhad agus bhéas tú beo – agus is dóiche gur ghearr
sé do shaol. Agus dá mbeadh pota beag agus airgead inniu agat a'
gcuirfeá faoin leabaidh é? Is dóiche go gcuirfeá, ná an dóigh a bíos
ar a' duine is doiligh a bhaint dó."

Ach ní rabh gar ann. Thiontaigh Séamas bocht 'na bhaile
croíbhriste agus níor tharraing sé aon anál slán, deir siad, ón lá sin
go dtí an lá a chuaigh sé i dtalamh.

B'fhéidir go bhfuil a' t-arán bruite. Amharc air, a thaiscidh.

---

5. "tachaltán" = "tochailt".

in he saw the delving that had been done. He saw the bedpost out of place, the little pot thrown on top and the stone by its side, and not so much as a cent of his money to be found. He scratched his head [in consternation] and went out the door like a person demented. He wasn't so hungry then. He didn't know what to do. He was fairly sure the servant-boy had taken it.

The following Sunday he went over to the parish priest and told him the tale from beginning to end; and he said he had shed many a drop of sweat in the effort to acquire that money, and that he had to put in many a hard day's work, and that the likes of him never had money without working hard for it.

"...and I'll leave in God's hands the person who took it," said he, "and I've a good idea who it was."

"Well, nothing would have been gained from it," said the priest, "while it was in the little pot. Putting money aside like that is a thing that profits no one. Neither you nor anyone else would benefit from it while it was under the ground, and someone got it who will spend it generously. And if you had spent it on yourself and your children it wouldn't be gone today and you wouldn't have the worry you have. That's all your money has done for you. You hoarded it very stingily. You inflicted poverty, hardship and hunger on yourself and your children, and it's plain that you also inflicted hardship on the servant, hoarding that money and putting it in the little pot under the bedpost. The money is gone now and you won't get a day's peace until you die, for as long as you live – and it has probably cut short your life. So if you had a little pot of money today, would you put it under the bed? You probably would, because it's hard to get a person to change his ways."

But it was to no avail. Poor James turned for home heartbroken, and they say he didn't draw a healthy breath from that day until the day he died.

Maybe the bread is baked. Have a look at it, pet. Bring me over a

Tabhair aniar scian chugam, ná spanóg. Ó dar Dia, chan bruite atá sé ach dóite. Is daor a cheannaigh mé sibh fhéin 's mur gcuid scéaltach, agus chan réidh atá mé leis, do réir cosúlacht. Níl ann ach, "Ins scéal!" ach ní amharcóchadh duine ar bith agaibh ar an arán. Tá mo stocaí giota mór 'un tosaigh ach tá an t-arán dóite. Tabhair domh scian go scríoba mé é. Bhail, níl sé comh holc. Tá min bhuí ann agus ní thig sé comh holc do arán na mine buí agus thig sé don arán gheal. Ach 'na dhéidh sin chuir a' bladhaire sin…. Cá tuí nár thóg bean agaibh amach a' beo dubh a rabh an toit air – a rabh an bladhaire air, agus ní bheadh sé dóite. Ach is cuma, íosfar é. 'Bhfuil a' t-uisce glan istigh? Cuir síos ciotal go gasta ná tá sé an cúig a chlog agus tá an t-am againn bolgam tae a fháil. Tá an t-eallach istigh go fóill, a' bhfeiceann tú, agus iad caillte leis an ocras. Caithfidh an t-eallach a ghoil amach. Creidim, a' bhean a rinn a' t-eadra nach ndeán sí an tráthnóna. San am chéanna caithfidh tú a ghoil suas tí Mhaitiú, níl aon deor ola istigh. Tá mé 'deánamh nach bhfuil aon ghráinnín tae istigh fá choinne na maidne. Dheánfaidh muid a' tae go gasta agus lig amach a' t-eallach. Muirfidh d'athair muid. Tá sé amuigh ag obair anois agus ní bhfuair sé aon ghreim ó bhí sé a' haon a chlog. 'Bhfaca tú 'rabh coca an fhéir deánta aige ná 'bhfuil aon nduine a' cuidiú leis? Má tá is amhlaidh is measa an scéal. Och dheánfaidh muid gnaithe. Beidh muid beo ar dhóigh inteacht. 'Dtug tú a gcuid[6] do na cearca nuair a d'iarr mé an uair údaí ort é? Inseochaidh mé scéal eile daoibh ar ball ach níl faill agam anois; tí sibh mé gnaitheach agus barraíocht le deánamh.

Foinse: RBÉ Ls. 392, pp. 13 – 33: 31/8/37.

---

6. Ls. "do chuid".

knife or a spoon. Oh by God, it's not baked, it's burnt. I've paid dearly for you and your stories, and I'm not done with it yet, it seems. All I get is, "Tell a story!" but none of you will look after the bread. My stocking is coming along well but the bread is burnt. Give me a knife till I scrape it. Well, it's not bad. It's got yellow meal[11] in it and it's not as noticeable on yellow meal bread as it is on white bread. All the same that flame... why didn't one of you lift out that smoking ember that flamed up and it wouldn't be burnt. But never mind, it'll be eaten. Was the fresh water brought in? Put on a kettle quickly for it's five o'clock and it's time we had a sup of tea. The cattle are still inside, do you see, and they're dying with hunger. The cattle must go out. I suppose the lassie who milked them in the morning won't do it again in the evening. At the same time you'll have to go up to Matthew's shop, there's not a drop of oil in the house. I don't believe there's a bit of tea in for the morning. We'll make the tea quickly and let out the cattle. Your father will kill us. He's out working now and he didn't get a bite to eat since one o'clock. Did you see if he got the haycock finished or is anyone helping him? If there is, matters are even worse[12]. Och, we'll manage. We'll survive somehow. Did you feed the hens when I asked you earlier? I'll tell you another story in a while but I have no time now; you can see I'm busy and I have too much to do.

Recorded: 31st August, 1937.

---

11. Also known locally as 'Indian' meal (thought to have been introduced to Ireland during the Famine).
12. Because they would have to feed him too.

The Story of Finn MacCool

Finn MacCool was the leader of the Fianna, a legendary band of warriors, hunters and poets, who acted as bodyguards to the High King of Tara. They defended Ireland against foreign invaders and supernatural enemies. Tales of their heroism, chivalry, and feats of bravery abound and are among the most popular in Irish story telling even to this day.

Scéal Fhinn Mhic Cumhaill

Bhí Fionn Mac Cumhaill fad ó shoin, bhí sé lá amháin thíos ag a' chladach agus é a' baint bairneach. Bhí dúil mhór sna bairnigh aige. Nuair a bhí sé a' baint na mbairneach thóg sé a chionn. Chonaic sé bád mór a' tarraingt air – bád mór millteanach. Agus choimheád sé an bád go dtí go dtáinig sí isteach ar a' tanalacht. Léim triúr do fheara móra oitriúla amach, agus chuaigh siad isteach i mbád bheag. Tháinig siad aníos fhad le Fionn. Chuir siad ceist air a' rabh Fionn Mac Cumhaill fá bhaile, a' rabh fhios aige.

"Maise, níl sé fá bhaile," deir sé. "Tá fhios agam a' méid sin. Tá sé ar shiúl," adeir sé, "é fhéin agus a chuid fear, ar an aimsir seo. Ach más é mur dtoil é," adeir sé, "teisbeánaidh mé a theach daoibh."

"Tá go maith,"adeir siad. "Tá muid íontach buíoch duit."

Chuir sé thart bealach iad agus chuir sé cor bealaigh mór orthu, agus d'ins sé daofa cá háit a bhfuigheadh siad a' teach. Nuair a fuair sé ar shiúl iad d'imigh sé fhéin insna fithe fásaí ar theann a anama, agus bhain sé an teach amach. D'fhiafraigh an bhean dó goidé an ga seá a bhí ann ná goidé an deifre a bhí air.

"Ó, tá mé a' déanamh," deir sé, "gur na Lochlannaigh atá 'mo dhéidh, agus d'ins mé daofa," deir sé, "go rabh Fionn agus a chuid fear ar shiúl."

Thug sé léim isteach i gcliabhán mhór fhada a bhí ann agus d'iarr sé uirthi an t-eadach a chur go gasta air. A' chéad rud a rinn sé bheir sé ar ghrindeal a bhí ann agus rinn sé ceithre chuid dó.

"Toisigh a' déanamh aráin anois," adeir sé, "agus deán ceithre chuid don bhunóig agus cuir giota don ghrindeal istigh in achan chuid don bhunóig, agus bruith é. Tabhair daofa le hithe é sula n-imí siad agus abair leo gur sin a' cineál aráin a itheas muidinne i gcónaí."

Thruisteáil sí a sciorta aniar agus siar uirthi, nigh sí a dhá láimh, agus thoisigh sí a fhuinteadh an aráin. Níorbh fhada go dtáinig a'

The Story of Finn MacCool

One day long ago, Finn MacCool was down by the seashore collecting limpets. He was very fond of limpets. While he was collecting the limpets he lifted his head. He saw a big boat coming towards him – a terrible big boat. So he watched the boat until it came into the shallows. Three great hulks of men jumped out and got into a small boat. They came up to Finn. They asked him if he knew if Finn MacCool was at home.

"Musha, he's not at home," says he. "I know that much. He's away," says he. "He and his men are away at the moment. But if you wish," says he, "I'll show you his house."

"Very well," says they, "we're most grateful to you."

He sent them off on a long roundabout way, and he told them where they would find the house. When they had gone, he ran for his life as fast as his feet would carry him, and reached the house. The woman[1] asked him why he was gasping for breath or why he was in such a hurry.

"Oh, I think," says he, "it's Norsemen who are after me, and I told them," says he, "that Finn and his men were away."

He jumped into a big, long cradle[2] that was there and told her to put the covers over him quickly. The first thing he did was to take a griddle and break it into four pieces.

"Start making bread now," says he, "and divide the scone into four parts. Put a piece of the griddle in each part of the scone and bake it. Give it to them to eat before they leave, and tell them that's the sort of bread we always eat."

She tucked up her skirt, washed her hands and began kneading the bread. It wasn't long before the three big men came in. They

---

1. It is not clear from the Irish if this is his wife or the maidservant.
2. The cradle motif is common in stories of Finn MacCool who was renowned as a master of deception and disguise.

triúr fear mór seo isteach. Chuir siad ceist cá rabh Fionn agus a chuid fear. Dúirt sí go rabh siad ar shiúl as baile le seachtain.

"Bhail, go díreach," adúirt fear acu, "chualaidh muid sin."

Shiúil siad thart fríd a' teach. Thug siad fá dear nach rabh ar a' teach ach aon doras amháin.

"Goidé is ciall daoibh," adeir sé, "nach bhfuil ar a' teach ach aon doras amháin agus a' ghaoth a' bualadh sa doras inniu agus gaoth fuar ann?"

"Níl gnaithe againn le hathrach," adeir sise. "Nuair a bíos Fionn insa bhaile ní dhéan sé a dhath i gcónaí nuair a bíos a' ghaoth insa doras ach a' teach a thiontú agus a chúl a thabhairt sa ghaoith."

Chuaigh an triúr amach. Thug siad iarraidh an teach a thiontú ach dá mbíodh siad a' goil don teach ó shoin ní chuirfeadh siad bogadh ná biongadh as. Tháinig siad isteach agus níor labhair siad; níor lig siad a dhath orthu fhéin.

D'fhiafraigh fear acu goidé bhí sa chliabhán. Dúirt sí gur sin a' leanbh, gur sin a rabh do theaghlach acu. Chuaigh sé anonn. Bhog Fionn é fhéin agus chuaigh sé a ghlosmairt lena lámha agus lena bhéal. Chuir sé a mhéar i mbéal a' linbh. D'ith an leanbh barr a' mhéir dó. Thiontaigh sé thart go míshásta agus chuaigh an bheirt eile a gháirí.

Níorbh fhada go rabh an t-arán bruite.

"Bhail," adeir sí, "tá mé cinnte go bhfuil ocras oraibh, cá bith fad a tháinig sibh."

"Tá ocras orainn cinnte," adeir fear acu.

Ba mhaith leofa an t-arán a fháil. Thug sí trí ghogán bainne mhilis chucu agus trí léab don arán. Comh luath agus chuaigh siad a dh'ithe an aráin thoisigh na fiacla a theacht amach. Chath siad uafa an t-arán agus chuaigh siad amach ar a' doras agus iad ar leathmhire. Ní ligfeadh an leisce daofa labhairt ná shíl siad gur sin a' cineál aráin a bhí ag na Fianna ar fad. Ní rabh siad i bhfad ar shiúl gur léim Fionn amach as a' chliabhán, rith an aichearra ar ais agus bhí thíos ag a' chladach nuair a tháinig na Lochlannaigh arís.

"A' bhfacaidh sibh Fionn ó shoin?" adeir a' gasúr.

"Ní fhacaidh," adeir siad. "Bhí sé ar shiúl."

asked where Finn and his men were. She said they had been away from home for a week.

"Well, right enough," says one of them, "that's what we heard."

They strode about the house. They noticed that the house had only one door.

" Why is it," says one of them, "that the house has only one door, and the wind beating against the door today, a cold wind at that?"[3]

"We don't need anything else," says she. "When Finn is at home and the wind is blowing against the door, he always just turns the house around with its back to the wind."

The three went out. They tried to turn the house around but if they had been at it from then until now they couldn't have moved or budged it. They came inside and didn't say anything; they pretended nothing had happened.

One of them asked what was in the cradle. She said it was the baby, that it was all the family they had. He went over. Finn moved and began sucking his hands with his mouth. The man put his finger in the baby's mouth. The baby bit off the top of his finger. He turned around in annoyance, and the other two started laughing.

It wasn't long until the bread was baked.

"Well," says she, "I'm sure you're hungry, however far you've come."

"We certainly are hungry," says one of them.

They wanted to have some bread. She gave them three bowls of fresh milk and three slabs of the bread. As soon as they started to eat the bread their teeth began to fall out. They threw away the bread and went out the door half-crazy. They were reluctant to say anything because they thought that that was the kind of bread the Fianna had all the time. They weren't long gone till Finn jumped out of the cradle, ran back by the shortcut, and was down at the seashore when the Norsemen arrived back again.

"Did you see Finn since?" says the boy.

"We didn't," says they. "He was away."

---

3. Irish cottages usually had two doors, a door sheltered from the wind, "doras an fhoscaidh", and a door exposed to the wind, "doras na gaoithe". They faced each other and the windward door would be kept closed.

"Cé leis a' t-eallach sin?" adeir fear acu le heallach a bhí thíos i bpáirc ag taobh a' chladaigh.

"Sin cuid eallaigh Fhinn," adeir a' gasúr.

Fuair fear acu greim adhairce ar chionn don eallach agus fuair Fionn greim ar an adhairc eile agus thoisigh an bheirt a tharraingt go dtearn siad dhá leath don bhoin síos go dtí bun a rubaill. Chaith a' Lochlannach uaidh an leath a bhí ina láimh fhéin. Dar leis nuair atá an gasúr ábalta sin a dheánamh tá sé comh maith againn a bheith ar shiúl; agus d'imigh siad leo. Mar sin fhéin, bhí siad i ndéidh Fhinn ar fad.

Bhí Fionn a' goil amach 'un tsléibhe lá amháin go gearr 'na dhéidh sin agus é a' goil a sheilg. Bhí amadán ar fad aige a bhíodh a' tabhairt comhairle dó. D'iarr sé an lá seo slabhra óir a bhí aige fá choinne Bhran a chur ina phóca.

"Cá tuí a bhfuil mé dó?" deir Fionn.

"Seo," adeir sé, "glac comhairle ó amadán, deán a' rud atá mise a iarraidh ort. Cuir slabhra an óir in do phóca."

Chuir Fionn slabhra an óir ina phóca – a' cionn a bhíodh thart ar Bhran – agus d'imigh leis. Goidé tháinig air ar a' bhealach ach na Lochlannaigh. Bhí fhios acu go rabh Fionn ceapaí an iarraidh seo acu, agus ní rabh fhios acu goidé an bás ab fhearr daofa a thabhairt dó. D'fhiafraigh fear acu don fhear eile goidé an bás ab fhearr daofa a thabhairt dó anois nuair a bhí sé acu.

"Níl bás ar bith is mó a ghoillfeas air ná is náirí ná é a thabhairt le hithe don mhadadh mhór ghlas atá fríd a' chnoc."

"Tá go maith," adeir a' bheirt eile.

Thug leo Fionn agus d'imigh leo suas go dtugadh siad don mhadadh mhór ghlas é. Dá n-imeadh Fionn bocht bhí sé marbh ar scor ar bith agus ní rabh le deánamh aige ach fanacht go dtí go n-itheadh an madadh é. Bhí sé mar chonaic Dia é. Shuigh sé síos ar chloich. Scairt siad ar a' mhadadh. Níorbh fhada gur bhuail fear acu a bhosa agus dúirt sé gur seo an madadh.

Bhí an madadh a' teacht agus an anál a bhí a' teacht amach ar a bhéal sula dtáinig sé fá mhíle do Fhionn bhí sé á dhóú. Dár leis fhéin:

"Tí Dia mé agus goidé tá le deánamh?"

"Who owns those cattle?" asked one of them, about some cattle in a field down by the strand.

"Those are Finn's cattle," says the boy.

One of them grabbed hold of one of the cattle by the horn and Finn caught hold of the other horn and the two of them started pulling until they made two halves of the cow from top to tail. The Norseman threw away the half he had in his hand. He thought to himself that if a boy could do that, it would be just as well for them to be off; and away they went. Nevertheless, they were still after Finn.

One day shortly after that, Finn was going off to the mountain to hunt. He always had a jester who used to give him advice. This day he sought to put a golden chain of Bran's[4] into his pocket.

"Why do I need that?" asked Finn.

"Come now," says he, "take the advice of a fool, do as I ask you. Put the golden chain in your pocket."

Finn put the golden chain in his pocket – the one that used to be around Bran's neck – and off he went. Who should come upon him on the way but the Norsemen. They knew they had captured Finn this time but they didn't know how they should put him to death. They asked each other what would be the best way for them to put him to death, now that they had him.

"No death will humiliate and shame him more than to give him to be eaten by the great grey dog that roams the hill."

"So be it," said the other two.

They took Finn with them and went on up so they could give him to the great grey dog. If poor Finn had left he was a dead man anyway, so he had no alternative but to wait for the dog to eat him. He was in a terrible position. He sat down on a stone. They called the dog. It wasn't long until one of them clapped his hands and said that the dog was coming.

The dog was approaching and the breath from its mouth was scorching Finn before it was within a mile of him. He thought to himself:

"God help me, what's to be done?"

---

4. One of Finn's hunting dogs.

Le sin fhéin, nuair a bhí an madadh a' tarraingt air, chuir sé a lámh ina phóca agus tharraing amach slabhra an óir agus chraith sé é. Agus le sin lig a' madadh síos a chionn agus chraith sé a ruball. Reath sé ansin agus thoisigh sé a lí Fhinn. Agus a' méid a dhóigh sí[1] lena hanáil leigheas sí lena teangaidh é. Ligh sí é óna bhun go dtína bharr. Chuir Fionn a' slabhra thart ar mhuineál a' mhadaidh. Sheasaigh na trí Lochlannaigh amach agus d'amharc siad. D'fhág a' croí áit acu; agus nuair a bhí an slabhra ar mhuineál a' mhadaidh ag Fionn agus thóg sé a chlaigeann bhí an triúr ar shiúl agus ní rabh fhios cá dteachaidh siad. Scanraigh siad ansin gurb iad a bheadh ite ag a' mhadadh.

Bhí seanduine agus seanbhean 'na gcónaí i dteach bheag ansin ar a' tsliabh agus ba ghnách leo i gcónaí a chuid a thabhairt don mhadadh seo. Bhí siad 'na seasamh amuigh go bhfeicfeadh siad a' madadh ag ithe an fhir. A' chéad rud a chonaic siad, é a' teacht agus a' madadh ar teaghrán leis. Reath a' tseanbhean 'un tí agus í a' bualadh a bos ar a chéile. D'fhiafraigh fear a' tí goidé bhí cearr.

"Ó tá, an fear a bhí an madadh a ghoil a ithe," deir sí, "tá sé a' teacht agus a' madadh leis ar teaghrán. Tá seo íontach mur ith a' madadh ar chor ar bith é."

Tháinig sé isteach agus a' madadh leis agus chumail sé a lámh daoithi, agus goidé bhí insa mhadadh ach cionn a goideadh uaidh fhéin blianta roimhe sin – Scealán, deartháir Bhran.

D'fhan sé ag a' tseanduine seo agus ag a' tseanmhnaoi lá agus bliain. Nuair a bhí an lá agus a' bhliain istigh, tráthnóna amháin le coim na hoíche, nuair a bhí na réalta a' teacht amach, chuaigh bean a' tí amach ar ais agus chonaic sí an slua ba mhillteanaí a chonaic sí ariamh 'na seasamh thíos ar bhruach na trá. Tháinig sí isteach.

"Bhail," adeir sí, "tá an slua ba mhillteanaí a chonaic mé ariamh," adeir sí, "…ní fhacaidh mé aon scaifte daoine ariamh comh mór agus chonaic mé anocht."

"Cá háit a bhfuil siad?" adeir Fionn.

"Tá siad thíos i mbéal na trá," adeir sí, "agus tá aon fhear amháin ann," adeir sí, "agus is cuma liom cén áit ar a' domhan chláir a bhfuil sé, tá mé a' deánamh nach bhfuil sé faoin spéir inniu aon fhear

---

1. *Sic* ls.

At that moment, as the dog was making for him, he put his hand in his pocket and pulled out the golden chain and shook it. And with that the dog lowered its head and wagged its tail. It ran up then and began to lick Finn. And wherever it had burned him with its breath, it healed him with its tongue. It licked him from head to toe. Finn put the chain around the dog's neck. The three Norsemen stood back and watched. They got a terrible fright; and by the time Finn had put the chain on the dog's neck and he lifted his head, the three had vanished, and he didn't know where they had gone. They were afraid then that *they* would be the ones the dog would eat.

An old man and an old woman lived in a small house there on the mountain and they always fed this dog. They were standing outside to see the dog eating the man. The first thing they saw was him coming with the dog on a leash. The old woman ran to the house beating her hands together. Her husband asked her what was wrong.

"Oh, the man the dog was going to eat," says she, "is coming and the dog with him on a leash. It's very strange that the dog didn't eat him at all."

He came in with the dog and stroked it, and what was the dog but one that had been stolen from him years before – Scealán, Bran's brother.

He stayed with this old man and woman for a year and a day[5]. When the year and a day had passed, one evening at nightfall, as the stars were coming out, the wife went out again and saw the greatest host she had ever seen standing down at the edge of the strand. She came in.

"Well," says she, "there's the greatest host I've ever seen..." says she, "...I never saw a crowd of people as big as the one I saw tonight."

"Where are they?" asked Finn.

"They're down at the water's edge," says she, "and there's one man there," says she, "and I don't care where in the world he might be, I don't think there's a single man under the sun who'll match him in

---

5. Another motif common in hero tales.

amháin a throidfeas é – fear mór ábalta ruadh agus é, dar leat, réidh lena chlaigeann a bhualadh ar na réalta."

"Bhail, tá fhios agam cé sin," adeir Fionn, "comh maith agus dá mbínn ann. Sin Oscar," adeir sé. "Ní heagal domh anois; is goirid go mbí mise acu."

Chuaigh Fionn agus a chuid fear ansin agus thiontaigh siad ar na Lochlannaigh agus thoisigh an troid. Ach ní thearn na Lochlannaigh maith. Bhuail siad iad agus mharaigh siad iad, agus dhreasaigh siad na madaí iontu. Stróc a' madadh glas 'na ngiotaí iad, cé gur mhór a shíl siad dó – nach rabh aon charaid acu ach é le Fionn a strócadh as a chéile.

Tháinig Fionn 'na bhaile agus Scealán leis go húrnua chuig Bran aríst.

Foinse: RBÉ Ls. 438, pp. 76 – 85: 24/7/37.

combat – a big able-bodied, red-haired man, and so tall you'd think he was about to hit his head on the stars."

"Well, I know who that is," says Finn, "as well as if I had been there. That's Oscar[6]," says he. "I need have no fear now; it won't be long until I'm with them."

Finn and his men went then and turned on the Norsemen and the fighting began. But the Norsemen didn't do well. The Fianna defeated them and they killed them and set the dogs on them. The grey dog tore them to pieces, even though they had thought so much of it – that it was the only ally they had to tear Finn apart.

Finn came home and brought Scealán back to Bran once again.

Recorded: 24th July, 1937.

---

6. Oisín's son, Finn's grandson, and the only one of the Fianna said to match Finn in bravery.

GORDON W. MACLENNAN

How Oisín Went to Tír na hÓige

The story of Oisín and Tír na hÓige and his conversion by St. Patrick is well known, but it is worth noting that in this version of the story the origin of a lot of idiomatic sayings in Irish is explained.

Mar Chuaigh Oisín Go Tír na hÓige

Bhí Oisín agus na Fianna thíos lá amháin ag a' chladach. Lá deas insa tsamhradh a bhí ann. Chonaic siad eadar iad agus léas curach galánta a' tarraingt orthu agus, dar fia, a' dealramh a bhí an curach a thabhairt insa ghréin bhí sé galánta! Goidé a bhí ann ach curach gloine. Tháinig a' curach 'na chladaigh. Léimnigh cailín óg deas amach as – cailín galánta, agus beathach geal bán 'na déidh – a' beathach a ba deise a chonaic tú ariamh. Chuaigh sí 'e léim a mharcaíocht ar a' bheathach, agus aníos go dtí Oisín léithi. Bhí gruaig a cinn a' scuabadh an talamh cé gurb ard a' beathach, agus ní fhacaidh súil a chuaigh i gclaigeann a leithid 'e chailín ariamh. Tháinig sí aníos agus labhair sí go híontach caoithiúil leofa. Thug siad freagar uirthi. D'amharc siad uilig uirthi. Nach dtiocfadh leo a dheánamh ach amharc uirthi go sílfeá gurb í áille na gréine.

D'fhiafraigh sí do Oisín a' mbeadh sé léithi go Tír na hÓige. D'fhiafraigh Oisín goidé an cineál áite a bhí i dTír na hÓige, b'é an cineál céanna a bhí in Éirinn?

"Tá, áit," adeir sí, "a mbeidh tú beo a choíche. Ní mhaitheochaidh tú an saol a' goil thart. Níl fuacht ná fliuchlach ann. Níl tinneas ann, níl leatrom ann, níl gorta ann. Níl cineál ar bith ann ach achan uile chineál is saibhre ná a chéile, is galánta ná a chéile, agus is deise ná a chéile, achan uile lá níos deise ná an lá atá caite. Agus má thig tu liomsa bhéarfaidh mé m'fhocal duit nach bhfuígfeá Tír na hÓige ar a bhfaca tú ariamh agus tarraingt ar an Fhéinn."

Rinn sé gáire.

"Tá tú mór meallta," adeir sé, "má shíleann tú go rachainnse aon áit ar a' domhan agus an Fhiann a fhágáil."

"Bhail, níl," adeir sí, "ach tá tusa meallta mur dtaraidh tú liomsa. Ní mhairfidh an Fhéinn ach tamall ach mairfidh Tír na hÓige a choíche. Tá mé ag inse duit má bhíonn ciall agat go dtiocfaidh tú liomsa."

How Oisín Went to Tír na hÓige

One day Oisín[1] and the Fianna were down at the seashore. It was a nice summer's day. Silhouetted against the sky they saw a fine currach coming towards them, and my goodness, the radiance of the currach in the sunlight was beautiful! What was it but a currach made of glass. The currach came to the shore. A lovely young girl jumped out of it – a beautiful girl, and behind her a shining white steed – the finest horse you ever saw. She mounted the horse with a leap and up she came to Oisín. The hair on her head was brushing the ground despite the height of the horse, and her like had never been seen by mortal eye. She came up and addressed them most pleasantly. They replied. They all looked at her. They couldn't but look at her as you'd think she was as radiant as the sun.

She asked Oisín if he would come with her to Tír na hÓige[2]. Oisín asked what sort of a place Tír na hÓige was, was it the same as Ireland?

"Why, it's a place," says she, "where you will live for ever. You won't notice time passing. It's not cold or wet. There's no sickness, no affliction, no hunger there. There's nothing there but every single thing richer, finer, and nicer than the next, and each day nicer than the one gone by. So if you come with me, I'll give you my word that nothing would make you leave Tír na hÓige and return to the Fianna."

He laughed.

"You are greatly mistaken," says he, "if you think I'd go anywhere at all and desert the Fianna."

"Well, I'm not," says she, "but you are mistaken if you don't come with me. The Fianna will last for only a while but Tír na hÓige will last for ever. I'm telling you that if you have sense you'll come with me."

---

1. Son of Finn MacCool, the leader of the Fianna.
2. The Land of Eternal Youth.

"Ó, a chailín mhaith," adeir sé, "imigh agus fágh céile in áit inteacht eile. Má théimse ar cuairt a choíche chan go Tír na hÓige a rachas mé; is fearr liom i bhfad a' tír a bhfuil mé inti."

D'imigh an créatúr go brónach.

Mí ón lá sin tí siad chucu ar ais í.

"Bhail, mo chúise," adeir sé le cuid acu, "go bhfuil a' cailín a' tarraingt orainn inniu arís."

"Tá," adeir fear acu, "beidh tú léithi inniu ná an diabhal as do chraiceann."

"Cha bhíonn ná amárach," adeir sé, "deánadh sí a dícheall an iarraidh seo."

Tháinig sí aníos agus aoibh a' gháire uirthi agus ba doiligh gan a bheith go maith daoithi. Mar dúirt sé fhéin arís:

"A Phádraig, dá bhfeictheá í bhéarfá do shearc don mhnaoi."

Ach ní thiocfadh leisean a shearc a thabhairt an uair sin daoithi.

"A Oisín," ar sise, "ar athraigh tú d'intinn ó shoin?" go milis ceolmhar.

"Níor athraigh," adeir sé, "agus ní athróchaidh an intinn atá agamsa anois," adeir sé, "is í a bhéas agam go dtí go bhfágha mé bás."

"Mo thruaighe do chiall," adeir sí, "ar mhaithe leat fhéin atá mise," agus chuir sí a lámh isteach ina hochras agus tharraing sí amach úll.

Rinn sí dhá leath dó. Shín sí a leath do Oisín agus bhain sí fhéin greim as a' leath eile. Chuaigh an bheirt a dh'ithe an úill agus iad a' comhrá. Ach aon uair amháin a d'ith Oisín a' t-úll ní choinneochaidh a rabh d'Fhiannaibh in Éirinn uaithi é. Thug sé searc agus síorghrá an uair sin daoithi agus ní thiocfadh leis fanacht. Ní thearn sé a dhath ar bith ach siúl caol díreach 'na déidh agus a ghoil do léim a mharcaíocht ar a' bheathach. D'imigh an bheirt. Amach a' tarraingt ar luí na gréine agus d'fhág siad na Fianna buartha brúite briste i ndéidh Oisín. Ní rabh fhios acu goidé a bhí a' goil a éirí dó ná cé acu rud saolta a bhí inti, ná goidé rud a bhí inti, ná cé acu a bhí sé a' goil a bháthadh ná goidé. Ach, mar sin fhéin, d'imigh siad.

Bhí áit dheas ghalánta shaibhir ansin mar dúirt sí. Ní rabh tinneas ann, ní rabh tromas ann. Ní rabh léan ann ná leatrom ná gorta ná

"Oh, my good maiden," says he, "go and find a husband somewhere else. If I ever go travelling, it won't be to Tír na hÓige; I much prefer the land I'm in."

The poor creature went away sorrowfully.

A month from that day they saw her coming towards them again.

"Well, I declare," says he to some of them, "the girl is approaching us again today."

"She is," says one of them. "You'll be gone with her today come hell or high water."

"I won't, nor tomorrow," said he, "however hard she may try this time."

She came up with a smile on her face and it was hard not to like her. As he said himself afterwards:

"[Saint] Patrick, if you saw her, you would fall in love with the woman."

But *he* couldn't fall in love with her then.

"Oisín, have you changed your mind since?" said she, sweetly and melodiously.

"I have not," says he, "and my mind will not be changed," says he. "I'll be of that mind until I die."

"I pity your folly," says she. "I'm only thinking of what's in your own best interest," and she put her hand into her bosom and drew out an apple.

She cut it into two halves. She passed one half to Oisín and took a bite out of the other half herself. The two of them ate the apple while they chatted. But once Oisín had eaten the apple all the Fianna in Ireland could not have kept him from her. He fell deeply in love with her then and he could not stay behind. He simply walked straight after her and jumped up on the horse. The two went away, out towards the setting sun, and they left the Fianna sad and sorrowing after Oisín. They didn't know what was going to happen to him, or whether she was an earthly being or what she might be, or if he was going to be drowned or what might happen. But nevertheless, they went away.

It was a lovely, rich, fine place as she had said. There was no sickness or oppression. There was no sadness or affliction, no hunger

piantaí, ná buaireadh do chineál ar bith. Ach achan aon lá ní ba deise ná an lá eile. Nuair a bhí sé cupla bliain ann dar leis gur dheas a ghoil go hÉirinn go bhfeicfeadh sé an Fhéinn arís. Dúirt sé go dtáinig an Fhéinn ina chionn, agus go dtáinig a' baile ina chionn, agus gur dheas leis a ghoil agus a bhfeiceáil.

"Nach deise an áit a bhfuil tú i bhfad?" ar sise. "Ná nach cuimhne leat a' lá sin a d'ins mise duit a' lá a thiocfá anseo go rabh tú réidh le buaireadh an tsaoil agus go rabh tú a' goil a bheith beo a choíche?"

"Is cuma sin," adeir sé, "tá fhios agam go bhfuil ar dhúirt tú fíor ach tarann siadsan ann mo chionn ar fad agus ba deas liom a ghoil agus inse daofa goidé an cineál áite atá anseo."

"Bhail," adeir sí, "'chead a bheith agat a ghoil. Bhéarfaidh mise each duit anois le ghoil a mharcaíocht air, ach aon uair amháin a leagfas tú do chos ar thalamh na hÉireann dheánfaidh tú dearmad go bhfacaidh tú mise ariamh, agus tá mé ag iarraidh ort gan a theacht anuas don bheathach. Thig leat a ghoil agus labhairt leo agus pilleadh anseo ar ais."

"Tá go maith," arsa Oisín, "níl mé ag iarraidh a bhaint faoim acu, ceart go leor, ach ba mhaith liom a ghoil agus a bhfeiceáil agus inse daofa an dóigh atá orm anseo."

D'imigh Oisín. Bhí sé breá sásta do Thír na hÓige ach, 'na dhéidh sin, bhí an Fhéinn ina chionn ar fad. D'imigh sé leis a' tarraingt go hÉirinn. Tháinig sé go hÉirinn ceart go leor. Nuair a tháinig sé go dtí an áit a rabh sé ina chónaí ní rabh a dhath ar bith ansin ach cúl fáich a' fás in áit na dtitheach. Is cuma cé a chasfaí dó ní rabh duine ar bith le fáil aige a rabh fhios aige a dhath ar bith fán Fhéinn ar chor ar bith. Casadh aon seanduine amháin air agus dúirt sé go gcualaidh sé daoiní a' rá go rabh mac ag Fionn agus gur imigh sé go Tír na hÓige, ach gur sin a rabh fhios aige fá dtaobh dó. Ní rabh ag a' duine bhocht ach pilleadh arís a' tarraingt ar Thír na hÓige gan duine ar bith don Fhéinn le fáil ná duine ar bith dá bhfacaidh sé ariamh ach achan fhear beag baoideach, dar leis, nach rabh airde a ghlúin iontu.

Ar a' bhealach, nuair a bhí sé a' pilleadh aríst, goidé a casadh dó ach fear beag baoideach, shíl sé fhéin, agus clibistín beag leis a rabh mála dhá chéad salainn ar a dhroim. Nuair a chonaic a' beathach beag a' beathach mór thug sí léim uallach agus goidé níos mála an

or pain, no worry of any kind. But every single day was nicer than the day before. When he had been there a couple of years he thought it would be nice to go to Ireland to see the Fianna again. He told her that the Fianna were in his thoughts, and that home was on his mind and that he'd like to go and see them.

"Isn't where you are nicer by far?" said she. "Do you not remember the day I told you that when you came here you were finished with the troubles of the world and that you were going to live forever?"

"That doesn't matter," says he. "I know that all you said is true, but they are constantly on my mind, and I'd like to go and tell them what kind of place this is."

"Well," says she, "you may go if you must. I'll give you a steed now to ride on, but as soon as you set foot on the soil of Ireland you'll forget you ever saw me, so I'm asking you not to dismount from the horse. You may go and speak with them and then come back here again."

"Very well," said Oisín, "I don't wish to stay with them, right enough, but I'd like to go and see them and tell them how I'm getting on here."

Oisín set out. He was well pleased with Tír na hÓige, but in spite of that, the Fianna were always on his mind. Off he went in the direction of Ireland. He arrived in Ireland safely. When he came to where he had once lived, there was nothing there but nettles growing where the houses had once been. No matter who he met, he could find no one who knew anything at all about the Fianna. He met one old man who told him he had heard it said that Finn had a son who had gone to Tír na hÓige, but that was all he knew about him. The poor fellow had no choice but to turn back towards Tír na hÓige again, as he could find none of the Fianna or anyone he ever knew, but instead only tiny little men, it seemed to him, not the height of his knee.

When he was on the way back again, what should he come across but a tiny little man, as *he* thought, with a little nag which had a two hundredweight sack of salt on her back. When the little horse saw the big horse she gave a skittish jump and didn't the sack of salt slide off her back. The poor man bent to try to lift the two hundredweight

tsalainn ach sleamhnú síos dona droim. Chrom a' fear bocht ag
iarraidh mála an dá chéad a thógáil. Ba doiligh mála dhá chéad a
thógáil agus a chur ar dhroim beathaigh agus tú i lár a' bhealaigh
mhóir. Ní rabh sé ábalta. Thug sé iarraidh ar ais air agus thit sé ar a
lámha. D'amharc Oisín anonn,

"Spleoid ort, a mhárla," ar seisean, "ná nach bhfuil tú ábalta an
máilín a thógáil?" a' cromadh síos agus a' breith ar a' mhála ina
leathláimh agus á tharraingt trasna ar dhroim a' chlibistín agus a'
deánamh dhá leath dona droim. Agus thit a' clibistín agus a' mála an
uair sin. Leis a' mheáchan, nuair a chaith seisean a' mála anonn go
gasta goidé rinn sé ach a ghoil rófhada anonn ar thaobh a
bheathaigh fhéin agus thit sé anuas ar a' talamh. Comh luath géar
agus a leag sé a chos ar a' talamh thit Oisín 'na sheanduine chríon
liath gan lúth gan láthar 'na luí ansin agus gan é ábalta bogadh.
Thóg a' beathach bán a ruball ar a gualainn agus d'imigh léithi go
géar gasta gur bhain sí Tír na hÓige amach ar ais.

Bhí Oisín 'na luí ansin agus d'éirigh an scéal amach go rabh a
leithid a dh'fhear ann, agus bhí Naomh Pádraig san am sin in Éirinn.
Chualaidh Naomh Pádraig go rabh sé ann. Chuaigh sé agus thug sé
leis 'na thí fhéin é. Thoisigh sé dá theagasc ach ní rabh maith ar bith
dó a bheith a' teagasc Oisín. Ní rabh a dhath as béal Oisín ach Goll.
Ní rabh maith do Phádraig a bheith a' caint ar Dhia.

"Ní chreidfinnse i nDia," déarfadh Oisín, "go dtí go bhfeicfinn É
fhéin agus Goll le chéile. Dá leagadh Dia é déarfainn gurb é Dia ab
fhearr."

Thug sé leis é agus theispeáin sé amharc ar Ifreann dó agus
amharc ar na Flaithis. Chonaic sé an Fhéinn uilig in Ifreann agus iad
agus na diabhail a' greadadh a chéile le súistí iarainn. Nuair a
bhuaileadh na diabhail an Fhéinn isteach i gcoirneál chaithfeadh
siadsan fanacht go gcuirfeadh siad bail ar a gcuid iallacha; nuair a
bhriseadh na hiallacha ina gcuid súistí. Thiontóchadh siadsan ansin
agus bhuaileadh siad na diabhail isteach i gcoirneál eile nuair a
bheadh cuid iallach na ndiabhal briste. Bhí siad mar sin.

"Anois," adeir Pádraig, "a' bhfeiceann tú an áit a bhfuil na créatúir
sin?" adeir sé. "Nach fearr duitse i bhfad aird a thabhairt ar a' rud atá
mise a inse duit agus gan a bheith ansin mar tá na créatúir sin?"

sack. It was no easy thing to lift a two hundredweight sack and put it on a horse's back while standing in the middle of the road. He wasn't able to. He had another go at it and fell down. Oisín looked over.

"Damn you, weakling, can you not lift the little bag?" said he, bending down and seizing the sack with one hand, pulling it across the nag's back, breaking her back in two. So both the nag and the sack fell this time. But because of the weight of the sack when he threw it across quickly, what did he do but go too far over to one side of his own horse and he fell down on the ground. As soon as his foot touched the ground, Oisín fell, a withered, grey, weak, old man, lying there unable to move. The white steed threw her tail in the air and went off swiftly until she reached Tír na hÓige once again.

Oisín was lying there and the news went abroad that such a man existed, and Saint Patrick was in Ireland at that time. Saint Patrick heard about him. He went and brought him to his own house. He started to instruct him, but it was useless for him to be instructing Oisín. All Oisín talked about was Goll[3]. It was pointless for Patrick to speak of God.

"I wouldn't believe in God," Oisín would say, "until I saw Himself and Goll together. If God knocked him down I'd say God was the better of the two."

Patrick brought him and showed him a glimpse of Hell and a glimpse of Heaven. He saw all the Fianna in Hell, [and themselves and the demons] thrashing each other with iron flails. When the demons beat the Fianna into a corner, they'd have to wait while they fixed their straps, whenever the straps on their flails broke. Then *they* would turn and beat the demons into another corner, when the demon's straps were broken. That's how they were.

"Now," says Patrick, "do you see where those unfortunates are?" says he. "Wouldn't you be far better paying attention to what I'm telling you and not be there like those poor creatures?"

---

3. Goll Mac Morna, Finn's old enemy who became the best and bravest fighter of the Fianna.

Níor labhair sé ar chor ar bith.

"Bhail anois," adeir sé, "achaine ar bith a n-iarrfaidh tú gheobhaidh tú í."

"Gheobhaidh mé í?" adeir Oisín.

"Gheobhaidh cinnte," adeir sé, "agus bíodh fhios agat achaine mhaith a iarraidh. Smaoitigh cá háit a bhfuil tú, a chréatúir, agus smaoitigh nach bhfuil do shaol a' goil a bheith fada uilig!"

"Bhail, má fhághaim mo rogha achaine," adeir Oisín, "iarraim achaine iall a chur i súiste Ghoill nach mbriseann a choíche."

Chraith Pádraig a chionn agus chuaigh sé a gháirí.

"Bhail, a thaiscidh," adeir sé, "tá buaidh na hachaine sin agat."

Tháinig Pádraig agus Oisín 'na bhaile aríst. Ba ghoirid go dteachaigh Pádraig agus a' cailín 'un Aifrinn, Dé Domhnaigh, go teach a' phobail. B'éigean dó an buachaill a fhágáil istigh ag Oisín, agus a' deánamh obair a' tí. D'éirigh Oisín bocht. D'ainmnigh sé cineál do bhinn inteacht agus d'fhiafraigh sé dó a rabh sí i bhfad ó seo.

D'fhiafraigh Oisín goidé an glór sin a chluin sé.

"Tá," arsa an buachaill, "coileáin a bhí ag madadh a bhí ansin aréir."

"Cá mhéad cionn ann?" ar seisean.

"Triúr," arsa an buachaill.

"Tabhair chugam cionn acu go bhfeicfidh mé é," ar seisean.

Thug. Bheir sé ar é sin agus bhuail sé síos ar a' chomhlaigh é. Thit a' coileán bocht marbh ag bun na comhlach.

"Goidé rinn sé?" adeir Oisín.

"Thit sé," adeir a' buachaill, "marbh ag bun na comhlach. Goidé eile a dheánfadh sé?"

"Ní fearr rud ar éirigh dó," adeir sé. "Tabhair domh cionn eile acu."

Thug. Bheir sé ar é sin agus chaith sé an casán céanna é. Buaileadh an créatúr in éadan na comhlach agus thit sé marbh fosta.

"Goidé d'éirigh dó é sin?" adeir sé.

"Goidé d'éireochadh dó," adeir sé, "ach a' rud a d'éirigh don chionn eile. Thit sé marbh ag bun na comhlach."

"Ní fearr beo é," adeir Oisín. "Tabhair domh an tríú cionn," adeir sé.

He didn't speak at all.

"Well now," says he, "any request you make will be granted."

"Any request will be granted?" says Oisín.

"Certainly it will," says he, "and be sure you make a good request. Remember where you are, you poor creature, and bear in mind that your life is not going to be all that long!"

"Well, if I can have any request granted," says Oisín, "I request that a strap that never breaks be put in Goll's flail[4]."

Patrick shook his head and laughed.

"Well, my dear man," said he, "you've won that request."

Patrick and Oisín came home again. Soon after, Patrick and the maidservant went to Mass in the chapel on Sunday. He had to leave the servant-boy at home minding Oisín and doing the housework. Poor Oisín got up. He named some cliff or other and asked him if it was far from there.[5]

Oisín asked what was the sound he could hear.

"Well," said the boy, "they are pups that were born to a dog that was there last night."

"How many are there?" said he.

"Three," said the boy.

"Bring me one of them till I have a look at it," said he.

He brought one. Oisín took hold of it and flung it against the door. The poor pup fell dead at the foot of the door.

"What did he do?" asked Oisín.

"He fell dead," said the boy, "at the foot of the door. What else would he do?"

"It's the best thing that could happen to him," says he. "Give me another one of them."

He did. Oisín caught hold of that one and threw it the same way. The poor creature was cast against the door and he fell dead too.

"What happened to that one?" says he.

"What could happen to him but what happened to the other one? He fell dead at the foot of the door."

"He's better off dead," says Oisín. "Give me the third one," says he.

---

4. The origin of the idiomatic expression in Irish: "Iall a chur in súiste Ghoill." Roughly = to be too fond of earthly rewards rather than reward in the hereafter.

5. This sentence may be out of place, as Annie returns to the cliff theme below.

Thug sé dó an tríú cionn. Chaith sé é sin. Chuir sé sin a cheithre crúba roimhe agus chuaigh sé i bhfastá sa chomhlaigh. Fuair sé greim ar a' chomhlaigh lena chár. Chuaigh an buachaill a gháirí. Chualaidh Oisín a' buachaill a' gáirí.

"Goidé rinn sé sin?" adeir sé.

"Chuir sé sin a cheithre crúba i bhfastá sa chomhlaigh," adeir sé, "agus fuair sé greim ar a' chomhlaigh lena chár mar bheadh fearg air cionn is gur caitheadh é."

"Taiscidh é sin," adeir sé. "Fág é sin ag a' mhadadh. Dheánfaidh sé sin maithe."

Fágadh ag a' mhadadh é.

Dáta maith 'na dhéidh sin bhí buachaill Phádraig agus Oisín istigh ar ais. Chuir sé ceist acha dtaobh do a leithid seo do bhinn, agus d'ins a' buachaill dó nach rabh an bhinn i bhfad ar shiúl.

"A' dtabharfá suas mé go dtí go bhfeicfinn í?"

"Dheánfaidh mé sin," adeir a' buachaill, "ná níl a dhath eile le deánamh agam."

Fuair sé greim láimhe ar Oisín agus shiúil a' bheirt suas (ní rabh tapadh rómhór ann an Oisín bhocht). Shiúil siad suas go dtí an bhinn.

" 'Bhfuil scealpaigh ar bith inti?" adeir sé.

"Tá, cinnte," adeir a' buachaill, "scealpaigh ansin," a' leagan lámh Oisín ar a' scealpaigh.

Chuir sé isteach a lámh insa scealpaigh agus thug sé amach fideog agus rinn sé fead íontach láidir insan fhideoig.

"Amharc," adeir sé, "a' bhfeiceann tú a dhath."

"Ní fheicim," adeir a' buachaill.

"Breathnaigh go maith," adeir sé.

"Tím néall mór dubh," adeir sé, "a' tarraingt orainn eadar mé agus a' ghrian."

"Goidé tá an madadh a dheánamh?" adeir sé.

"Tá an madadh 'na sheasamh," adeir sé, "agus é a' cur caorthacha tineadh amach ar a bhéal."

"Bhail, sin lon atá a' tarraingt orainn," adeir sé, "agus mur maraí an madadh an lon muirfidh an lon muidinne."

Dhreasaigh sé an madadh agus, dar crí, d'éirigh an madadh ina

He gave him the third one. Oisín threw that one. That one put its four paws out in front of it and gripped the door. It sank its teeth in the door. The boy began to laugh. Oisín heard the boy laughing.

"What did that one do?" says he.

"That one gripped the door with its four paws," says he, "and sank its teeth in the door as if it were angry that it had been thrown."

"Keep that one," says he. "Leave it with the bitch. That one will do well."

It was left with the bitch.

A good while after that, Oisín and Patrick's servant-boy were at home together again. He asked him about a certain cliff, and the boy told him that the cliff was not far away.

"Would you bring me up so I can see it?"

"I'll do that," says the boy, "for I've nothing else to do."

He took Oisín by the hand and the two of them walked up (poor Oisín hadn't much energy). They walked up to the cliff.

"Is there any opening in it?" says he.

"There is, indeed," says the boy, "an opening there," placing Oisín's hand on the opening.

He put his hand into the cleft and he brought out a whistle and he blew the whistle very loudly.

"Look," says he, "if you can you see anything."

"I can't," says the boy.

"Look carefully," says he.

"I see a great black cloud," says he, "coming towards us, blotting out the sun."

"What is the dog doing?" says he.

"The dog is standing," says he, "bellowing balls of fire from his mouth."

"Well, that's a giant elk coming towards us," he said, "and if the dog doesn't kill the elk, the elk will kill us."

He urged the dog on, and lo and behold, the dog rose up to meet

héadan agus chuaigh an bheirt le chéile, ach níor mhair sí i bhfad
don mhadadh.

"Goidé tá an madadh a dhéanamh anois?" adeir sé.

"Tá an lon marbh aige," adeir sé, "ach tá sé i gcosúlacht ar mire."

"Bhail, ní bhfuair a' madadh a sháith sealg," adeir sé, "agus anois
muirfidh sé muidinne. 'Bhfuil cloch ar bith ansin i mo chóir?" adeir
sé.

"Níl," adeir a' buachaill, "cloch ar bith a thig a chathamh."

" 'Bhfuil cionn ar bith ann?"

"Tá carraig anseo," adeir a' buachaill.

"Leag mo lámh uirthi," adeir Oisín, "sula dtaraidh an madadh
orainn."

Leag sé lámh Oisín ar a' charraig. Bheir Oisín ar a' charraig.

"Ins domh," adeir sé, "nuair a bhéas sé fá léim domh."

D'ins. Chaith sé an chloch agus mharaigh sé an madadh.

"Anois," adeir sé, "gabh síos i leataobh as m'amharc," adeir sé, "go
dtí go bhfágha mé mo sháith feola aon uair amháin ó tháinig mé go
hÉirinn go deireannach, ná sin rud nach bhfuair mé."

Ba ghnách leis a rá le cailín aimsire a bhí ag Pádraig. Bhí sé fhéin
agus í fhéin go dubh olc dá chéile. Bhí fuath an domhain aicise air.
Bhí sí a' déanamh go rabh sé ag ithe barraíocht, gur dhoiligh a
sháith a thabhairt dó. Ba ghnách leis a rá léithi go bhfacaidh sé
ceathrú loin ní ba mhó ná aon mhart ar mharaigh Pádraig ariamh,
agus go bhfacaidh sé duilleog eidhinn ní ba mhó ná aon bhonnóg
aráin a bhfacaidh sí ariamh, agus go bhfacaidh sé caor chaorthainn
ní ba mhó ná aon mheascán ime a dtearn sí ariamh.

Ach d'iarr sé ar a' stócach a ghoil i leataobh go dtí go bhfághadh
sé a sháith a ithe aon uair amháin ina shaol. Ghearr sé suas a' lon
agus rinn sé ceithre ceathrúnacha daoithi agus d'ith sé trí
ceathrúnacha don lon agus d'fhág sé an cheathrú eile. Scairt sé ar a'
bhuachaill. Tháinig sé aníos.

"A' rabh tú a' coimhéad orm?" adeir sé.

"Ní rabh," adeir a' buachaill.

"Ins an fhírinne," adeir sé, "agus ní bhainfidh mé duit."

"Bhail, bhí," adeir a' buachaill.

"Cé leis a rabh mé cosúil?" adeir sé.

the elk and the two began to do battle, but the elk didn't last long against the dog.

"What's the dog doing now?" he asked.

"He has killed the elk," says he, "but he seems to be in a frenzy."

"Well, the dog didn't get his fill of hunting," says he, "and now he'll kill us. Is there any stone there near me?" he asked.

"There's no stone," says the boy, "that can be thrown."

"Is there any stone at all?"

"There's a rock here," says the boy.

"Place my hand on it," says Oisín, "before the dog comes upon us."

He placed Oisín's hand on the rock. Oisín took hold of the rock.

"Tell me," says he, "when he's within leaping distance of me."

He did. He threw the rock and killed the dog.

"Now," says he, "step aside, down out of my sight," says he, "so I can have my fill of meat for once since I last came to Ireland, because that's something I haven't had."

He used to say this to a maidservant of Patrick's. He and she detested each other. She hated him utterly. She thought he ate too much, that it was hard to give him his fill. He used to tell her that he had seen an elk's haunch bigger than any cow that Patrick had ever slaughtered, an ivy leaf bigger than any scone of bread she had ever seen, and a rowan-berry bigger than any print of butter she had ever made.

Anyway, he told the youth to step aside so that he could eat his fill for once in his life. He cut up the elk and made four quarters of it and he ate three quarters of the elk and left the other quarter. He called the boy. He came up.

"Were you watching me?" says he.

"I wasn't," says the boy.

"Tell the truth," says he, "and I won't touch you."

"Well, I was," says the boy.

"What did I look like?" he asked.

"Tá, an sruth a bhí amach ar dhá thaobh do bhéil," adeir sé, "go gcuirfeadh sé thart muileann Phádraig."

"Bhail, is mór a' gar," adeir sé, "go dtug mé focal duit nach mbainfinn duit, ná, ach go b'é go dtug, ní bheadh an scéal sin le hinse d'aon nduine a choíche aríst agat."

Chuir sé isteach a lámh ar ais insa scealpaigh agus thug sé amach duilleog eidhinn. Thug sé amach caor chaorthainn. Chuir sé isteach aríst í agus thug sé amach fáinne. Chuir sé an fáinne ar a mhéar. D'éirigh sé suas 'na Oisín mhór chnámhach láidir mar bhí ariamh. Bheir sé ar cheathrú an loin ina láimh, agus ar a' chaor chaorthainn, agus ar dhuilleog an eidhinn. D'amharc a' buachaill bocht agus é 'na thaibhse bheag bhocht éidreorach lena thaobh, agus ní ligfeadh an eagla dó labhairt.

"Ná bíodh eagla ar bith ort romhamsa," adeir sé, "níl mise a' goil a dheánamh dochair d'aon nduine."

Tháinig sé isteach. Ní rabh aon nduine istigh ach a' cailín agus scáraigh sí nuair a tháinig sé 'un tí agus fios aici comh holc agus a bhí siad dá chéile roimhe sin.

" 'Dtearn tú aon bhonnóg aráin ariamh," adeir sé, "comh mór le duilleog an eidhinn sin?"

"Maise, ní thearn," adeir sí.

"A' bhfacaidh tú" adeir sé, "aon cheathrú 'mhart ag Pádraig ariamh comh mór le ceathrú an loin sin?"

"Maise, ní fhacaidh" adeir sí.

"A' dtearn tú aon mheascán ime ariamh" adeir sé, "comh mór leis a' chaoir chaorthainn sin?"

"Cha dtearn," adeir sí

Chaith sé an chaor chaorthainn agus bhain sé an tsúil aisti.

"Sin," adeir sé, "urchar an daill fán abhaill" ("Abhaill" a bhí uirthise).

Chuaigh sí sin i laige le pianaigh; ach ní rabh aici ach a theacht ar ais (ba chuma le hOisín – níorbh fhearr leis beo í).

Shuigh Oisín 'na leomhan mhór fir thuas insa chlúdaigh ar chathaoir. Seo isteach Pádraig. Baineadh stangadh as, bíodh fhios agat, nuair a nocht sé sa doras agus fuair sé Oisín 'na leomhan mhór

"Well, it was as if the stream from both sides of your mouth," says he, "would turn Patrick's mill-wheel."

"Well, it's just as well," says he, "that I gave you my word that I wouldn't touch you, because if I hadn't, you wouldn't tell that story to anyone ever again."

He put his hand into the cleft again and drew out an ivy leaf. He drew out a rowan-berry. He put it in again and drew out a ring. He put the ring on his finger. He turned back into the big, well-built, strong Oisín he had been before. He caught hold of the quarter elk, and the rowan-berry and the ivy leaf. The poor boy, a puny little wraith compared to him, looked and was too frightened to speak.

"You need have no fear of me at all," says he. "I'm not going to harm anyone."

He came into the house. There was nobody at home except the maidservant and she got a fright when he came in, knowing how ill-disposed they had been towards each other previously.

"Did you ever make a scone of bread," says he, "as big as that ivy leaf?"

"Musha, I didn't," says she.

"Did you ever see Patrick with a quarter of beef as big as that quarter of elk?"

"Musha, I didn't," says she.

"Did you ever make a print of butter," says he, "as big as that rowan-berry?"

"I didn't," says she.

He threw the rowan-berry and it took out her eye.

"That's a blindman's shot into the orchard[6]," he said (her name was "Orchard").

She fainted with the pain; but she had no choice but to revive herself (it was all the same to Oisín – he didn't care whether she lived).

Oisín sat there, a great lion of a man, in a chair up by the fireside. In came Patrick. He was taken aback, you may be sure, when he appeared at the door and found Oisín, a great lion of a man, sitting

---

6. This is a literal translation of the expression commonly translated now as "a shot in the dark", "a lucky shot", or "beginner's luck."

fir 'na shuí thuas insa chlúdaigh. D'amharc sé air. D'amharc sé thart uilig go géar air.

"Nach deas d'fháinne?" adeir sé.

"Is deas," adeir sé.

"Teispeáin domh é go bhfeicfidh mé é."

"Ní theispeánaidh," adeir Oisín. "Tá an fáinne ceart go leor."

"Bhail, bain duit é," adeir sé, "agus fág ar chroí do bhoise go dtí go bhfeicfidh mé é."

Bhain Oisín bocht dó an fáinne agus chuir sé ar chroí a bhoise é. Ghearr Pádraig a' chroch chéasta ar an fháinne. Thit Oisín bocht anuas ón chathaoir mar thit sé an lá bhí sé a' teacht as Tír na hÓige, gan lúth gan láthar, caoch, dall, agus dar leat, é a' saothrú an bháis. Chreid sé an uair sin i nDia agus thug sé isteach go rabh sé contráilte.

D'iarr sé ar Phádraig é a bhaisteadh go gasta, nach rabh an bás i bhfad uaidh anois. Dúirt Pádraig go ndeánfadh sé sin agus míle fáilte. D'iarr sé ar a' chailín coinneal a fháil. Bhí sise, bhí an t-olc do Oisín aici, agus bhí sí ní ba mheasa dó ar siocair gur bhain sé an tsúil aisti. D'imigh sí agus fuair sí coinnleoir, agus bhí barr géar – cineál do spíce ghéar – amach as cos a' choinnleora, agus nuair a tháinig sí thart sháith sí síos fhad agus thiocfadh léithi i gcos Oisín é. Níor lig Oisín gránna a dhath air. Chuaigh Pádraig a bhaisteadh. Nuair a bhí Oisín baistí bhí cumhdach ar an urlár le fuil agus í a' goil síos 'na sruthán.

"Coisreacadh Dé orainn!" arsa Pádraig. "Goidé seo ná goidé tháinig ort?"

"Tá," ar seisean, "a' cailín a sháith an coinnleoir ann mo chois nuair a bhí tusa á mo bhaisteadh."

"Cá tuí nár labhair tú," adeir sé, "nuair a chuir sí ann do chois é, ná cá tuí ar fhan tú comh suaimhneach sin?"

"Ó," ar seisean, "shíl mise gur don bhaisteadh é."

Foinse: RBÉ Ls. 438, pp. 105 – 39: 11/12/37.

up by the fireside. He looked at him. He studied him closely all over.

"Isn't your ring nice?" says he.

"It is," says he.

"Give it here till I see it."

"I won't," says Oisín. "The ring is fine."

"Well, take it off," says he, "and place it in the palm of your hand so I can see it."

Poor Oisín took off the ring and placed it in the palm of his hand. Patrick made the sign of the cross over the ring. Poor Oisín fell from the chair, just as he had fallen the day he was coming from Tír na hÓige, feeble and blind, and you'd think, in the throes of death. He believed in God then and conceded that he had been wrong.

He asked Patrick to baptize him quickly as he was not far from death now. Patrick said that he would gladly do that. He asked the maidservant to fetch a candle. As for her, she had it in for Oisín and all the more so now because he had put her eye out. She went and got a candlestick, and there was a sharp end – a sort of sharp spike – out of the base of the candlestick, and when she went past she plunged it as far as she could into Oisín's foot. Poor Oisín didn't let on at all. Patrick began to baptize him. By the time Oisín was baptized the floor was covered in blood, flowing down in streams.

"God bless us!" said Patrick. "What's this or what happened to you?"

"Why," said he, "the maidservant plunged the candlestick into my foot when you were baptising me."

"Why didn't you speak up," says he, "when she stuck it in your foot, or why did you stay so quiet?"

"Oh," said he, "I thought it was part of the ceremony[7]."

Recorded: 11th December, 1937.

---

7. Another idiomatic phrase. "Shíl mé gur don bhaisteadh é" = "I thought it was part of the ceremony", what you might say if you allow a member of the clergy to ill-treat you.

A' Dóigh le h-Im a Dheánamh

Bhail, ní bheidh mise i bhfad ag inse duit goidé an dóigh le h-im a dheánamh, níl a dhath a mhoill. Níl ort ach amaidí má shíleann tú nach dtig a dheánamh.

Tabhair leat a' chuinneog má tá sí úr. Cuir ar maos in uisce fhuar í go maidin. Folmhaigh ansin amach í. Nigh go maith í. Cuir a' lonaidh inti agus a' clár os a chionn agus a' taobh chontráilte don chlár in airde. Tiontaigh pota uisce ghalaigh isteach inti agus fág ansin í go dtí go bhfuaraí an t-uisce inti. Nigh go maith aríst í agus sciúr suas í, agus fág amuigh í agus a béal sa ghaoith, agus ní bheidh anás ar a' chuinneoig an uair sin.

I gcónaí nuair a bhéas tú a' goil a bhleán do chuid eallaigh scall na cannaí. Scall a' síothlán; más síothlán maide atá agat nigh an bhréid go maith. Is doiligh síothlán maide a fháil anois, cé go bhfuil cionn acu anseo – ach má tá, ní mise a fuair deánta é, ná mo mháthair ach oiread, ná a máthair sin; ag máthair mhór mo mháthra a bhí sé agus níl sé faoi chéad go leith bliain. Ní fhacaidh mo mháthair a' bhean sin ariamh. Ach tá an síothlán agamsa ar fad.

Coinnim a' bhréid nite agus scallta achan uile lá. Scallaim na cannaí. Scallaim ansin na miasa. Is cóir duit miasa leathna ísle a bheith agat sa dóigh go gcruinneochaidh uachtar uirthi. Gan cumhdach ar bith a chur ar a' bhainne nuair a bhlífeas tú é. [A] fhágáil go dtaraí uachtar air. Scall a' tobán ansin comh maith agus sciúr é, agus triomaigh leis a' tinidh é. Fan i gcónaí go bhfuaraí an bainne sula gcuirí tú sa tobán é. Nuair a bhéas a' bainne ramhar tiontóchaidh tú isteach sa chuinneoig é. Más féidir le duine amháin é a bhualadh is amhlaidh is fearr é. Má bhíonn beirt a' goil dó ní dóiche go mbíonn a' bheirt á bhualadh ar a' dóigh amháin; buailfidh duine níos láidre ná an duine eile. Nuair a bhéas a' bainne te agus rachas duine á bhualadh níos éadroime fuaróchaidh an bainne. Más féidir le aon nduine amháin é a bhualadh ba chóir dó é a dheánamh agus beidh an bainne buailte níos gaiste. Má bhíonn a' bainne fuar is féidir leat braon uisce ghalaigh a chur ann. Is annamh uair a

How to Make Butter

Well, I won't be long telling you how to make butter, there's nothing to it. You're just being silly if you think it can't be done.

Take the churn if it's new and steep it in cold water overnight. Empty it out then and wash it well. Put the churn-dash into it and the lid on top, with the lid the wrong side up[1]. Pour a pot of boiling water into it and leave it until the water cools. Wash it well again and scour it, and leave it out to dry facing the wind and you'll have no trouble with the churn after that.

Always scald the cans before you milk your cows. Scald the strainer, and if you have a wooden strainer, wash the cloth well. It's hard to get a wooden strainer now, although we have one of them here – but if we have, it wasn't me who had it made or my mother either, or her mother; it belonged to my mother's grandmother and it's at least a hundred and fifty years old. My mother never saw that woman, but I still have the strainer.

I keep the cloth washed and scalded every day. I scald the cans. Then I scald the basins[2]. You should have wide, shallow basins so that cream will gather. Don't cover the milk at all when you have milked the cows. Leave it until cream forms on it. Scald the tub as well then and scour it, and dry it by the fire. Always wait until the milk cools before you put it into the tub. When the milk is thick[3], you'll pour it into the churn. If one person can churn it, so much the better. If two are at it it's unlikely that the two will be churning it the same way; one will churn harder than the other. When the milk is warm[4] and a person starts to churn it more lightly, it will cool. The one person should churn it if they can, and the milk will be churned quicker. If the milk is cold[5] you can put a drop of boiling water into it. We rarely

---

1. To be sure of scalding the underside of the lid which will be in contact with the milk.
2. Cooling basins.
3. When it's on the point of turning sour.
4. After it has been churned vigourously for a while.
5. As it might be on a cold day.

bhuaileann muid é gan uisce ghalach. Nuair a bhéas a' bainne briste caith braon uisce fhuair thart air. Buail tamall beag eile ansin go fadalach é. Ansin cruinnigh é. Chualaidh tú iomrá ar bhuille an chruinní. Bhéarfaidh tú dhá bhuille mhóra agus buille beag. Craith a' chuinneog ansin go maith. Ná bí tuirseach á craitheadh. Bain daoithi an clár agus tabhair thart a' lonaidh ar feadh tamaill. Caithfidh tú braon beag uisce fhuair eile thart ansin a chuirfeas síos a' t-im. Fágfaidh tú tamall í.

Bhéarfaidh tú leat a' capán agus clár an ime agus cuirfidh tú uisce galach fosta ann. Nuair a bhéas a' t-uisce galach fuar caith amach é. Tabhair leat gráinnín do shalann gharbh agus sciúr suas a' capán go maith agus a' clár ansin. Nigh aríst é le huisce glan agus cuir braon uisce fhuair ann. Tógfaidh tú do chuid ime amach ansin ann leis a' chlár amach insan uisce fhuar, agus má tá sé ró-bhog caithfidh tú é a fhágáil tamall.

Leoga, bíonn sé bog go maith fán am seo 'bhliain. Bhuail mise mé fhéin braon tá seachtain ó shoin. Ní rabh mé ábalta a thógáil ón chuinneoig a' chéad uair ar chor ar bith. Nuair a thóg mé é ní thiocfadh liom rud ar bith a dheánamh leis ach a fhágáil insan uisce fhuar. Shíl mé dá bhfágainn ann go tráthnóna é go ndeánfainn gnaithe. Chuaigh mé a dh'amarc tráthnóna air. Bhí sé comh holc agus bhí sé ariamh ná bhí an t-uisce bog. Shílfeá go b'é rud a théigh tú an t-uisce ar a' tinidh. D'fhág mé seal na hoíche é. Bhí mé cinnte nuair a d'fhuíginn ann seal na hoíche é go dtiocfadh liom rud inteacht a dheánamh leis. Ní tháinig liom, bhí sé comh holc agus bhí sé ariamh. Mar sin fhéin, chuaigh mé i gcionn é 'ní. Nigh mé uair, beirt agus triúr é. Ní rabh gar ann. Chuir mé salann air. Bhí mé a' goil dó gur bhain mé an salann dó aríst. Dheamhan ní thearn mé a dhath ar bith leis. Hitheadh mar sin é. Ach má hitheadh fhéin, níl fhios agam, chonacthas domh nach rabh blas ná boladh air. Ach níl sé comh te sin inniu.

Is féidir leat é a thógáil amach insan uisce fhuar agus nífidh tú a' chéad uair é. Nuair a bhéas sin deánta ansin cuirfidh tú salann air – i ndéidh a ní as a' chéad uisce. Bhéarfaidh tú leat scian ansin agus scianfaidh tú go maith é le cúl na scine go dtí nach bhfágann tú aon ribe istigh ann. Má tá éadach maith ar a' tsíothlán ní bheidh mórán ribeach ann, ach is annamh nach mbíonn ribe do chineál inteacht ann. Ar scor ar bith, is fearr é 'scineadh go maith.

churn it without using boiling water. When the milk breaks[6] throw a drop of cold water around it. Then churn it slowly for another little while. Then form it. You've heard tell of the forming blow. You give two big thumps and a little one. Shake the churn well then. Shake it hard. Take the lid off and turn the churn-dash for a while. You'll throw another little drop of cold water around then which will wash down the butter. You'll leave it for a while.

You'll take the butter-worker[7] and the butter-board and put boiling water in it as well. When the boiling water cools throw it out. Take a little coarse salt and scour the butter-worker up well and then the board. Wash it again with clean water and put a drop of cold water in it. You'll lift your butter out into the cold water then with the board, and if it's too soft you have to leave it for a while.

Indeed, it's always pretty soft around this time of year. I churned a drop myself a week ago. I wasn't able to lift it from the churn at all at first. When I lifted it I could do nothing with it but leave it in the cold water. I thought if I left it there until evening that I would manage. I went to take a look at it in the evening. It was as bad as ever because the water was lukewarm[8]. You'd think the water had been heated over the fire. I left it overnight. I was sure that if I left it there overnight I'd be able to do something with it. I couldn't, it was as bad as ever. All the same, I set about washing it. I washed it once, twice, three times. It was no use. I put salt on it. I was at it till I took the salt out of it again. Devil the bit could I do with it. It was eaten like that. But even if it was, I'm not sure, but it seemed to me that it had neither taste nor smell. But it's not as hot as that today.

You can lift it out into the cold water and you'll give it the first wash. When that's done, then you'll put the salt on it – after washing it in the first water. Then you'll get a knife and you'll skim the back of the knife over and back on it well, until you don't leave a hair in it. If there's a good cloth on the strainer there won't be many hairs in it, but it's rare that there isn't a hair of some sort in it. Anyway, it's best to skim it well.

---

6. i.e. when butter begins to form, when it "grains".

7. A wide shallow saucer-shaped wooden dish.

8. The "cold" water was lukewarm because of the warm weather.

Nuair a bhéas sin deánta nigh agus nigh agus nigh go maith le huisce eile é, ná mur ní tú go maith é i ndéidh an salann a chur air is minic a bí sé sreanógach. Ní dheán sé a dhath ar bith ar a' bhlas ná ar a' bholadh ach fágann sé cuma bhealthaigh air. Ní rabh dúil agam fhéin ariamh im sreanógach 'fheiceáil. Nigh leat go maith é go dtí go dtaraí an t-uisce glan amach as an im agus ná fág a dhath bán ar chor ar bith, ná é bán ar dhóigh ar bith. Nuair a bhéas sin deánta ansin agat brúifidh tú suas leis a' spáid é. Dá mbíodh aimsir gheimhridh ann thiocfadh leat do lámha 'ní go maith le sópa agus ansin le salann agus iad a scalladh go maith le huisce cruaidh te – comh te agus is féidir leat 'fhuilstin. Nuair a bhéas sin deánta é 'uthairt leis a' láimh, ná is fearr an uthairt amháin a dtabharfá leis a' láimh dó ná dá níthí deich n-uaire le spáid é. Ach tá an lámh ró-the anois. Ní thig leat í 'chur a chóir. Nigh go maith leis a' spáid é agus deán suas é agus buail go maith ar a chapán é. Brúigh é go dtí go mbainí tú an t-uisce as, agus deán meascán ansin dó, agus má fhághann tú meascán ar bith is fearr ná é déarfaidh mise gur fearr a' bhean thú ná mé fhéin.

Foinse: RBÉ Ls. 392, pp. 126 – 30: 7/9/37.

When that's done, wash and wash and wash it well with more water, because if you don't wash it well after putting the salt on it, it often becomes streaky. It doesn't affect the taste or the smell, but it leaves it looking unappetising. I never liked to see streaky butter myself. Keep washing it well until the water runs clear out of the butter, and don't leave any white bits, or it white in any way. Then when you've that done, you'll pat it up with the paddle. If the weather was cold you could wash your hands well with soap and then with salt and scald them well with very hot water – as hot as you can bear. When that's done pat it by hand, because one pat with the hand is worth ten with the paddle. But the hand is too hot at present. You can't put it near the butter. Wash it well using the paddle, and gather it up and beat it well on the butter-worker. Press it until you take all the water from it, and mould it into a print[9] then, and if you get a better print than that, I'll say you're a better woman than I am.

Recorded: 7th September, 1937.

---

9. Cf. Irish "meascán", a mass or lump of butter which was moulded and normally imprinted with some emblem. In Donegal this was usually called a "print" of butter in English, although quite often the Irish word "meascán" was used.

Seanchas ar a' Seantsaol

ÉADAÍ

A' saol a bhí ann san am.... Tá scaifte anseo agus tá siad a' goil do
na faisin atá anois ann. Níl fhios agam fhéin cé acu is fearr.
Títhear domh go bhfuil sé deas a' faisean atá anois ann. Tá
éadach beag deas goirid cumhann a' goil nach bhfuil a' siabadh leis
a' ghaoith mhóir agus nach bhfuil a' goil in aimhréití ar na
dreasógaí, agus tá gruaig dheas ghoiridghiortach orthu – catach.
Roimhe seo bhí siad lán pionnaí, bhí eangach ar a ngruaig acu, bhí
dath ina gcuid pluca acu, bhí fáinní móra ina gcuid cluas acu – dá
réir sin. Bhí bróga móra arda orthu a rabh trí troithe go leith do
bharriall iontu agus chailleadh siad leath a' lae a' cur blacaín isteach
ansin sula dtéadh siad 'un Aifrinn. Anois níl ann ach a gcos a
sháthadh i sligeán agus níl a dhath ar bith a' goil iontu, agus gan
stocaí ar bith leath an ama; títhear domh go bhfuil siad íontach
aerach. Bhíodh stocaí roimhe seo orthu a mbíodh ceathair ná cúig
do dhathannaí iontu, máinte móra fada á tharraingt 'na ndéidh,
pléata mór thiar ann, seál dubh, ribín mór ar a ngruaig, dornán mór
do phionnaí, agus iad uilig catach amach ar a' dá thaobh. Bhí sé deas
ceart go leor, nuair a dhearcfá air – bhí sé ag amharc íontach cóirí.

Bhail, roimhe sin ar ais, a' bhean nach mbeadh pósta bheadh
boineáid uirthi. Bhí boineáidí agus fallaingeacha a' goil. Chonaic me
fhéin fallaing ag Sorcha Mhóir, ó, cionn breá i gceart. Ba ghnách leis
na seandaoiní a rá gur cóiriú millteanach a bhí sa bhoineáid, insan
fhallaing agus i gcóta na bhfonsaí. Bheadh mainte mór camlet orthu.
Níl fhios agam faoi Dhia ná os A chionn goidé mar bhí siad ábalta an
ceathrú cuid don éadach a bhí orthu a iompar; agus bhí cionn istigh
faoi sin orthu a rabh trí fhonsa ann, agus dar a' leabhra, nuair a
bheadh cionn acu sin orthu agus mainte an chamlet os a chionn agus
cóta báinín bháin faoi bhí leithead ar dóigh iontu. Agus roimhe sin,
bhí bearáid ar na mná a dtugadh siad bearáid spéire orthu, agus

Talking About the Old Days

CLOTHES[1]

What life was like then.... There's a crowd around here and they follow today's fashions. I don't know myself which is best. It seems to me that the modern fashion is nice. There are nice little short, tight-fitting clothes that don't blow about in the wind and don't get caught on the brambles, and they have nice short-clipped hair – curly. Before this they were full of pins, had a net on their hair, colour on their cheeks, big earrings in their ears – and so forth. They wore big high boots that had three and a half feet of laces in them and they'd have half the day lost blacking them before they went to Mass. Now all they have to do is stick their feet in shells and there's nothing else to do to them, and no stockings half the time; it seems to me that they are very gay. Before, they used to wear stockings with four or five colours in them, a great big mantua[2] trailing behind them, with a big pleat at the back, a black shawl, a large ribbon in their hair, a big handful of pins, and their hair all curling out on both sides. It was nice right enough, to look at – it looked very stylish.

Well, before that again, a woman who wasn't married would wear a bonnet. Bonnets and cloaks were the fashion. I myself saw a cloak that Sorcha Mhóir had, oh, a really fine one! The old people used to say that the bonnet, the cloak and the hooped petticoat were a very fine style of dress. They'd wear a big camlet mantua. I don't know how in the name of God or Heaven above they were able to carry a quarter of the clothes they wore; and they had another one on under that which had three hoops, and I declare, when they had one of them on and the camlet mantua over it and a white bawneen[3] petticoat under it, they were some width indeed. And before that, the women wore caps called *bearáid spéire*[4] and open

---

1. This account was recorded in September, 1937.
2. A full length loose-fitting gown or robe tied at the waist.
3. Homespun cloth.
4. A white linen cap.

maintí foscailte. Ach sílim fhéin ar scor ar bith, is cuma goidé déarfas duine ar bith, gur cóiriú an lae inniu an cóiriú is deise.

Bhail anois, na fir. Fad ó shoin bhí siad a' rá go mbeadh brístí geala muilscín orthu, froc, agus bheiste ghorm, agus bearád pláta, agus péire do bhróga arda troma. Bá é sin a' cóiriú. Ar ais fuair siad cultacha gorma 'na dhéidh sin, dhá scoilteadh aníos iontu giota, dicí a mbeadh cuid mhór starch ann agus tie dhearg. Bearád bán ar thaobh a leicinn, agus broach ann. Ó, ba iad a bhí cóirí! Garda mór anuas ar a mbrollach, bróga éadroma ná leathéadroma. Ach anois, d'imigh sin. Ní mó – dalta na mban – ní mó ná go bhfuil snáithe ar bith orthu. Tá péire do bhróga orthu a bhfuil barr orthu comh géar le bróg shíogaí, ná péire do bhróga bána, gan stocaí ar bith; nochtaí anuas go leath a mbrollaigh agus dá réir sin; gan a dhath ar bith ar chor ar bith ar a muineál, gan a dhath ar a gcionn. Bob leicinn – a' duine acu a bhfuil gruaig air. Cuid a bhfuil agus cuid nach bhfuil, agus a' té nach bhfuil gruaig air cuirfidh sé tuí ar a bhlagaid ag iarraidh an bhlagaid a chumhdach – ach níl mé a' baint do aon nduine, tá siad uilig cosúil le chéile.

FEAR GLAS CHLOICH CHIONN FHAOLA

Tá muid a' caint ar chóiriú agus tá muid a' caint ar amaidí. Is a' caint ar amaidí a bhí muid ariamh agus a' caint ar amaidí a bhéas cuid againn a choíche. Is cosúil go gcaithfidh an amaidí fhéin a bheith a' goil. Ach ní rabh mórán cóirí ar Fhear Ghlas Chloich Chionn Fhaola, mar deir muid fhéin le Fear Glas Chloich Chionn Fhaola. Doirneálach garbh glas a bhí ann, a' baint a bheatha as a' tír, a' duine bocht, comh maith agus tháinig leis. Bhí sé a' deánamh poitín. Bhí culaith ghlas bháinín air agus bearád cac bó, agus é costarnocht, agus seo an fáth ar tugadh an Fear Glas air.

Bhí sé aon lá amháin i gcró stileadh agus gan aige ach é fhéin agus é go díreach a' tabhairt anuas na dúblála nuair a tháinig Cuisdeal-aidh agus a chuid fear isteach.

"Tá tú gaite," ar siadsan, "in ainm a' Rí."

"Bhail," adúirt a' Fear Glas, "níl neart air. Ach nuair atá mé ar

mantuas[5]. But in any case, I think myself, no matter what anyone says, that today's fashion is the nicest.

Well now, the men. Long ago, they say they wore white moleskin trousers, a frockcoat, and a blue waistcoat, and a peaked cap, and a pair of high stout boots. That was the style of dress. Then later they got blue suits after that, with two vents in them, a well-starched dickie and a red tie. A white cap worn to one side, with a broach in it. Oh, *they* were well-dressed! A big fob-chain down across their chests and light or medium-weight shoes. But now, that's changed. They barely – just like the women – they barely have a stitch on them now. They wear a pair of shoes that have a toe on them as pointed as fairies' shoes, or a pair of white shoes and no socks; half their chest bared and so on; nothing at all on their necks, nothing on their heads. Hair parted to one side – those of them who have hair. Some have and some haven't, and he who hasn't hair will put a thatch on his bald pate to try to cover it – but I'm not getting at anyone in particular, they're all the same.

THE GREY MAN OF CLOGHANEELY

We're talking about fashion and we're talking about foolishness. We've always talked about foolishness and it's talking of foolishness that some of us will always be. It seems that foolishness itself must always be in vogue. But there wasn't much that was fashionable about the Grey Man of Cloghaneely[6], (as we call him ourselves). He was a rough, raw countryman, living off the land, the poor fellow, as best he could. He was making poteen. He wore an undyed bawneen suit and a cow-pat cap[7], and went barefoot, and this is why he was called the Grey Man[8].

One day he was in a still hut by himself and he was just bringing down the second distillation when Costelloe[9] and his men came in.

"You're under arrest," said they, "in the name of the King."

"Well," said the Grey Man, "it can't be helped. But since I've

---

5. Open at the front showing the hooped petticoats underneath.
6. The next district east of Gweedore, in Co. Donegal.
7. Professor MacLennan's informant, the collector Hugh Devanney, described it as a flat cap with ear flaps.
8. Because undyed homespun cloth would have been a grey colour.
9. A Revenue Officer based in Glenties.

obair agus mo lámh ann, mholfainn daoibh suí thart go dtí go
bhfeicfidh sibh an obair a' goil 'un tosaigh."

"Ceart go leor," adúirt siad.

Shuigh siad thart fríd a' chró. Bhí an Fear Glas a' lapadántacht
leis, agus é costarnocht, agus é fán stil, a' cur lúidín mine coirce
uirthi, mar dúirt siad fhéin, agus dá réir sin, riamh go dtí gur
tharraing sé cá bith ciogaltán a bhí ann a' coinneáil istigh an uisce
bheatha. Tharraing sé as a' stil í agus d'éirigh an tútán a bhí bocht
fríd a' chró go dtí nár léar duit do mhéar a chur in do shúil agus
nach bhfeicfeadh aon nduine an duine eile. Bhí seanspád i dtaobh a'
chró agus ba mhaith an mhaise don Fhear Ghlas é; thug sé leis a'
tseanspád agus shéid sé orthu. Ní rabh aon nduine le bualadh aige
ach a namhaid agus ní fheicfeadh siadsan a dhath ar bith go
maitheadh siad a' buille. Ní rabh sé i bhfad ar obair gur chuir sé síos
uilig 'on tsaol iad, duine i ndéidh a' duine eile. Thoisigh an
greadadh agus thoisigh an greadadh agus bhí sé á mbualadh go dtí
nach rabh anál ar bith le móchtáil aige iontu, gur mheas sé fhéin iad
a bheith marbh, agus go dtí go rabh sé ábalta siúl trasna ina mullach
agus gan iad bogadh. D'imigh ansin. Thug sé leis iomlán – stil, cionn
agus worm agus dabhach; agus níor fhág sé a dhath insa chró nár
chuir sé i bhfolach. Agus phill sé ar ais, ach bhí siad 'na luí mar
d'fhág sé iad, cuid acu a rabh an anál iontu agus cuid ar shíl sé fhéin
nach rabh.

Ba chuma leis. Ní rabh fhios cé mharaigh iad. D'fholaigh sé an
t-iomlán. D'imigh agus d'fág sé an clár agus an fhoireann acu fhéin.
Agus d'imigh sé 'un Oileáin Úir agus mhair sé beo fada go leor ansin
agus ní bhfuarthas greim ariamh air. Agus ní rabh acu ach éirí agus
imeacht nuair a bhí siad ábalta a imeacht. Bhí cuid acu fada buan
faoi lámh dochtúra. Shíl siad nach dtiocfadh fear acu as ar chor ar
bith. Tá mé a' deánamh, ceart go leor, nach dtearn sé lá maith ní ba
mhó go dtí go bhfuair sé bás. Agus ba é an t-ainm a bhí air Seonaí
Mór Bríd Nic Shuibhne. Bhí sé a' goil thart, tá mé a' deánamh, a'
cruinniú a chodach roimhe dheireadh an lae, agus bhí sé a'
deánamh gur Fear Glas Chloich Chionn Fhaola ba chiontaí nach
dtearn sé lá maith ní ba mhó.

Foinse: RBÉ Ls. 392, pp. 66 – 73: 3/9/37.

started and I'm in the middle of it, I suggest that you sit around till you see how the work progresses."

"Fair enough," said they.

They sat down here and there around the hut. The Grey Man was pottering away, barefoot, around the still, putting a pinch of oatmeal in, as they said themselves, and so on, right up until he pulled out whatever sort of stopper was keeping in the whiskey. He pulled it out of the still and terrible smoke spread through the hut until you couldn't see your hand in front of your face, and no one could see anyone else. There was an old spade at the side of the hut and the Grey Man made good use of it; he took the old spade and laid into them. He had no one to hit but his enemies and they'd see nothing at all until they'd feel the blow. He wasn't long at it until he had knocked the lot of them down, one after the other. The thrashing started, and the thrashing started[10], and he beat them until he couldn't feel them breathing anymore and he reckoned they were dead, and until he was able to walk across on top of them and they didn't move. He went off then. He took everything with him – still, head, worm and vat; and he didn't leave a thing in the hut that he didn't hide. And he came back, but they were lying as he had left them, some who were alive and some he thought were not.

He didn't care. No one would know who had killed them. He hid everything. He cleared off and left them to it. He went to the New World[11] and lived there a fairly long time and he was never caught. And all they [the Revenue men] could do was get up and go when they could. Some of them were under the doctor's care for a long time. It was thought one of them wouldn't survive at all. I think, right enough, that he never fully recovered from then until he died. His name was Big Johnny Brigid[12] Sweeney. I think he ended up going around begging for a living, and he claimed that the Grey Man of Cloghaneely was to blame for the fact that he was never the same again.

Recorded: 3rd September, 1937.

10. The repetition is deliberate for emphasis.
11. America.
12. Big Johnny (son of) Brigid Sweeney.

Orthaí

Bhail, labharfaidh muid anois ar orthaíocha, agus níl fhios agam fhéin cé acu tá a dhath daofa ná nach bhfuil. Tá mé a' deánamh, mar dúirt a' fear úd: "Nach iad slisneach a' tseanbháid ach dóchas na caillí."

Bhí sé instí go rabh cailleach bhocht aon uair amháin ann a dteachaidh an diabhal 'na colainn. Ní rabhthar ábalta an diabhal 'fháil ar shiúl ar dhóigh ar bith ach cupla slis do chrann bheannaí a bhí a' fás – níl cuimhne agam anois cé an t-oileán a rabh sé ann. Ach bhí fear a' goil go dtí an t-oileán seo fá choinne gnaithe dó fhéin, agus hiarradh air cupla slis don chrann seo a bheith leis chuig a' chailligh seo. D'imigh sé agus rinn sé a theachtaireacht fhéin, ach níor smaoitigh sé lá bán ná oíche ar theachtaireacht na caillí. A' teacht 'na bhaile dó tháinig sé fhad le fear a bhí a' cóiriú seanbháid. Chonaic sé na slisneacha 'na luí agus dar fia, smaoitigh sé ar a' rud a hiarradh air. Chrom sé agus bheir sé ar chupla cionn acu agus thug sé leis iad. Shiúil leis caol díreach go dtáinig sé go dtí an chailleach. Shín sé na cupla slis daoithi agus nuair a bheir a' créatúr air ina láimh léim a' diabhal amach ar a béal.

"Hó! Hó! Hó!" deir a' fear a' deánamh racht mór gáire.

"Hó!" deir a' diabhal. "Ní hiad slisneacha an tseanbháid ach dóchas na caillí."

'S é a dhalta sin ag na horthaí é, tá mé a' deánamh gurab í an dóchas a chuireann siad fhéin iontu; ní thig liom a rá.

Foinse: RBÉ Ls. 410, p. 153: Fómhar, 1937.

Charms

Well, we'll talk now about charms, and I don't know myself if there's anything to them or not. I think, as yon fellow said: "It's not the shavings of the old boat but the faith of the old woman."[1]

It was told that there was once a poor old woman whose body had been possessed by the Devil. The Devil couldn't be got rid of by any means other than by getting a couple of shavings from a holy tree that was growing – I don't remember now which island it was on. But a man was going to this island on business of his own, and he was asked to bring back a couple of shavings from the tree to this old woman. He went and did his own errand but he completely forgot about the message for the old woman. On his way home he came upon a man who was repairing an old boat. He saw the shavings lying there, and by Heaven, he remembered what had been asked of him. He bent down and picked up a couple of them and took them with him. He went straight off until he reached the old woman. He handed her the couple of shavings and when the poor thing took them in her hand the Devil leapt out through her mouth.

"Ho! Ho! Ho!" says the man, giving a great roar of laughter.

"Ho!" says the Devil. "It's not the shavings of the old boat but the faith of the old woman."

That's the way it is with the charms, I think it's because of the faith people themselves have in them; I can't really say.

Recorded: Autumn, 1937.

---

1. Annie goes on to tell an amusing anecdote to explain this saying.

Cruachán agus Cráchán

Bhí dhá chearrbhach aon uair amháin ann a dtugadh siad Cruachán agus Cráchán orthu. Bhí Cruachán 'na chearrbhach mhillteanach. Is cuma cé rachadh a dh'imirt leis bhainfeadh sé air. Ní rabh sé a' cailleadh am ar bith. Chualaidh Cráchán iomrá air agus shíl sé go rabh sé fhéin maith ach bhí Cruachán ní b'fhearr. Ar Chnoc Chró na Rá a bheadh an t-imirt i gcónaí agus tharraing Cráchán aon lá amháin suas go dtí go mbeadh cluiche aige le Cruachán. Ar a' bhealach casadh cailín air agus í a' goil fá choinne dhá bhucáid uisce.

"'Bhfuil tú a' goil a dh'imirt?" adeir sí.

"Tá," deir Cráchán, adeir sé, "cá bith mar éireochas liom."

D'fhág sí síos na bucáidí agus chuir sí a lámh i bpóca a naprann agus thug sí aníos leabhar beag póca agus shín sí dó é.

"Seo dhuit," adeir sí, "agus ná scar leis a' leabhar sin. Ach má chuireann tú cluiche air," adeir sí, "cuir faoi gheasaibh é go gcaithfidh tú do rogha cailín ina theach a fháil, agus bíodh fhios agat mise a thoghadh."

"Maith go leor," adeir Cráchán.

Chuaigh Cráchán suas. Bhí Cruachán ansin roimhe.

"'Bhfuil tú a' teacht," adeir Cruachán, "go mbeidh cluiche againn?"

"Tá," deir Cráchán.

Thoisigh an imirt. Chuir Cráchán cluiche ar Chruachán.

"Cuirim fá do chionn agus fá do chosa," deir sé, "aniar a chois abhanna, siar a chois abhanna, i dtom dreas go dtití tú, na beathaigh allta go n-ithí tú, mur dtugaí tú domhsa do[1] rogha cailín i do theach."

"Is furast domh," adeir Cruachán, "agus is furast duitse do rogha a fháil."

Thug sé isteach i seomra do chailín[2] rua é.

---

1. *Sic* ls.
2. *Sic* ls.

Cruachán and Cráchán

Once upon a time there were two gamblers who were called Cruachán and Cráchán[1]. Cruachán was a terrific gambler. No matter who played him, he would win. He never lost. Cráchán heard tell of him and he thought he was good himself, but Cruachán was better. The gambling was always on Cró na Rá Hill and one day Cráchán headed up for a game with Cruachán. On the way he met a girl who was going to fetch two buckets of water.

"Are you going up to gamble?" says she.

"I am," says Cráchán, says he, "however I'll get on."

She put down the buckets and put her hand in her apron pocket, took out a small pocket book and handed it to him.

"Here, take this," said she, "and don't part with that book. But if you win a game, put him under an injunction[2] to give you your choice of girl in his house and be sure you pick me."

"Agreed," said Cráchán.

Cráchán went up. Cruachán was there before him.

"Are you coming," says Cruachán, "so we can have a game?"

"I am," says Cráchán.

The gambling began. Cráchán won a game off Cruachán.

"By your head and by your feet[3]," says he, "over by the riverbank and back by the riverbank, may you fall in a bush of brambles, may the wild beasts eat you, if you don't give me my choice of girl in your house."

"That's easy for me," says Cruachán, "and it's easy for you to have your choice."

He brought him into a room full of red-haired girls.

---

1. Two made up names which give the effect of Tweedledum and Tweedledee.
2. Irish "geasa" = a binding injunction, a spell or magical command with the threat of dire consequences if not complied with.
3. Parts of the body are often mentioned in *geasa* as the "magic" applied to them in practical physical terms.

"'Bhfuil do rogha iontu sin?"

"Níl," adeir Cráchán, "níor thaitin na mná rua ariamh liom."

"Maith go leor," adeir sé, "fiachfaidh muid cionn eile."

Thug sé isteach i seomra do chailín bána é.

"Cuartaigh sin agus bain do rogha as."

D'amharc Cráchán tamall.

"Níl mo rogha ansin ach oiread," adeir sé. "Deir siad go n-athrann a' bhean bhán a hintinn comh gasta leis a' ghaoith. Is cuma liom fá dtaobh daofa."

Thug sé isteach i seomra do chailín dubha é.

"Bhail cinnte," deir sé, "beidh do rogha iontu sin."

D'amharc sé thart fríofa. Bhí an bhean seo 'na measc agus í ag obair go cruaidh fríd a' teach – a' bhean a thug a' leabhar póca dó.

"Sin mo rogha," deir sé. "Ní thaitneann na bábógaí liom. Tá siad lán cóirí agus níl gnaithe le bean chóirí agam."

"Tím," adeir a' fear eile, "Bíodh sí[3] agat" – fríd mhíshásamh.

Thug sé leis í.

Látharnamhárach, nuair a bhí sé a' goil suas:

"Anois," adeir sí, "cuir faoi gheasa inniu é, má chuireann tú cluiche air," adeir sí, "do rogha beathach ina stábla a thabhairt duit, agus a' clibistín is neamhshuimiúla sa stábla uilig bíodh sé agat, agus inseochaidh mé ar ais duit cá tuí."

"Maith go leor," adeir Cráchán.

Chuaigh Cráchán suas a' látharnamhárach.

"Beidh cluiche inniu agat?" adeir Cruachán.

"Beidh," adeir sé.

Thoisigh an imirt, ach ba é an deireadh a bhí air gur chuir Cráchán cluiche an lá seo aríst air.

"Cuirim fá do chionn agus fá do chosa, aniar a chois abhanna siar a chois abhanna, i dtom dreas go dtití tú, na beathaigh allta go n-ithí tú, mur dtugaí tú domhsa mo rogha beathach in do stábla."

"Bhail, thig liom sin a dheánamh fosta," deir sé.

Thug sé isteach i stábla do bheathaigh sleamhna buí é.

"'Bhfuil do rogha iontu sin?" adeir sé.

"Ó níl," adeir Cráchán adeir sé, "tá siad sin ró-chothaí fá mo choinnese."

---

3. "sé" atá sa lámhscríbhinn.

"Will you choose one of those?"

"I won't," says Cráchán, "I never liked red-haired women."

"All right," says he, "we'll try another one."

He brought him into a room of fair-haired girls.

"Have a look there and take your pick."

Cráchán looked for a while.

"My choice isn't there either," says he. "They say a fair-haired woman changes her mind as quickly as the wind. I don't care for them."

He brought him into a room of dark-haired girls.

"Well surely," says he, "you'll find your choice there."

He looked them over. There was a girl among them who was working hard around the house – the one who had given him the pocket book.

"She's my choice," says he, "I don't like the dolls. They're all dressed up and I've no call for a dressed up woman."

"I see," says the other man grudgingly. "Take her then."

He took her with him.

The following day, when he was going up:

"Now," says she, "if you win today, put him under an injunction to give you your choice of horse from his stable, and take the most unpromising nag in the whole stable, and I'll tell you why later."

"All right," says Cráchán.

Cráchán went up that day.

"You'll have a game today?" says Cruachán.

"I will," says he.

The gambling began and the upshot of it was that Cráchán won a game from him that day as well.

"By your head and by your feet, over by the riverbank and back by the riverbank, may you fall in a bush of brambles, may the wild beasts eat you, if you don't give me my choice of horse from your stable."

"Well, I can do that too," says he.

He brought him into a stable of sleek bay horses.

"Is your choice among them?," says he.

"Oh, it isn't," says Cráchán says he, "those are too well-fed for my liking."

"Bhail, teisteanaidh mé stábla eile duit," adeir sé.

Thug sé isteach i stábla do bheathaigh donna é.

"'Bhfuil do rogha iontu sin?" adeir sé.

"Níl," adeir Cráchán, adeir sé, "ní thaitneann siad sin ach oiread liom."

Thug sé isteach i stábla do bheathaigh geala bána é.

"Ní rabh dúil ariamh sna beathaigh bána agam, ach sin thall clibistín beag a dheánfas a bhfuil le deánamh agamsa," deir sé, " agus tá mé a' deánamh go mbeidh sé agam."

"Tím," adeir sé. "Bheirimsa mo bheannacht duitse," adeir sé, "agus mo mhallacht do lucht na scéaltaí."

Thug sé dó an clibistín. Tháinig Cráchán 'na bhaile agus bhí an dubhlúcháire uirthise. Chuir sí isteach a lámh i gcluas a' chlibistín agus thug sí amach cuthóg bheag as a chluas; chumail sí don chlibistín é agus bhí each galánta slim sleamhain caoldubh aici.

"Anois, amárach," adeir sí, "nuair a rachas tú suas," adeir sí, "cuir faoi gheasa é an criathar a thabhairt duit," adeir sí, "a bíos a' criathrú na cruithneachta aige."

Chuaigh Cráchán suas a' tríú lá. Bhí Cruachán a' cailleadh uchtaigh agus b'fhearr leis gan Cráchán a theacht a' lá seo; ach 'na dhéidh sin ní thiocfadh leis a ghoil ar a chúl ann.

"A' mbeidh cluiche inniu againn?" adeir sé.

"Beidh," adeir Cráchán, adeir sé, agus Cráchán a' fáil uchtaigh achan lá.

Thoisigh an imirt ach ba é an deireadh a bhí air gur chuir Cráchán cluiche air.

"Cuirim fá do chionn agus fá do chosa," adeir sé, "aniar a chois abhanna, siar a chois abhanna, i dtom dreas go dtití tú, na beathaigh allta go n-ithí tú, mur dtugaí tú domhsa," deir sé, "a' criathar a bíos a' criathrú na cruithneachta agat."

"Bhail, creidim go gcaithfidh mé sin a dheánamh," deir sé, "ach nach cuma domh feasta," deir sé, "caithfidh mé na cailíní uilig a ligean ar shiúl má fhághann tusa an criathar."

D'fhoscail sé ceithre seomraí agus lig sé amach na cailíní – agus bhí na cailíní seo uilig go léir goite aige. Ní rabh agat ach a' criathar a chrathadh; ní rabh cruithneachta ar bith a dhíobháil ort, ná plúr ná dhath ar bith, agus thoiseochadh an plúr a thitim anuas 'na scaoitheanna deasa geala bána chugat.

"Well, I'll show you another stable," says he.

He brought him into a stable of chestnut horses.

"Will you choose one of those?"

"No," says Crácháin says he, "I don't like them either."

He brought him into a stable of pure white horses.

"I never liked white horses, but that little nag over there will do all I need," says he, "and I think I'll have him."

"I see," says he. "My blessing on you," says he, "and my curse on those who tell tales."

He gave him the nag. Crácháin came home and the woman was overjoyed. She put her hand into the nag's ear and took out a little rolled-up ball; she rubbed it on the nag and lo she had a beautiful, sleek and slender black steed.

"Now, tomorrow," says she, "when you go up," says she, "put him under an injunction to give you the sieve," says she, "that winnows his wheat."

Crácháin went up the third day. Cruacháin was losing courage and would have preferred if Crácháin had not come that day; but nevertheless, he couldn't back out of it.

"Will we have a game today?" says he.

"We will," says Crácháin, says he, and Crácháin was gaining courage each day.

The gambling began and the upshot of it was that Crácháin took the game off him.

"By your head and by your feet, over by the riverbank and back by the riverbank, may you fall in a bush of brambles, may the wild beasts eat you, if you don't give me," said he, "the sieve that winnows your wheat."

"Well, I suppose I'll have to do that," says he, "but sure what does it matter to me anymore," says he, "I'll have to let all the girls go if you get the sieve."

He opened four rooms and let out the girls – and he had abducted all these girls. All you had to do was shake the sieve; you didn't need any wheat, or flour or anything – and the flour began falling down to you in lovely bright white clouds.

Tháinig sé 'na bhaile go breá sásta.

"Anois," adeir sí, "bí réidh leis. Ná gabh a chóir níos mó."

Pósadh é fhéin agus a' cailín.

"Anois," adeir sí, "tá mé ag iarraidh ort gan a ghoil suas níos mó," adeir sí. "Dheánfaidh muidinne gnaithe," adeir sí, "tá mo chuid seoide agam anois," adeir sí. "Tá mo bheathach agam," adeir sí, "agus tá an criathar agam. Tá sé bliain," adeir sí, "ó ghoid sé mise," adeir sí, "comh maith leis na cailíní thuas agus shíl mé nach bhfuighinn réitigh a choíche leis."

Ní thearn sin maith do Chráchán. Chaithfeadh sé a ghoil ar ais. Chuaigh sé suas a' ceathrú lá agus nuair a bhí sé thuas ar a' chnoc smaoitigh sé nach rabh an leabhar leis. Chuir sé a mhéar i bpóca a bheiste agus goidé rinn sé sular fhág sé an teach ach a bheiste a fhágáil dó agus cionn eile a chur ina háit. Chuaigh an bheirt a dh'imirt. Ba é an deireadh a bhí air gur chuir Cruachán cluiche ar Chráchán a' lá seo.

"Cuirim fá do chionn agus fá do chosa," deir sé, "aniar a chois abhanna, siar a chois abhanna, i dtom dreas go dtití tú, na beathaigh allta go n-ithí tú, mur dtéid tú soir 'un Domhain Thoir ionsar Rí na Binne Brice agus a' claímhe solais a thabhairt anoir chugamsa, agus fáil amach goidé mar marbhadh an tAn-Chríostaí."

Tháinig Cráchán bocht 'na bhaile croíbhriste an tráthnóna seo. Shuigh sé i gcos na tineadh, rinn sé osna agus réab a rabh de chnaipí ar a bheiste

"Ó, tá do sháith anocht agat," adeir sí.

"Tá mo sháith agam," adeir sé, "agus is dóiche, níos mó ná mo sháith."

"Goidé na geasa a cuireadh ort," adeir sí "ná goidé an dóigh ar chaill tú?"

"Ní rabh an leabhar liom," adeir sé, "d'fhág mé an leabhar i bpóca mo bheiste agus bhain mé domh an bheiste."

"Dá ndeánfá an rud a d'iarr mise aréir ort," adeir sí, "bheifeá ceart go leor inniu."

D'ins sé daoithi goidé na geasa a cuireadh air.

"Bhail," adeir sí, "mise níon Rí na Binne Brice," adeir sí, "agus dheánfaidh mise mo dhícheall duit. Agus ag a' gheafta," adeir sí, "tá

He came home well satisfied.

"Now," says she, "have done with him. Don't go near him anymore."

He and the girl were married.

"Now," says she, "I don't want you to go up any more," says she. "We'll be fine," says she. "I have my treasures now," says she. "I have my horse," says she, "and I have the sieve. It's a year," says she, "since he abducted me," says she, "as well as the girls up there and I thought I would never be done with him."

That wasn't good enough for Cráchán. He just had to go back. He went up the fourth day and when he was up on the hill, it occurred to him that he didn't have the book with him. He checked his waistcoat pocket, but what had he done before he left the house but take off his waistcoat and put on another one instead. The two of them began to gamble. The upshot of it was that Cruachán took the game off Cráchán that day.

"By your head and by your feet," said he, "over by the riverbank and back by the riverbank, may you fall in a bush of brambles, may the wild beasts eat you, if you don't go over to the Eastern World[4] to the King of Binn Brice and bring the Sword of Light back here to me, and find out how the Anti-Christ was slain."

Poor Cráchán came home heartbroken that evening. He sat by the fireside, gave a sigh and tore all the buttons off his waistcoat.

"Oh, you're fed up tonight," says she.

"I am fed up," says he, "and indeed, I'm more than fed up."

"What injunctions were you put under," says she, "or how did you lose?"

"I didn't have the book with me," says he. "I left the book in my waistcoat pocket and I took off that waistcoat."

"If you had done as I asked you last night," says she, "you'd be all right today."

He told her what injunctions he had been put under.

"Well," says she, "I'm the daughter of the King of Binn Brice," says she, "and I'll do my best for you. At the gate," says she, "lives my

---

4. A common imaginary location for exotic episodes in folktales.

mo dheirfiúr 'na cónaí. Cúpla a bhí inti fhéin agus ionamsa, agus bhí fáinne óir againn," adeir sí, " 'na dhá leath eadrainn, agus dá gcailltí a choíche muid" adeir sí, "tá leath an fháinne ag achan duine againn, agus ach dhá leath an fháinne a theacht i gcuideachta rachadh an fáinne i gcionn a chéile. Bhéarfaidh mise leath an fháinne duitse amárach nuair a bhéas tú ag imeacht, agus gabh go dtí an teach atá ag a' gheafta an chéad rud agus iarr deoch uisce; agus nuair a bhéas a' deoch ar shéala a bheith ólta lig síos leath an fháinne sa chupa agus aithneochaidh sise an fáinne."

D'éirigh Cráchán ar maidin agus ghléas air. Thug sé leis a' t-each caoldubh, coileán cú bhig a' siúl lena chois, agus peata seabhaic ar a bhois. D'imigh leis go rabh sé thoir sa Domhan Thoir agus tháinig sé go dtí an teach mar dúirt sí. Nuair a tháinig sé isteach reath a' coileán siar faoin leabaidh agus thoisigh sé a lústar le bean a' tí agus a chrathadh a rubaill; agus léim peata an tseabhaic suas ar chipín agus chuaigh sé a sheinm. Agus nuair a tháinig Cráchán anuas ón bheathach chuaigh an beathach isteach 'na stábla. Chuaigh bean a' tí a chaoineadh.

"Tabhair domh," adeir sé, "deoch uisce."

Ní rabh sí ábalta labhairt ach a' caoineadh.

"Cá tuí a dteachaidh tú a chaoineadh?" deir sé. "Cionn is gur iarr me deoch uisce ort?"

"Ó, ní sin a' tuí," deir sí, "a dteachaidh me a chaoineadh ar chor ar bith. Bhéarfaidh mé deoch an uisce duit ceart go leor," adeir sí, "ach bhí deirfiúr agamsa," deir sí, "agus tá bliain ó shoin," adeir sí, "d'imigh sí amach fá choinne uisce agus ní fhaca muid aon amharc ó shoin uirthi. Bhí each caoldubh aici," adeir sí, "agus coileán cú bhig, agus peata seabhaic, agus tá na hacairí sin atá leatsa íontach cosúil leo," adeir sí, "agus má tá mé beo 's iad atá ann."

"Bhail, níl fhios agam," adeir sé, "ach tabhair domh an deoch."

Thug sí dó an deoch. D'ól sé síos é go rabh sé fá bheagán do thóin a' chupa. Lig sé síos leath an fháinne ann agus shín sé daoithi é. Chuaigh sí a chaoineadh ar ais. Lig sise síos a' leath eile don fháinne agus chuaigh an fáinne i gcionn a chéile.

"Tá fhios agatsa," adeir sí, "cá bhfuil mo dheirfiúr," adeir sí, "ach níl fhios agamsa agus nár chóir go n-inseochthá domh é."

sister," says she. "We're twins, she and I, and we had a golden ring," says she, "divided in two halves between us, and if we were ever to be lost," says she, "each of us has one half of the ring, and should the two halves but meet, the ring would instantly join together. I'll give you half of the ring tomorrow when you're leaving, and go to the house at the gate first, and ask for a drink of water; and when the drink is nearly finished, drop the half of the ring into the cup and she will recognise the ring."

In the morning Cráchán rose and made ready. He brought with him the slender black steed, a small hound pup walking at his feet and a pet hawk on his arm. Off he went until he was over in the Eastern World and he came to the house as she had told him. When he came in, the pup ran over under the bed [by the fire[5]] and began fawning on the woman of the house and wagging his tail; and the pet hawk flew on to a perch and began to sing. And when Cráchán dismounted the horse it went into the stable. The woman of the house began crying.

"Give me," says he, "a drink of water."

She couldn't speak for crying.

"Why did you start crying?" says he. "Because I asked you for a drink of water?"

"Oh, that's not the reason at all," says she, "that I began to cry. I'll give you the drink of water all right," says she, "but it's that I had a sister," says she, "and a year ago," says she, "she went out for water and we haven't set eyes on her since. She had a slender black steed," says she, "and a small hound pup and a pet hawk, and those possessions you have with you are very like them," says she, "and as sure as I'm alive they're one and the same!"

"Well, I don't know about that," says he, "but give me the drink."

She gave him the drink. He drank it down until it was close to the bottom of the cup. He dropped the half of the ring in and handed her the cup. She started crying again. She dropped in the other half of the ring and the ring joined up.

"You know," says she, "where my sister is," says she, "but I don't, and I wish you would tell me."

---

5. Many cottages in Donegal had a four-poster style bed along the wall adjacent to the kitchen hearth wall.

"Inseochaidh mé duit é," adeir sé, "cinnte go leor, agus is goirid" adeir sé, "ó fuair mise do dheirfiúr uilig. Tá sí pósta agamsa ach níl sí agam ach le trí lá," a' toiseacht agus ag inse daoithi an scéil óna bhun go dtína bharr.

"Bhail, a thaiscidh," deir sí, "tá eagla orm go dtug tú do chúl le do leas agus do aghaidh ar d'aimhleas, ach dheánfaidh mise mo dhícheall duit. Ná gabh suas go fóill go dtí go bhfeicfidh mise mé fhéin a' chéad uair iad. 'S é m'athair Rí na Binne Brice. Tá sé 'na shuí i lár a' tí agus trí scór saighdiúir acha dtaobh dó. Tá an claímhe solais ansin agus m'athair agus a lámh istigh sa scabairt, agus is doiligh fáil fhad leo."

Chuaigh sí suas. Tháinig sí ar ais.

"In ainm Dé," deir sí, "fiach le ghoil suas. Tá siad uilig 'na gcodladh," adeir sí, "ach nuair a bhéarfas tusa ar a' chlaímhe solais," adeir sí, "dheánfaidh sí búirthe agus musclóchaidh sí an t-iomlán acu agus is fearr duitse péire cos an uair sin agat," adeir sí, "ná dhá phéire lámh. Ach nuair a rachas tú ann," adeir sí, "tabhair tóin a' bheathaigh isteach agus a chionn amach agus mur bhfághthar greim taobh istigh don bhalla ort is cuma duit."

D'imigh sé suas. Rinn sé mar d'iarr sí air. Thug sé tóin a' bheathaigh isteach agus a chionn amach. Chuaigh sé isteach. Bheir sé ar a' chlaímhe solais as lámha an Rí agus rinn a' claímhe búirthe agus mhuscail na trí scór saighdiúir. Amach leis agus amach leosan 'na dhéidh. Bhuail fear acu buille do chlaímhe ar a' bheathach agus scaith sé an dá chos deiridh dó. Ach tháinig Cráchán amach ar a' taobh eile agus d'imigh sé. Bhain sé an bhean eile amach sula bhfuair siad greim air. Chuaigh an lá sin thart. Bhí fhios acu go mbeadh coimheád cruaidh ar a' chlaímhe agus nach gcodlóchadh an t-iomlán acu i gcuideachta níos mó.

Látharnamhárach chuaigh sí suas agus bhí siad 'na gcodladh ar ais. D'iarr sí air a ghoil suas a' t-am seo aríst. Thug sí fhéin beathach dó achan lá acu ar eagla go dtiocfadh a dhath ar bheathach a deirfiúrach. A' lá seo, nuair a bheir sé ar a' chlaímhe, rinn a' claímhe búirthe an dóigh chéanna agus thug Cráchán iarraidh ar shiúl agus iadsan 'na dhéidh. Bhuail siad buille ar a' bheathach agus rinn siad dhá leath dó. Ach bhí Cráchán ar a' taobh amuigh agus thit sé fhéin

"I'll tell you," says he, "sure enough, but it's only recently I found your sister at all. I have married her, but she has been with me for only three days," – and he began to tell her the story from beginning to end.

"Well, my dear," says she, "I'm afraid you have turned your back on your good fortune and your face towards your ruin, but I'll do my best for you. Don't go up yet until I see them first myself. The King of Binn Brice is my father. He is seated in the centre of the room surrounded by sixty soldiers. The Sword of Light is there and my father has his hand on the scabbard and it's hard to get near them."

She went up. And she returned.

"In the name of God," says she, "try to go up. They are all asleep," says she. "But when you take hold of the Sword of Light," said she, "it will roar and waken the lot of them, and you'd better make a run for it then[6]! But when you go there," says she, "back the horse's rump in and face its head out, and you needn't worry so long as you are not caught inside the walls."

He went up. He did as she had told him. He backed the horse in with its head outside. He went in. He grabbed the Sword of Light from the King's hands and the sword roared, and the sixty soldiers woke up. Out he went and out they went after him. One of them struck the horse a blow with a sword and cut off its two hind legs. But Cráchán came out on the other half and got away. He reached the woman before they caught him. That day went by. The pair of them knew that the sword would be put under close guard and that the soldiers would not all sleep at the same time anymore.

The following day she went up and they were asleep again. She asked him to go up again this time. Each day she gave him a horse, for fear anything might happen to her sister's horse. This day, when he grabbed the sword it roared the same way as before and Cráchán made a run for it with them in pursuit. They struck the horse a blow

---

6. Literally: "you'll be better off with one pair of legs then," says she, "than two pairs of arms!"

agus a' leath tosaigh don bheathach ar a' taobh amuigh don bhalla ar ais.

D'fhan sí uaidh an lá sin go dtí an oíche, agus a' tríú lá chuaigh sí suas ar ais. Bhí siad uilig 'on tsaol 'na gcodladh. Tháinig sí anuas.

"Bhail, tá codladh trom inniu orthu," adeir sí, "ná níor chodlaigh siad mórán le dhá lá; agus nuair a gheobhas tú greim ar a' chlaímhe inniu," adúirt sí, "coinnigh greim uirthi, agus abair, nuair a dheánfas a' claímhe búirthe, abair go bhfuil trí scór anam anseo le sábháil agus nach bhfuil le sábháil agatsa ach aon anam amháin agus a chuid fola fhéin ar achan duine; agus ná lig thusa amach a' claímhe cá bith éireochas duit!"

D'imigh sé isteach. Fuair sé greim ar a' chlaímhe agus rinn a' claímhe búirthe. Chlis na saighdiúirí suas.

"Anois," adeir sé, "a chuid fola fhéin ar achan duine. Tá trí scór anam anseo le sábháil agus níl agamsa le sábháil ach aon anam amháin agus caillfidh mise m'anam a' mhaithe libhse."

"Maith go leor," adeir a' Rí, adeir sé, "ins goidé do scéal."

Shuigh sé síos agus d'ins sé goidé d'éirigh dó.

"Tá go maith," adeir a' Rí, "ní rabh tú aon áit amháin is fusa duit fáil amach goidé mar marbhadh an tAn-Chríostaí agus is fusa duit a' claímhe solais a fháil; agus tá mise íontach buíoch," adeir sé, "go bhfuil tú pósta ar mo nín. Ach," adeir sé, "suigh siar agus deán do scíste.

"Mise mé fhéin a mharaigh an tAn-Chríostaí fad o shoin," adeir sé, "nuair a bhí muid níos óige ná tá muid anois," adeir sé. "Bhí mise agus a' tseanbhean seo anseo, agus anois tá sí os mo choinne má thig léithi mé a bhréagnú. Bhí fear eile sa chomharsain," adeir sé, "bhí sé 'na charas Críosta againn agus thug sí toil dó agus b'fhearr léithi é, is cosúil, ná mise. Ní rabh fhios acu goidé an dóigh a gcuirfeadh siad mise 'un siúil," adeir sé, "agus bhuail siad slat draíocht orm agus rinn siad seanghearrán bán domh. Thug siad isteach cónair. Rinn siad mé a fhaire agus a thórramh, má b'fhíor daofa fhéin, agus cuireadh mé. Ní rabh fhios níos mó acha dtaobh domh ach go rabh mé curtha. Thoisigh mise a tharraingt na gcruach agus a dheánamh achan uile chineál diabhlaíocht a ba mheasa ná a chéile, agus ní rabh siad ábalta

and cut it in half. But Cráchán was on the outside, and he and the front half of the horse fell outside the wall again.

She stayed away that day until night, and she went up the third day again. They were all fast asleep. She came back down.

"Well, they're in a deep sleep today," says she, "because they haven't slept much for two days; and now when you grab hold of the sword today," says she, "keep hold of it, and say, when the sword roars, say that there are threescore lives at risk there and that you only have one life to risk and that it's every man for himself; and don't you let go of the sword whatever happens to you!"

He went in. He grabbed the sword and the sword roared. The soldiers jumped up.

"Now," says he, "it's every man for himself. There are threescore lives at risk here and I have only one life to risk and I'm prepared to lose mine on account of you."

"Very well," says the King, says he, "tell your story."

He sat down and he told what had happened to him.

"So be it," says the King, "you couldn't be in a better place to find out how the Anti-Christ was killed or to gain possession of the Sword of Light; and I am very grateful," says he, "that you are married to my daughter. But," says he, "sit back and rest yourself.

"It was I myself who killed the Anti-Christ long ago," says he, "when we were all younger than we are now," says he. "This old woman and I lived here then, and she's in front of me now to contradict me if I lie. There was a certain man in the neighbourhood," says he. "He was a godparent to our children, and this woman here took a liking to him, and she preferred him, it seems, to me. They didn't know how they would get rid of me," says he, "and they tapped me with a magic wand and turned me into an old white horse. They brought in a coffin. They had a wake and funeral for me, supposedly, and I was "buried". Nothing more was known about me except that I was buried. I began pulling lumps out of haystacks and getting up to all sorts of devilment, each worse than

maith ar bith a dheánamh liom. Bhuail siad buille do shlat draíocht ar ais orm agus rinn siad préachán dubh domh. Théinn suas ar na simleoirí an t-am a ba mhó a bheadh siad gnaitheach a' deánamh réidh bí, mheascainn mo ruball sa tsimleoir agus chuirfinn anuas cá bith graibheal agus súiche a bheadh ann insna potaí orthu. Chaithfinn anuas cloch sna potaí, amannaí, agus bhrisfinn iad. Ní rabh fhios acu goidé ab fhearr daofa a dheánamh. D'imigh siad ansin agus bhuail siad buille don tslat draíocht a' tríú huair orm agus rinn siad mac tíre domh, agus dúirt siad go mbeinn 'mo mhac tíre go bhfuighinn trí bhuille do shlat draíocht ó chroí gan chealg. Thoisigh mé a mharbhadh na n-uan orthu, agus a mharbhadh na gcearc, agus a tharraingt cruach anuas, agus a dhéanamh achan uile chineál diabhlaíocht, agus ní rabh fhios acu goidé ab fhearr a dheánamh liom. Rinn siad amach ansin a' chomharsain uilig don tsaol cruinniú agus an uamhach a bhí agam a chur le thinidh. Chruinnigh scaifte mór don chomharsain agus cibé nár chruinnigh thart bhí fear insa chomharsain a bhí ag níon eile domh agus ní rabh siad i bhfad pósta. Bhí aithne agam fhéin ar an fhear seo agus nuair a chuaigh na bladhairí a ghoil thart acha dtaobh domh léim mé amach agus chuir mé cos acha dtaobh dona mhuineál.

"Bhail, a choileáin chúramaigh," adeir sé, "ó d'iarr tú coimrí ormsa sábhlóchaidh mé thú."

Chuaigh an chuid eile do na comharsanaigh ar a' daoraigh, agus cibé nár ghlac fearg ghlac mo bheansa fearg dhúbailte. Dúirt sí go gcaithfeadh sé mé a cheangal dá dtugadh sé leis mé. Dúirt a' fear eile go gceanglóchadh agus go gcoinneochadh.

Bhí sin maith go leor ar feadh dáta. Bhí an mac tíre ceanglaí acu, go dtí oíche amháin rugadh mac óg don mhnaoi. Am inteacht roimh an lá, nuair a d'ól na mná glincín, thit siad thart uilig don tsaol agus ní rabh duine ar bith sa teach muscailte. Taraidh an Lámh Fhada Bhuí isteach ar a' tsimleoir agus cuiridh sí a lámh isteach i gcrios a' linbh agus thug sí iarraidh í a thabhairt léithi. Bhris a' mac tíre an ceangal agus aniar leis. Fuair sé greim ar a' sciathán agus tharraing sé anuas é, agus tharraing a' Lámh Fhada Bhuí suas aríst é; agus a' dara tarraingt bhí an lámh fhada amach as a' ghualainn leis a' mhac tíre. Chóirigh sé a' leanbh thiar ar an fháir bheag an áit a rabh sé fhéin 'na luí agus choinnigh sé te lena anáil go maidin é. Chlis na mná

the last, and they could do nothing with me. They tapped me with a magic wand again and turned me into a rook. I'd go up on the chimneys when they were at their busiest preparing food, and I'd wiggle my tail in the chimney and shake down whatever gravel and soot I could into the cooking pots. Sometimes I'd throw a stone down into the pots and break them. They didn't know what they should do. Then they went and tapped me with the magic wand a third time and turned me into a wolf, and they said I'd be a wolf until I received three taps of a magic wand from one with a pure heart. I started killing lambs on them, and killing hens and pulling down haystacks and getting up to all kinds of devilment, and they didn't know what to do with me. They decided then to get all the neighbours together and set fire to my cave. A big crowd of the neighbours gathered, and among those who gathered around was a man who was married to another daughter of mine and they had not been long married. I knew this man myself and when the flames started blazing all around me I jumped out and put a paw around his neck.

"Well, my tender cub," says he, "since you have sought my protection, I'll save you."

The rest of the neighbours flew into a rage and if some of them were angry, my wife was twice as angry. She said he'd have to tie me up if he took me with him. The man replied that he would tie me up and that he would keep me.

That was fine for a while. They kept the wolf tied up until one night the wife gave birth to a son. Sometime before daybreak, when the women had had a drop to drink they all fell asleep and nobody in the house was awake. The Long Yellow Arm[7] came down the chimney and put its hand into the child's swaddling-band and tried to take it away. The wolf broke his tether and over he came. He grabbed hold of the arm and pulled it down, and the Long Yellow Arm pulled it up again; with a second pull the wolf had yanked the long arm out of the shoulder. He settled the child over on the little lair where he himself had been lying, and kept him warm with his breath until morning. The women woke up with a start, one after the other, at daybreak.

---

7. A recurrent motif in many folktales.

suas, bean i ndéidh na mná eile, teacht a' lae. Thug siad iarraidh ar a' leanbh ach ní rabh leanbh ar bith sa chliabhán. Scairt bean leis a' mhnaoi eile gur ith an mac tíre an leanbh. Chonaic siad an fhuil thart ar leacacha na tineadh. Muscladh fear a' tí. D'éirigh sé. Dúirt siad gur ith an mac tíre an leanbh. Chuaigh fear a' tí a chaoineadh agus thochais sé a chionn. Bheir sé ar a' mhaide bhriste agus chuaigh sé síos.

"Agus mo chreach a thug 'un tí ariamh thú," deir sé, "agus char mheath mé é dá liginn tú a bhruith nuair a cuireadh an uamhach le thinidh, ní rabh an buaireadh seo agamsa inniu."

D'éirigh an mac tíre bocht go gasta agus thóg sé an leanbh 'na bhéal agus shín sé dó é. Agus sin an áit a rabh an lúcháir! Chonaic siad ansin gurbh é rud a shábháil a' mac tíre an leanbh in áit é a mharbhadh. Chuir fear a' tí amach gloine uisce beatha agus líon sé é agus d'ól a' mac tíre é. Dúirt sé nach gceangóladh sé níos mó é, go scaoilfeadh sé é agus go ligfeadh sé cionn scaoilte leis, bíodh a rogha duine sásta ná míshásta. Ní thearn a' mac tíre níos mó diabhlaíocht ar a' chomharsain. Bhí an leanbh íontach cúramach aige. Nuair a chuaigh an leanbh a dh'éirí an dóigh a rabh sé ábalta a bheith a' lámhachan fríd a' teach bhí an mac tíre leis achan áit aníos agus síos fríd a' teach, agus b'fhearr leis a' leanbh, i gcosúlacht, a' mac tíre ná a athair agus a mháthair. Nuair a chuaigh an leanbh ábalta a ghoil taobh amach don doras bhí an mac tíre leis, agus bhí sé coimheádaí aige. Agus cá bith grá a bhí acu ar a' mhac tíre sula rabh an leanbh ann bhí a sheacht n-oiread ansin acu air.

Aon lá amhain taraidh fear isteach agus paca leis a bhí a' díol gréibhillí agus bhí slat ina láimh leis. Bhí an mac tíre agus a' leanbh amuigh agus isteach leo 'na dhéidh agus beiridh an leanbh ar a' tslait. Rinn a' mac tíre comhartha don leanbh a theacht amach agus d'imigh an bheirt amach aríst. Theann a' mac tíre ar lámh a' linbh agus bhuail a' leanbh buille beag don tslait air. Theann sé níos cruaidhe air. Bhuail a' leanbh a' dara buille air. Theann sé níos cruaidhe aríst air agus bhuail a' leanbh a' tríú buille air. Ba iad seo na trí bhuille uaidh chroí gan chealg a bhí an mac tíre le fáil. D'éirigh an mac tíre suas 'na fhear mar bhí sé ariamh. Thóg sé an leanbh ar a ghualainn agus isteach leis.

They made for the child but there was no child in the cradle. One woman shouted to another that the wolf had eaten the child. They saw the blood all over the hearthstones. The man of the house was woken and he got up. They said the wolf had eaten the child. The man of the house began to cry and scratched his head [in dismay]. He took hold of the fire-tongs and went down.

"It's a pity I ever brought you to my house," says he. "It would have done me no harm if I had let you be burned when your cave was set on fire, and I wouldn't have this grief today."

The poor wolf got up quickly and lifted the child in his mouth and passed it to him. There was great rejoicing! They realised then that the wolf hadn't killed the child but had saved it. The man of the house put out a whiskey glass and he filled it and the wolf drank it. He said he wouldn't tether him any more, that he would untie him and allow him to run free, no matter who it might please or displease. The wolf caused no more mischief for the neighbours. He treasured the child. When the child grew big enough to crawl through the house, the wolf was with him up and down all around the house, and it seemed that the child preferred the wolf to his father and mother. When the child grew able to go outdoors the wolf went with him and watched over him. And however much they loved the wolf before the child arrived, they loved it seven times more now.

One day a man with a pack came in selling odds and ends, and he had a rod in his hand. The wolf and the child were outside and in they came after him and the child grabbed the rod. The wolf made a sign to the child to come outside and the pair of them went out again. The wolf squeezed the child's hand and the child hit him a tap with the rod. He squeezed him harder. The child hit him a second tap. He squeezed him even harder again and the child hit him a third tap. These were the three taps from one with a pure heart that the wolf had to receive. The wolf rose up and became a man like he had been before. He lifted the child on to his shoulder and in he came.

Nuair a chonaic muintir a' tí é scanraigh siad.

"Ná scanraigí ar chor ar bith," adeir sé, "ná scanraigí go maith ná go holc."

D'aithin bean a' tí gurb é a hathair é agus hobair daoithi a ghoil i laige.

"Ná scanraigh, a níon," adeir sé, "mé fhéin atá ann cinnte."

"Bhail," adeir sí, "dá mbíodh fhíos agamsa sin," adeir sí, "gur tú m'athair agus tú ceanglaí le slabhra agam!"

"Is cuma sin," adeir sé, "níl lá dochair ansin" adeir sé. "Tá tú ceart go leor. Ach fiachfaidh mise," adeir se, "leis an An-Chríostaí a chur ar shiúl a tháinig fá choinne mur leanbh a thabhairt ar shiúl."

D'imigh sé agus chuir sé culaith gasúra air fhéin, agus phioc sé suas dornán mór do ghlais-ar-léana agus rinn sé búiste dó. Chuaigh sé fhad le páirc a rabh dhá chead páistí inti. Chuir sé ceist orthu cá rabh a n-athair. Dúirt siad go rabh a n-athair 'na luí an áit ar táirneadh an sciathán as oíche amháin agus é amuigh, agus pian íontach ar a' sciathán ó shoin.

"Bhail, sin búiste," adeir sé, "agus má chuireann sibh isteach i bpoll ascalla é ní bheidh i bhfad go rabh biseach air, agus imigí go gasta."

D'imigh na gasraí an méid a bhí 'na gceithre cnámha agus a' búiste leo; agus chuir siad i bpoll ascalla é, agus níor mhair a' Lámh Fhada Bhuí ach uair amháin a chloig – agus ba seo an tAn-Chríostaí.

"Agus anois," adeir sé, "mise a mharaigh an tAn-Chríostaí" adeir sé, "agus sin scéal an An-Chríostaí agat. Tabhair leat a' claímhe solais," adeir sé, "agus nuair a tífeas siad í amárach déarfaidh siad gur mór agus gur breá í. Abair thusa gur mór agus gur breá í, ach mór agus breá agus mar tá sí, tá locht inti. Agus ní bheidh fhios acu cá bhfuil a' locht. Bhéarfaidh tusa leat í agus tabhair thart trí huaire os cionn mhullach do chinn í agus tiocfaidh a' claímhe solais caol díreach go dtí go mbeidh sí anseo aríst."

Ar maidin látharnamhárach d'éirigh Cráchán go lúcháireach, thug leis each caol dubh, a choileán cú bhig, agus a pheata seabhaic, agus tharraing ar a mhnaoi fhéin ar ais. Bhí an dubhlúcháir go bráth uirthi nuair a chonaic sí a' teacht é.

When the people in the house saw him they were frightened.

"Don't be afraid at all," says he. "Don't be frightened one way or the other."

The woman of the house realised that he was her father and she almost fainted.

"Don't be frightened, my daughter," said he, "it really is myself."

"Well," says she, "if I had known that," says she, "that you were my father and I had you tied up with a chain!"

"That doesn't matter," says he, "there's no harm done," says he. "Don't you worry. But I'll try," says he, "to get rid of the Anti-Christ who came to take away your child."

He went and dressed himself like a boy, and he picked a big fistful of spearwort and made a poultice of it. He went to a field where there were two hundred children. He asked them where their father was. They said their father was in bed because his arm had been pulled out one night while he was out and there was a terrible pain in his shoulder ever since.

"Well, here's a poultice," says he, "and if you place it in his armpit it won't be long before he gets better, so off you go quickly."

The youngsters went off with the poultice as fast as their legs would carry them; and they placed it in his armpit and the Long Yellow Arm only survived for a single hour – and this was the Anti-Christ.

"So now," says he, "I was the one who killed the Anti-Christ, and there's the story of the Anti-Christ for you. Take the Sword of Light," says he, "and when they see it tomorrow they'll say that it is great and it is fine. You say that it is great and it is fine, but great and fine as it may be, it has a fault. And they won't know where the fault is. You take it and swing it three times above your head and the Sword of Light will come straight back here again."

The following morning Cráchán got up happily, took with him the slender black steed, his small hound pup and his pet hawk, and set off for his own wife again. She was completely overjoyed when she saw him coming.

"Tá tú ann," adeir sí.

"Tá."

"Agus iomlán leat."

"Tá," adeir sé, "ach dheánfaidh mé mo scíste sula dté mé go Cnoc Chró na Rá amárach," adúirt sé. "Creidim," adeir sé, "nach bhfuil siad a' dúil níos mó liom?"

"Ná bíodh eagla ort," adeir sí, "go bhfuiltear a' dúil níos mó leat. Tá neart lúcháire orthu," adeir sí, "gur baineadh an cionn duit. Ach go b'é," deir sí, "an bhean a bhí agat bheadh an cionn duit."

"Ó, tá fhios agam fhéin sin," adeir sé, "agus rinn do dheirfiúr obair mhór domh. D'aithin sí ar a' chéad dul amach," adeir sé, "d'aithin sí an beathach, d'aithin sí an cú, agus d'aithin sí peata an tseabhaic. Agus d'iarr mise an deoch uirthi," adeir sé, "agus bhí leath an fháinne aici mar dúirt tú. D'fhág sí an fáinne síos insa chupa agus chuaigh an dá leath i gcionn a chéile."

Ar maidin látharnamhárach nuair a rinn Cráchán a bhricfeasta agus chaith sé a phíopa, thug leis a chlaímhe solais ar a ghualainn. Bhí Cruachán ansin agus scaifte mór fear agus iad ag amharc uafa go bhfeicfeadh siad a' gcluinfeadh siad tuairisc ar bith fá Chráchán ar chor ar bith, ná a' bhfeicfeadh siad a' teacht é. Agus a' chéad rud a tí siad a' dealramh a bhí an claímhe solais a thabhairt agus Cráchán a' teacht aníos agus í leis ar a ghualainn.

"Dar fia," deir achan fhear, "seo é!"

Bhí an dubhlúcháir orthu fá choinne Chrácháin go bhfeicfeadh siad cá leis a rabh an claímhe solais cosúil. Tháinig Cráchán aníos go haerach aigeantach a' cnoc agus a' claímhe leis.

"Tá sí leat," adeir Cruachán.

"Tá sí liom," adeir sé. "Bhí fhios agamsa," adeir sé, "go dtiocfadh liom a ghoil chuig Rí na Binne Brice agus í a fháil. Ní rabh eagla ar bith orm a' lá a d'imigh mé." Ach is air a bhí!

Theistean sé an claímhe solais dó agus bheir Cruachán uirthi, agus bhí an lúcháir air go rabh sí aige a choíche.

"Bhail," adeir sé, "nach mór agus nach breá í!" á síneadh do fhear eile.

"Tá sí mór agus tá sí breá," adeir Cráchán, "agus mór agus breá agus mar tá sí, dálta go leor, tá locht inti."

"You're back," says she.

"I am."

"And everything with you."

"Yes," says he, "but I'll have a rest before I go to Cró na Rá Hill tomorrow," says he. "I suppose," says he, "they're not expecting me any more?"

"You may be sure," says she, "that you're not expected any more. They're quite happy," says she, "that you've had your head cut off. If it hadn't been for the other woman," says she, "you would have had your head cut off."

"Oh, I know that myself," says he, "your sister did a lot for me. Straight away," says he, "she recognised the horse, she recognised the hound and she recognised the pet hawk. And I asked her for the drink," says he, "and she had half the ring, as you said she would. She dropped the ring into the cup and the two halves joined together."

The next morning, when Cráchán had eaten his breakfast and smoked his pipe, he went off with the Sword of Light on his shoulder. Cruachán was there with a big crowd of men, and they were keeping a lookout to see if they might hear any bit of news at all about Cráchán, or if they might see him coming. And the first thing they saw was the glow from the Sword of Light as Cráchán came up carrying it on his shoulder.

"By Heaven," said each man, "here he comes!"

They were eager to see Cráchán so they could find out what the Sword of Light was like. Cráchán came up the hill with the Sword of Light as happy as a lark.

"You have it with you," says Cruachán.

"I have it with me," says he. "I knew," says he, "that I could go to the King of Binn Brice and get it. I wasn't a bit afraid the day I left." But really he had been!

He showed him the Sword of Light and Cruachán took hold of it, and he was jubilant that it would be his forever.

"Well," says he, handing it to another fellow, "isn't it great and isn't it fine!"

"It is great and it is fine," says Cráchán, "but great and fine as it is, like many another it has a fault."

"Cá bhfuil a' locht?" adeir sé, á teisteaint do fhear eile.

"Nó nach n-aithneann tú an locht?" adeir Cráchán.

"Ní aithním," adeir sé.

Bheir Cráchán ar a' chlaímhe solais agus thug sé thart trí huaire í os cionn mhullach a chinn. D'imigh a' claímhe solais caol díreach go rabh sí sa Domhan Thoir ag Rí na Binne Brice ar ais, agus fágadh Cruachán agus a chuid fear 'na seasamh ansin gan focal le rá acu.

Shiúil Cráchán leis síos go haigeantach a' cnoc agus d'imigh 'na bhaile chuigna mhnaoi fhéin. Agus d'fhág sé Cruachán comh bocht leis a' deoir, agus níor imir sé níos mó nó ní rabh a dhath le himirt aige, agus bhí mí-ádh ag imeacht air ón lá sin go dtí an lá inniu.

Foinse: RBÉ Ls. 371, pp. 212 – 39: 23/7/37.

"Where is the fault?" says he, showing it to another man.

"Can you not spot the fault?" says Cráchán.

"I can't," says he.

Cráchán caught hold of the Sword of Light and he swung it three times above his head. The Sword of Light went straight back to the Eastern World to the King of Binn Brice again, and Cruachán and his men were left standing there speechless.

Cráchán walked cheerfully off down the hill and went home to his wife. And he left Cruachán as poor as a church mouse and Cruachán didn't gamble any more because he had nothing to gamble with, and he was dogged with bad luck from that day to this.

Recorded: 23rd July, 1937.

Jackie na Luaithe Buí

Suigh fút ná níl tú a dhath níos fearr ná Jackie na Luaithe Buí, agus ar ndóighe, dá mbítheá comh maith le Jackie b'fhéidir go mb'fhearrde duit é. Bhí sé 'na Jackie na Luaithe Buí agus fríd an iomlán bhí sé íontach cliste. Ar chualaidh sibh ariamh scéal Jackie na Luaithe Buí? Bhail, inseochaidh mise anois daoibh é.

Bhí lánúin uair amháin ann agus ní rabh acu ach beirt mhac. Bhí fear acu íontach dochomhairleach agus maith ag obair agus cruaidh críonna, agus ní thearn a' fear eile a dhath ariamh ach 'na luí fán luaith, agus bhaist siad Jackie na Luaithe Buí air. Sa deireadh, nuair a d'éirigh siad aníos 'na mbeirt bhuachaill, dúirt a' fear a ba sine:

"Tá mise ag imeacht amárach," ar seisean lena mháthair, "go saothraí mé m'fhortún, agus tá an áit seo gann go leor agaibhse agus ag Jackie na Luaithe Buí, má ní sé a dhath daoibh a choíche."

"Goidé dheánfas muidinne 'do dhéidh, a thaiscidh?" adúirt a mháthair, adeir sí, "i muinín a' chreatúir sin?"

"Caithfidh an créatúr sin rud inteacht a dheánamh agus fad agus bheinnse anseo ní dheánfadh sé a dhath ar bith."

Más luath d'éirigh an lá an látharnamhárach seacht n-uaire níos luaithe a d'éirigh an buachaill seo agus thug leis a bheairtín beag agus bunóg aráin. Agus d'imigh méid áirid. Shuigh sé síos a dh'ithe an phíosa a bhí leis, agus leis sin fhéin casadh fear dó agus bheannaigh sé dó agus bheannaigh an buachaill don fhear.

"Goidé tá a' cur caite ort?" adeir a' máistir seo.

"Tá mé ar shiúl," adeir a' duine bocht, "ag iarraidh fastóidh."

"Is maith mar tharlaigh ar a chéile sinn," adeir sé. Máistir mise atá ag iarraidh buachalla. Goidé an tuarastal a bhéas tú a iarraidh?"

I dtús an fhómhair a bhí ann.

"Cúig phunta go Samhain," adeir sé, "agus culaith éadaigh."

"Bhéarfaidh mise sin duit," adeir a' máistir, "agus a' chéad duine

Jackie of the Yellow Ashes

Sit down, for you're no better than a Jackie of the Yellow Ashes[1], and of course, if you were as clever as Jackie you might be better off. He was a Jackie of the Yellow Ashes but still and all he was very clever. Did you ever hear the story of Jackie of the Yellow Ashes? Well, I'll tell it to you now.

There was once a couple and they only had two sons. One of them was very headstrong, hard-working and thrifty, and the other fellow never did anything but lie around by the fireside, and they nicknamed him Jackie of the Yellow Ashes. Finally, when they had grown up to be young men, the eldest fellow said:

"I'm going away tomorrow," said he to his mother, "so I can earn my fortune, for there's little enough here to support the two of you and Jackie of the Yellow Ashes, if he ever does do anything for you."

"What will we do without you, dear," said his mother, "and us depending on that poor creature?"

"That 'poor creature' will have to do something, and as long as I am here he'll do nothing."

If the day dawned early the following day, this lad rose far earlier and took with him his little bundle and a scone of bread. So he went a certain distance, and with that he met a man. (He had sat down to eat the food he had with him.) He met a man who greeted him, and the boy acknowledged the greeting in return.

"What's troubling you?" says this master.

"I'm away," says the poor fellow, "hoping to be hired."

"It's a good thing we came across each other," says he. "I'm a master looking for a servant. What pay will you be wanting?"

It was at the beginning of autumn.

"Five pounds until November," says he, "and a suit of clothes."

"I'll give you that," says the master, "and the first one of us to fall

---

1. The nickname implies laziness – sitting around by the fireside all day. Turf ashes have a yellow tinge when cold.

againn a thitfeas amach leis a' duine eile gheobhaidh sé cead a' chluas a bhaint dó, dá mba é amárach é, agus é a chur i mbéal a chínn."

"Tá mé sásta," deir a' buachaill.

Thug a' máistir leis 'na bhaile é. Bhí ocras ar a' duine bhocht. Bhí tábla breá bí leagtha ansin fána choinne.

" 'S ea," arsa an máistir, ar seisean, "níl mórán oibre againn fá do choinne uilig," adeir sé. "Níl agat," adeir sé, "le deánamh ach aire a thabhairt do mo mháthair," adeir sé. "Níl mé fhéin ábalta amharc 'na déidh," adeir sé. "Caithfidh mé bheith ar shiúl go minic. Má choimheádann tusa mo mháthair, sin a bhfuil le deánamh agat."

Shuigh sé isteach ag a' bhia agus a sháith ocrais air. Nuair a bhí an chéad ghreim thuas aige:

"Ó," deir a' tseanbhean, "tá mé a' goil i laige. Tugadh duine inteacht iarraidh orm!"

B'éigean don duine bhocht a' tseanbhean a thabhairt amach; agus nuair a tháinig sí chuici fhéin thug sé isteach í agus d'fhág sé 'na suí sa chlúdaigh í. Bhí an tábla scuabtha agus shílfeá nach rabh aon ghreim bí ariamh air. B'éigean don bhuachaill a ghoil a luí gan a shuipeár. Ar maidin a' látharnamhárach d'éirigh sé agus bhí tábla réidh fána choinne ar ais. Agus nuair a bhí an chéad ghreim thuas aige:

"Ó," deir a' tseanbhean, "tá mise a' goil i laige. Tabhair duine inteacht iarraidh orm!"

Chaithfeadh an buachaill seo iarraidh a thabhairt uirthi. Thug sé amach í. A' teacht isteach dó ní rabh aon ghreim bí ar a' tábla ná fios cá huair a bheadh. Chuaigh sin thart go ham dinneára. Tharlaigh an cleas céanna in am dinneára. A' teacht isteach dó thochais sé a chionn agus chraith sé é fhéin.

"Ná nach bhfuil tú sásta?" deir a' máistir.

"Níl mé sásta," deir sé, "agus cá tuí a mbeadh?"

"Maith go leor," adeir a' máistir, adeir sé, a' breith ar scian mhór agus a' gearradh na cluaise don duine bhocht agus á chur ar shiúl i mbéal a chinn.

Teacht na hoíche an oíche arnamhárach tháinig sé isteach agna mhuintir tuirseach, marbh ocrach agus a chuid fola uilig 'on tsaol

out with the other will be allowed to cut his ear off, even if it were tomorrow, and send him packing."

"I agree," says the lad.

The master brought him home. The poor fellow was hungry. There was a fine table of food laid there for him.

"Well," said the master, said he, "we haven't much work for you at all," says he. "All you have to do," says he, "is take care of my mother," says he. "I can't look after her myself," says he. "I have to be away a lot. If you mind my mother, that's all you have to do."

He sat down to the food very hungry. When he had lifted the first mouthful:

"Oh!" says the old woman, "I'm fainting. Will someone come and help me!"

The poor fellow had to bring the old woman out; and when she came around he brought her back in and put her sitting in the corner by the fireside. The table had been cleared and you'd think there had never been a morsel of food on it. The boy had to go to bed without his supper. The following morning he got up and the table was ready for him again. And when he had lifted the first mouthful:

"Oh," says the old lady, "I'm fainting. Someone come and help me!"

The boy had to go to her aid. He brought her outside. When he came in there wasn't a scrap of food on the table and no word of when there might be again. That was it until dinner-time[2]. The same thing happened at dinner-time. When he came in, he scratched his head and shook himself.

"Are you not satisfied?" says the master.

"I'm not satisfied," says he, "and why would I be?"

"So be it," says the master, says he, seizing a large knife, cutting the ear off the poor fellow and sending him packing.

At dusk the next evening he arrived home to his family, tired, dead

---

2. Midday.

doirtí, féadann tú a ráit, cumhdach ar a cheirteach uilig 'on tsaol daoithi.

"Coisreachadh Dé orainn!" arsa an mháthair. "Goidé tháinig ort?"

Chuaigh Jackie na Luaithe Buí a gháirí.

"Shaothraigh sé a fhortún ó shoin," adeir sé, "agus fortún maith i gcosúlacht!"

"Bí thusa 'do thost!" adeir a' mháthair. "Goidé tháinig ort, a thaiscidh?"

Thoisigh sé agus d'ins sé daoithi.

"Mo chreach, a thaiscidh," ar sise, "nár fhan tú sa bhaile!"

"Bhail," adeir sé, "is furast mo choinneáil sa bhaile inniu."

Ar maidin látharnamhárach d'éirigh Jackie.

"A mháthair," adeir sé, "déan lón domhsa," deir sé, "go dtí go n-imí mé go mbainí mé amach cúiteamh mó dheárthára."

"Suigh fút!" adeir sí. "Nár chóir go bhfacaidh tú go leor?"

"Chonaic," adeir sé, "agus tífidh mé tuilleadh. Níl mé a' goil a fhanacht anseo. Beidh cúiteamh mo dheárthára agam."

Rinn sí suas lón do Jackie fríd mhíshásamh, agus d'imigh Jackie. Insan áit cheanann chéanna casadh an diúlach air.

"Goidé an siúl atá ort?" adeir sé le Jackie.

"Tá mé ar shiúl," adeir sé, "a' dúil le fastódh," deir sé.

"Is maith mar tharlaigh ar a chéile muid," adeir a' máistir. "Máistir mise atá ag iarraidh buachalla, agus má ní tú achan chineál a n-iarrfaidh mé ort go Samhain bhéarfaidh mé cúig phunta agus culaith éadaigh duit"

D'aithin Jackie sa bhomaite cé bhí aige.

"Dheánfaidh mise sin," adeir Jackie, deir sé, "go fonnmhar."

"Bhail, níl mé ag iarraidh ort mórán a dheánamh," deir a' máistir, adeir sé, " – aire a thabhairt do mo mháthair."

"Bhail, sin a' rud céanna atá cleachtaí agam sa bhaile – ná bhí go dtí tá cupla lá ó shoin go bhfuair sí bás," adeir sé, "agus ní rabh aon nduine le aire a thabhairt daoithi ach mé fhéin, agus tá mé breá cleachtaí le seandaoiní."

"Bhail, sin meáchan do chuid oibre," deir sé, "aire a thabhairt do mo mháthair. Ach má chuireann aon nduine againn fearg ar a' duine eile, dá mba é amárach é" adeir sé, "gheobhaidh sé cead a' chluas a bhaint dó," deir sé, "agus a chur i mbéal a chinn."

hungry and pouring blood, you can be sure, and his clothes all covered with it.

"God bless us!" said the mother. "What happened to you?"

Jackie of the Yellow Ashes started to laugh.

"He earned his fortune since he left," says he, "and a good fortune it was too by the look of it!"

"You be quiet!" says the mother. "What happened to you, dear?"

He began his story and told her.

"Alas, my dear," said she, "that you didn't stay at home!"

"Well," says he, "it's easy to keep me at home today."

The following morning Jackie got up.

"Mother," says he, "make some food for me," says he, "till I go and get revenge for my brother."

"Sit down!" says she. "Haven't you seen enough?"

"I have," says he, "and I'll see more. I'm not going to stay here. I'll get even for my brother."

She made up some food for him in a huff, and Jackie went off. He met the boyo in the very same place.

"Where are you off to?" says he to Jackie.

"I'm away," says he, "hoping to be hired," says he.

"It's good that we came across each other," says the master. "I'm a master looking for a servant, and if you do all I ask of you until November I'll give you five pounds and a suit of clothes."

Jackie realised immediately who he was dealing with.

"I'll do that," says Jackie, says he, "willingly."

"Well, I don't want you to do much," says the master, says he, "– just look after my mother."

"Well, that's the same thing I'm used to doing at home – or it was until a few days ago when she died," says he, "and there was no one to look after her but myself, and I'm well used to old people."

"Well, that's the bulk of your work," says he, "looking after my mother. But if one of us angers the other, even if it were tomorrow," says he, "he'll have permission to cut the ear off him," says he, "and send him packing."

"Tá mé sásta dó sin fosta," deir Jackie, deir sé, "ach caithfidh tú cead a thabhairt domhsa a bheith leat achan áit a n-iarrfaidh mé ort."

"Maith go leor," adeir a' máistir.

"Agus má ní tú sin," adeir sé, "fanóchaidh mé agat go gcuire mé do chuid beathaigh fhéin as aithne."

"Maith go leor," adeir a' máistir.

Bhí a' máistir a' deánamh nach mbeadh Jackie i bhfad aige.

Tháinig siad 'na bhaile. Bhí tábla breá réidh ansin fána gcoinne. Nuair a bhí an chéad ghreim thuas ag Jackie lig a' mháthair búirthe aisti fhéin go rabh sise a' goil i laige. Thóg Jackie í agus thug sé amach í, agus a' teacht isteach dó ní rabh aon ghreim ar a' tábla. Chuaigh Jackie gránna a luí gan aon ghreim an oíche sin. Ar maidin látharnamhárach, nuair a d'éirigh sé, bhí tábla breá réidh an dóigh chéanna fána choinne. Shuigh Jackie gránna a dheánamh a chodach. Lig sise béic aisti fhéin go rabh sí a' goil i laige.

"Go rabh tú ansin," arsa Jackie, "agus as nár thige tú."

San am chéanna chaithfeadh sé í a thabhairt amach. Thóg sé cnáimh a rabh dornán maith feola air agus thug sé leis é go dtí go mbeadh sé á ithe fhad agus a bheadh an tseanbhean a' teacht as a laige. Agus nuair a bhí an tseanbhean ar shéala a bheith as a laige bhí an cnáimh piocthaí ag Jackie agus sháith sé siar 'na béal é. Agus nuair a tháinig a' máistir amach bhí an tseanbhean sa smeach dheireannaigh agus í chóir a bheith tachtaí. Thóg a' máistir isteach a mháthair agus níor labhair sé. Ní thiocfadh leis labhairt le Jackie go dtearn sé contráilte é; agus dúirt sé léithi nuair a bhí sé istigh:

"Bhail, níl maith dúinn a bheith leis é seo," adeir sé. "Níl sé comh soineanta leis an fhear eile. Ach gheobhaidh muid obair eile dó a chuirfeas ar shiúl é."

Thug sé súiste dó agus d'iarr sé air a ghoil amach agus cruach coirce a bhí ar a' laftán a bhualadh. Chuaigh Jackie amach agus chuaigh sé a bhualadh an choirce; agus ní rabh aon ghreim a' teacht chuige. Nuair a bhí dornán don choirce buailte aige thóg sé isteach i mála é agus chuaigh sé trasna na sráide agus cheannaigh sé a luach bí. Rinn Jackie a chuid agus bhuail sé leis go dtí an oíche agus ní

"I agree to that as well," says Jackie, says he, "but you must allow me to go with you everywhere I ask you."

"All right," says the master.

"And if you do that," says he, "I'll stay with you until I change your horses beyond recognition."

"Fair enough," says the master.

The master surmised that Jackie wouldn't be with him for long.

They arrived home. There was a fine table ready there for them. When Jackie had lifted the first mouthful, the mother let a roar out of her that she was fainting. Jackie lifted her and brought her outside, and on his return inside there wasn't a morsel of food on the table. Poor Jackie went to bed without a bite to eat that night. The following morning when he got up, there was a fine table ready for him the same as before. Poor Jackie sat down to eat his food. She let a yell out of her that she was fainting.

"I wish you would," said Jackie, "and not come out of it."

But at the same time he had to take her out. He picked up a bone that had a good piece of meat on it and took it with him, so that he could eat it whilst the old woman was coming out of her faint. And when the old woman was about to come round Jackie had picked the bone clean and he shoved it down her throat. So when the master came out the old woman was on her last gasp and had nearly choked. The master carried his mother inside and said nothing. He couldn't accuse Jackie of doing anything wrong; and he said to her when he was inside:

"Well, it's no use for us to keep on at this one," says he. "He's not as naive as the other fellow. But we'll find other work for him that'll drive him away."

He gave him a flail and told him to go out and thresh a stack of oats which was out on the terrace[3]. Jackie went out and began to thresh the oats; and there wasn't a scrap of food coming his way. When he had a little of the oats threshed he put it into a sack and went across the street and got the price of his food for it. Jackie had his meal and threshed on until night and nobody came to ask him to

3. Ms. "ar an laftán": Niall Ó Domhnall's Irish–English dictionary gives this as "a grassy terrace (on a hillside)"; however, a similar word "lafta" = "loft", and it would be usual to thresh oats up in the hayloft of the old cottages.

tháinig duine ar bith a dh'iarraidh air greim ar bith a ithe, ná a dh'inse go rabh aon ghreim réidh. Thainig Jackie isteach agus níor dhúirt sé "Ta ocras orm", ná "Níl". Chuaigh sé a luí agus cuireadh amach a bhualadh an fhodair a' látharnamhárach ar ais é. Rinn Jackie mar hiarradh air agus a' chéad mhála don choirce a bhí buailte thug sé trasna go teach a' tsiopa é agus dhíol agus fuair sé a luach bí.

A' teacht isteach dó an tríú tráthnóna bhí an máistir a' deánamh réidh agus é á chóiriú fhéin agus loinnir ann ó mhullach a chinn go barr a choise agus é ag imeacht chuig cuirthim a bhí ag a' rí.

"Cá bhfuil tú a' goil?" adeir Jackie.

" Tá cuirthim ag a' rí anocht," adeir sé, "agus duine ar bith a bhfuil a dhath sílste aige dó," adeir sé, "fá na mílte dó," deir sé, "tá sé a' goil a bheith ag a' chuirthim."

"Caithfidh mise a bheith leat," adeir Jackie.

"Cha bhíonn tusa liom," adeir sé.

"Bhail, mura mbí," deir Jackie, "tá cead agam a' chluas a bhaint duitse."

"Maith go leor," adeir a' máistir, adeir sé, "ach caithfidh tú," adeir sé, "solas a chur seacht míle romhamsa agus seacht míle 'mo dhéidh," adeir sé.

"Dheánfaidh mise sin," adeir Jackie.

"Agus bíodh fhios agat nuair a thiocfas tú isteach," adeir sé, "súil ghéar a chathamh ormsa," adeir sé, "agus súil ar achan duine sa teach," adeir sé, "más rud go gcaithfidh tú a bheith liom."

"Dheánfaidh mé sin fosta," deir Jackie.

Bhí gárradh cruach ag a' mháistir a rabh deich gcruacha agus fiche ann agus chuaigh Jackie amach agus thug sé tinidh do na cruacha. Thiontaigh sé ansin agus scian mhór leis agus níor fhág sé aon bhológ ná aon bhearach ná aon bhó ná aon ghamhain insa bhoitheach nár bhain sé na súile astu, agus chuir 'na phóca iad. Tháinig sé isteach. Bhí an máistir réidh agus thug sé beathach do Jackie agus beathach leis fhéin agus d'imigh an bheirt.

Nuair a bhí siad leath bealaigh smaoitigh an máistir nach rabh a chuid miotóg leis.

eat anything, or to tell him there was food ready. Jackie came in and he didn't say, "I'm hungry," or "I'm not hungry." He went to bed and he was sent out to thresh the fodder again the following day. Jackie did as he was told, and he brought the first bag of oats he threshed across to the shop and sold it and got the price of his food.

When he came in the third evening the master was getting ready and dressing himself up and he was shining from the top of his head to the tips of his toes because he was on his way to a feast that the king was having.

"Where are you going?" says Jackie.

"The king is having a feast tonight," says he, "and anyone he thinks well of," says he, "for miles around," says he, "is going to be at the feast."

"I have to go with you," says Jackie.

"You'll not go with me!" says he.

"Well, if I don't," says Jackie, "I'm allowed to cut the ear off you."

"All right," says the master, says he, "but you have to light my way," says he, "seven miles in front of me and seven miles behind me."

"I'll do that," says Jackie.

"And mind, when you enter," says he, "that you cast a sharp eye on me," says he, "and an eye on everyone in the house," says he, "if it's the case that you must come with me."

"I'll do that too," says Jackie.

The master had a field of haystacks which had thirty haystacks in it, and Jackie went out and set fire to the haystacks. He turned then, taking a big knife with him, and he didn't leave a bullock, or a heifer, or a cow or a calf in the byre that he didn't take the eyes out of and he put them in his pocket. He came in. The master was ready and he gave Jackie a horse and took a horse himself and the two of them went off.

When they had gone halfway it occurred to the master that he didn't have his gloves with him.

"Ó, rinn mé dearmad do mo chuid miotóg," adeir sé.

"Bhail, a chailleach, glac d'am," adeir Jackie, "agus ní bheidh mise i bhfad a' fáil na miotóg."

Phill Jackie ar steallaí cosa in airde; agus bhí an máistir pósta ar fad agus ní fhacaidh Jackie an máistreas ariamh go dtí an oíche seo. Nuair a tháinig sé isteach agus gan í a' dúil leis bhí an máistreas insa chistinigh. Níor mhoithigh an máistreas a dhath go dtáinig Jackie isteach.

"Cá bhfuil tú a' goil ná goidé phill tú?"

"Tá mé a' teacht a fhanacht agatsa," deir sé, "go dtaraí an máistir ar ais."

"Ó, ní fhanóchaidh tú agamsa ar chor ar bith," adeir sí.

"Bhail, d'iarr a' máistir orm. Thug a' máistir cead domh," a deir sé, "agus d'iarr sé ort mé a choinneáil."

"Ní choinneochaidh mé tú," deir sí, "ar chaoi ar bith."

"Ní imeochaidh mise," deir sé, "ar chaoi ar bith ach oiread."

"Goidé chuirfeas ar shiúl thú, bhail?" adeir sí.

"Má bheir tú mo sháith do arán mhaith mhilis domh agus trí phunta," adeir sé, "imeochaidh mé."

D'éirigh sí agus thug sí trí phunta dó as a póca fhéin, agus neart do arán mhaith mhilis.

"Tabhair domh anois," adeir sé, "cuid miotógaí a' mháisteara."

Thug.

D'imigh Jackie sna féithe fásaigh agus níorbh fhada go dtáinig sé fhad leis a' mháistir; agus bhain sé tlamán do fhéar bhog ghlas agus sháith sé 'na phóca é. Bhí sé ag ithe an aráin.

"Goidé tá tú a ithe?" adeir a' máistir.

"Féar," adeir sé.

"Cá bhfuil sé?" deir a' máistir.

Tharraing sé amach crág as a phóca agus shín sé dó é.

"Ní bheinnse beo ar chor ar bith," deir sé, "ó tháinig mé anseo ach go b'é a n-ithim don fhéar."

Chuaigh an máistir, chogain sé é agus chaith sé amach é.

D'imigh an bheirt. Tháinig siad isteach toigh[1] an rí. Bhí bord mór i lár a' tseomra ansin agus scaifte mór daoiní 'na suí acha dtaobh don

---

1. "toigh" = seantuiseal tabharthach den fhocal "teach" = "i dteach".

"Oh, I forgot my gloves," says he.

"Well, my man, take your time," says Jackie, "and I won't be long getting the gloves."

Jackie went back at a high gallop; the master was married all along, and Jackie had never seen the mistress until that night. When he came back in unexpectedly, the mistress was in the kitchen. The mistress heard nothing until Jackie came in.

"Where are you going or what brought you back?"

"I'm coming to stay with you," says he, "until the master returns."

"Oh, you'll not stay with me at all," says she.

"Well, the master asked me to. The master gave me permission," says he, "and he said you were to keep me."

"I won't keep you," says she, "under any circumstances."

"I won't go away," says he, "under any circumstances either."

"What will make you go away, then?" says she.

"If you give me my fill of good sweet bread and three pounds," says he, "I'll leave."

She got up and gave him three pounds from her own pocket, and plenty of good sweet bread.

"Now give me," says he, "the master's gloves."

She did.

Jackie raced off at full speed and it wasn't long until he caught up with the master; and he had plucked a tuft of soft, green grass and stuffed it in his pocket. He was eating the bread.

"What are you eating?" says the master.

"Grass," says he.

"Show it to me," says the master.

He pulled a handful from his pocket and handed it to him.

"I wouldn't be alive at all," says he, "since I came here but for the grass I eat."

The master went and chewed it, and spat it out.

The two of them went on. They entered the king's house. There was a large table there in the centre of the room, with a big crowd of

bhord, agus tháinig a' máistir seo isteach agus a' gasúr bocht bratógach leis. Chuir a' gasúr a lámh ina phóca agus thoisigh se a chathamh súile na mbológ fríd a' teach ar achan duine, agus a' cionn a ba mhó do na súile bhuail sé an máistir leis. Chrom a' máistir a' chionn. Ní thiocfadh leis a dhath a rá.

Chuaigh an chuirthim thart. Aon nduine a rabh a chóir a' bhaile, chuaigh sé 'na bhaile, agus a' té nach rabh fuair sé leabaidh toigh a' rí. Cibé nach bhfuair leabaidh fuair a' máistir agus Jackie leabaidh. Cóireadh leabaidh bheag i gcoirneál do Jackie agus fuair a' máistir leabaidh ghalánta. Nuair a bhí siad uilig 'na luí ach Jackie agus a' máistir:

"Maise," deir Jackie, "is dúlaí an chuirthim í," adeir sé. "Tá ocras ormsa."

"Maise tá, agus ormsa," deir a' máistir.

"Bhail, ach ná trácht air," adeir Jackie, adeir sé, "tá fhios agamsa cá háit a bhfuil pota breá brat," adeir sé. "D'ól mé fhéin seáspán dó ar a' bhomaite, agus teisteanaidh mé duit é agus tabhair anuas seáspán dó chugam fhéin."

"Bhail," adeir a' máistir, adeir sé, "b'fhéidir nach bhfuighinn amach cá bhfuil do leabaidh," adeir sé, "– tá an teach dorcha – nuair a thiocfainn ar ais."

"Cuirfidh mise corda ar do chois," adeir sé, "agus ceanglóchaidh mé an corda do chos mo leapa fhéin. Beir tusa ar a' chorda," deir sé, "agus lean dó," adeir sé, "go dtaraí tú fhad leis an áit a bhfuil sé ceanglaí agus gheobhaidh tú mise ansin."

"Tá go maith," adeir a' máistir.

Cheangail Jackie an corda do chos a' mháisteara agus síos go suaimhneach gur cheangail sé do chos leapa na báinríne é. Chuaigh an máistir suas agus d'ól sé go fíochmharach seáspán mór do bhrat mhaith agus thug anuas seáspán eile chuig Jackie. Shiúil leis a' fáil greim ar a' chorda agus a' siúl go dtáinig sé go dtí an leabaidh an áit ar stad a' corda.

"Seo dhuit," adeir sé, "agus ól seo."

Níor labhair aon nduine. Bhí an bháinríon 'na codladh.

"Beir ar seo go gasta," adeir sé, "agus ól é."

Níor labhair aon nduine.

people seated around it, and the master came in with the poor, ragged boy. The boy put his hand into his pocket and he began to cast the bullocks' eyes all over the house at everyone and he struck the master with the biggest of the eyes. The master hung his head. He couldn't say anything.

The feast came to an end. Anyone who lived nearby went home and those who did not, got a bed in the king's house. Whoever else didn't get a bed, the master and Jackie did. A small bed in a corner was prepared for Jackie and the master got a fine bed. When they were all in bed except Jackie and the master:

"Musha[4]," says Jackie, "it's a miserable feast," says he. "I'm hungry."

"Musha, you are and so am I," says the master.

"Well, say nothing," says Jackie, says he, "but I know where there's a fine pot of broth," says he. "I drank a mug of it myself a minute ago and I'll tell you where it is, and bring down a mug of it to me too."

"Well," says the master," says he, "maybe I wouldn't be able to find your bed," says he, "– the house is dark – when I come back."

"I'll put a cord on your foot," says he, "and I'll tie the cord to the leg of my own bed. You take hold of the cord," says he, "and follow it," says he, "until you come to where it's tied and you'll find me there."

"All right," says the master.

Jackie tied the cord to the master's foot, and down he went quietly and he tied it to the leg of the queen's bed. The master went up and ravenously drank a big mug of fine broth and brought down another mug to Jackie. He kept going, following the cord until he came to the bed where the cord stopped.

"Here, take this," says he, "and drink it."

No one spoke. The queen was asleep.

"Take this quickly," says he, "and drink it."

No one spoke.

---

4. The Irish "muise" is often used as an emphasiser in Hiberno-English.

"Beir air," adeir sé "ná caithfidh mé ort é."

Níor labhair aon nduine. Chaith sé seáspán a' bhrat go lomlán ar a' bháinríon. Le sin chlis sí sin suas. D'aithin a' máistir cá rabh sé, thug sé rása agus spréadh é, agus briseadh an corda agus thoisigh Jackie a' gháirí.

"Ó, mo sheacht mallacht ort," adeir sé, "cá bith áit a bhfuil tú. Tá tú a' brath mé fháil caite," adeir sé, "sula bhfágaidh mé an áit seo."

"Níl mise a' deánamh a dhath as a' chasán. Tá mé do chur ar bhealach do leasa achan bhogadh a bhfuil tú a dheánamh," deir Jackie.

"Deán deifre," deir sé, "ná muirfear mé. Agus anois," adeir sé, "tá cumhdach brat uilig orm agus má théamsa isteach a luí," adeir sé, "aithneochar cé bhí a' goil don bhrat agus cé chaith an brat ar a' bháinríon. Cá háit a bhfuighidh mé uisce a nífeas mo lámha?"

D'éirigh an bháinríon nuair a caitheadh an brat uirthi agus ní rabh fhios aici goidé tháinig uirthi, agus reath sí amach ar a' tsráid amach as a' leabaidh agus í 'na leathchodladh.

"Goitse," deir Jackie, deir sé, "seo baraille fíoruisce anseo," adeir sé, "agus sáith do dhá láimh ann" adeir sé, "agus comh luath agus sháithfeas imeochaidh an brat," adeir sé, "is gabh isteach a luí go gasta."

Reath a' máistir gránna agus goidé rinn sé ach a dhá láimh a sháthadh go dtí an dá ghualainn síos i mbarraille tarr.

"Ó," deir sé, "tá mé gaite," deir sé, "agus scaoil amach as seo mé."

"Ó," deir sé, "tá mé buartha, thug mé go dtí an baraille contráilte thú. Ach tabhair leat anois a' baraille," deir sé, "agus a' chéad charraig bhán a tífeas tú," adeir sé, "bris a' baraille uirthi agus imeochaidh an tarr do do lámha uilig nuair a bhrisfeas a' baraille agus dhóirtfear a' chuid eile dó."

Chonaic a' máistir toirt gheal amuigh ar a' tsráid agus shíl sé gur carraig a bhí ann. Caithidh sé baraille an tarr agus cé air ar chaith sé é ach ar a' bháinríon agus mharaigh sé an bháinríon. Mhoithigh sé an uaill a lig sí aisti fhéin nuair a thit sí agus chuaigh an máistir a chaoineadh.

" 'Gheall ar Dhia agus má thig leat mé a thabhairt as seo," adeir sé, "sula maraíthear mé, deán é agus is cuma liom ach tú mé a thabhairt ar shiúl."

"Take it," says he, "or I'll throw it over you."

No one spoke. He threw the full mug of broth over the queen. At that she jumped up. The master realised where he was and he raced off and fell flat on his face whereupon the cord broke and Jackie burst out laughing.

"Oh, damn you," says he, "wherever you are. You're trying to get me shot," says he, "before I leave this place."

"I'm not doing anything out of line. I'm guiding you in the right direction with every move you make," says Jackie.

"Hurry up," says he, "or I'll be killed. And now," says he, "I'm all covered in broth and if I go to bed," says he, "it'll be clear who was at the broth and who threw it over the queen. Where will I find water to wash my hands?"

The queen got up when the broth was thrown over her and she didn't know what had happened to her, and she ran from her bed out into the street still half asleep.

"Come here," says Jackie, says he, "here's a barrel of spring water," says he, "plunge your two hands into it," says he, "and as soon as you do, the broth will disappear," says he, "and then go to bed quickly."

The poor master ran off and what did he do but plunge his two arms up to the shoulders into a barrel of tar.

"Oh," says he, "I'm stuck," says he, "get me out of this."

"Oh," says he, "I'm sorry, I brought you to the wrong barrel. But now bring the barrel with you ," says he, "and the first white rock that you see," says he, "break the barrel on it, and the tar will all come off your hands when the barrel breaks and the rest of it spills out."

The master saw a white shape out on the street and he thought it was a rock. He flung the barrel of tar and who did he fling it on but the queen and he killed her. He heard the howl she let out when she fell and the master began to cry.

"For God's sake, if you can get me out of here," says he, "before I'm killed, do it, and I don't care what you do just get me away."

Insan am sin bhí dhá bhraithlín goite ag Jackie agus fuair sé dhá bhraithlín gheala agus chuir sé ar chuid beathaigh an mháisteara iad, agus chuaigh sé fhéin agus a' máistir a mharcaíocht ar na beathaigh. Nuair a bhí siad leath a' bhealaigh, d'amharc a' máistir agus fuair sé beathach geal bán aige in aice a bheathaigh fhéin.

"Ó, bhail," adeir sé, "mo mhallacht ar a' chéad lá ariamh a chonaic mé thú. Goidé tá a' teacht orm? Tá tú a' brath mé a fháil marbh, agus is mairg ar casadh domh ariamh thú. Tá cuid beathaigh an rí goite anois leat."

Chuaigh Jackie a gháirí.

"Tá do chuid beathaigh fhéin ann," adeir sé, "agus d'ins mé duit," adeir sé, "go gcuirfinn do chuid beathach fhéin as aithne sula mbínn i bhfad agat."

Chuaigh Jackie agus a' máistir 'na bhaile agus b'éigean don mháistir ar maidin cúig phunta agus culaith éadaigh a thabhairt do Jackie agus gan é aige ach trí lá. Agus bhí a dheich gcruacha agus fiche dóite, agus bhí a chuid eallaigh uilig 'on tsaol ó mhaith. Tháinig Jackie 'na bhaile agus é a' gáirí i gcionn a thrí lá, agus a' buachaill bocht eile sa bhaile agus gan a chluas cneasaí go fóill.

Sin mar d'éirigh do Jackie na Luaithe Buí. Bhí siad a' deánamh nach rabh clisteacht ann ach 's é bhí cliste!

Foinse: RBÉ Ls. 371, pp. 184 – 205: 21/7/37.

By this time Jackie had stolen two sheets and he got the two white sheets and put them over the master's horses, and he and the master rode off on the horses. When they were halfway home, the master looked and found he was on a pure white horse instead of his own horse.

"Oh, well!" says he. "I curse the first day ever I set eyes on you. What's happening to me? You're trying to get me killed, and it's a pity I ever met you. Now you've stolen the king's horses."

Jackie laughed.

"They're your own horses," says he, "and I told you," says he, "that I'd change your horses beyond recognition before I was with you for long."

Jackie and the master went home, and in the morning the master had to give Jackie five pounds and a suit of clothes, even though he had only been with him for three days. And his thirty haystacks were burnt and all his cattle were useless. Jackie came home laughing at the end of his three days and there was the other poor boy at home and his ear not yet healed.

That's what happened to Jackie of the Yellow Ashes. They thought he had no cleverness in him, but he was the clever one!

Recorded: 21st July, 1937.

Bilí Crosta

Bhí lánúin ann uair amháin agus ní rabh acu ach aon tachrán beag amháin. Ná ní rabh mórán aois ag a' tachrán nuair a fuair a mháthair bás. Thóg a' t–athair aníos go híontach cúramach é, agus níor iarr sé ariamh air a dhath a dheánamh, agus níor chuir sé chuige ná uaidh ach cá bith a ba mhian leis fhéin a dheánamh. Bhí an t-athair bocht ag obair ar fad agus bhí a chomhairle fhéin ag a' ghasúr.

D'imeadh an gasúr agus chaitheadh sé do a chuid éadaigh agus shnámhadh sé go minic anonn is anall i gcuideachta na lachan ar a' dam. A' máistir a rabh an t-athair ag obair aige bhí na seirbhísigh ar fad a' coimheád ar a' ghasúr – Bilí a bhí ar a' ghasúr – a' coimheád ar Bhilí; agus ba seo an chuideachta a bhí ag Bilí. D'imeadh sé ansin ar a cheithre boinn agus théadh sé a thafann agus théadh sé insna cearca. D'éireadh na cearca san aer. Reathadh sé ansin agus isteach i gcuideachta an eallaigh. D'imigh sé agus fuair sé ruball agus cheangail sé an ruball dó fhéin. Thógadh Bilí a ruball ar a ghualainn agus reathadh sé ag aoibheall agus achan bhúirthí aige. Bhí na seirbhisigh 'na seasamh achan lá agus a dhá láimh ina dtaobhannaí acu agus iad a' gáirí. Bhí rud úr foghlaimní ag Bilí achan lá. Reathadh sé isteach fríd mholl féir agus thiocfadh sé amach agus luchóg 'na bhéal leis; agus théadh sé a chathamh in airde agus a dheanamh cuideachta léithi. A' seirbhíseach nach bhfeicfeadh é scairteadh an chuid eile air agus nuair a thigeadh an máistir amach bhí na seirbhísigh uilig 'na seasamh, agus na hoibrithe, agus iad a' gáirí faoi Bhilí.

Thoiseadh Bilí, in amannaí, a bhúirthí. Théadh sé, amannaí eile, isteach agus luíodh sé ar fháir do chuid na gcearc. Amannaí eile a' scairtigh mar bheadh coileach ann. Amannaí eile, mar dúirt mé cheana féin, a thafann mar bheadh madadh ann théadh sé sna cearca. Bhí an uile cheird don chineál sin foghlaimní ag Bilí. Sa deireadh, a' máistir a rabh an t-athair bocht ag obair aige ghlac sé fearg.

Billy Crosta[1]

There was once a couple and they only had one small child. And indeed the child wasn't very old when his mother died. The father reared him very tenderly and he never asked him to do anything, and he didn't interfere at all but let him do as he pleased. The poor father worked all the time and the boy was left to his own devices.

The lad would go and strip off his clothes and he'd swim over and back time and again with the ducks on the dam.[2] The master for whom the father worked, his servants were always watching the boy – Billy was the boy's name – watching Billy; so this was how Billy amused himself. Then he'd get down on all fours and start barking and get in among the hens. The hens would fly up in the air. Then he'd run in along with the cattle. He went and got a tail and tied the tail to himself. Billy would throw his tail in the air and he'd gad about bellowing. The servants were standing about every day clutching their sides with laughter. Billy had a new trick every day. He'd run in through a stack of hay and come out with a mouse in his mouth; and he'd start throwing it up in the air and playing with it. The servants would call any other servant who didn't see him, and when the master came out, all the servants, and the workmen, would be standing laughing at Billy.

Sometimes Billy would start bellowing. At other times he'd go in and sit on one of the hens' nests. At times he'd crow like a rooster. At other times, as I said already, he'd get in among the hens barking like a dog. Every such skill had been mastered by Billy. Finally, the poor father's master became angry.

---

1. The Irish word "crosta" means "mischievous" or "contrary".
2. A stagnant pond or pool of water, found naturally or sometimes created near houses as a duck pond. (Also "dam a' mhuilinn" = "mill-dam" for washing linen flax.)

"Nár chóir," adeir sé, "go mbeadh náire ort," adeir sé, "a leithid sin do mhac a bheith tógtha agat," adeir sé. "Níl agat ach é," adeir sé, "agus nach bocht a' tógáil a thug tú dó."

"Goidé tá le deánamh agam?" adeir a' t-athair. "Níl a mháthair aige," adeir sé, "agus níl aon nduine le hamharc 'na dhéidh."

"Bhail, tá sé comh mór anois," adeir sé, "agus gur chóir dó a bheith ábalta rud inteacht a dheánamh dó fhéin. Goidé dheánfas tú leis? Ní bheidh tusa i gcónaí aige, agus do bharúil a' gcoinneochaidh sé beo é a bheith a' meadhar i gcuideachta an eallaigh, a bheith ag aoibheall agus a' tafann i gcuideachta an mhadaidh, agus ag ithe chuid na gcearc? Níl sin a' goil a dheánamh gnaithe. Agus mur gcuiridh tusa cineál inteacht múinte air, tá mo chuid seirbhíseach uilig 'on tsaol amú aige. Cuirfidh mise tusa agus eisean ar shiúl."

Tháinig a' t-athair 'na bhaile agus thoisigh sé a dh'éileamh ar a' mhac. Ach ní rabh gar ann. Bhí barraíocht greim ag seo ar a' mhac. Lárnamhárach chuaigh sé fhad leis a' mháistir mar sin fhéin.

"Goidé tá tú ag ordú domhsa a dheánamh?"

"Ó, b'fhearr duit náire a bheith ort," arsa an máistir. "Nár chóir go n-imeochthá agus ceird inteacht a fhoghlam a rachadh ar sochar duit fhéin. Ní bheidh d'athair i gcónaí agat."

"Bhail," adeir sé, "má thigim agus ceird foghlaimní agam," adeir sé, "fá chionn lá agus bliana, a' dtabharfaidh tú do níon domh le pósadh?"

"Bhail," adeir a' maistir, "is dóiche go dtabharfaidh," dúirt sé, "ach ba mhaith liom ceird a fheiceáil agat a' chead uair," deir sé, "diomaite don chionn atá agat."

D'imigh Bilí, agus fá dheireadh casadh fear air agus chuir sé ceist air goidé an siúl a bhí air.

"Tá mé ar shiúl, maise," deir sé, "– tá níon duine uasail le fáil agam," adeir sé, "le pósadh, má bhíonn ceird foghlaimní agam fá chionn lá agus bliana."

"Bhail," adeir a' fear seo, "goidé mar shásóchadh sé thú," adeir sé, "gadaíocht 'fhoghlaim?"

"Is cuma liom goidé an cheird ar a' domhan, ach ceird inteacht a fháil," adeir Bilí.

"You ought to be ashamed," says he, "to have raised such a son," says he. "He's all you have," says he, "and haven't you made the poor job of raising him."

"What can I do?" says the father. "He hasn't got his mother," says he, "and there's nobody to look after him."

"Well, he's big enough now," says he, "to be able to do something for himself. What will you do with him? He won't always have you, and do you think he'll survive on cavorting with the cattle, and fooling about and barking with the dog, and eating the hens' feed? That won't do. And if you don't teach him some manners he'll keep all my servants from their work. I'll send both you and him away."

The father came home and he began to remonstrate with his son. But it was no use. This carry on had too much of a grip on the son. All the same, the next day the son went to see the master.

"What are you ordering me to do?"

"Oh, I hope you're ashamed of yourself," said the master. "Would you not go and learn some trade that would be to your own benefit. You won't always have your father."

"Well," says he, "if I come with a trade learnt," says he, "in a year and a day, will you give me your daughter to wed?"

"Well," says the master, "I probably will," said he, "but I'd like to see you with a trade first," says he, "other than the one you have."

Billy went away, and eventually he met a man who asked him where he was off to.

"I'm going away, musha," says he, "– for I can have the daughter of a gentleman," says he, "to marry, if I have learned a trade in a year and a day."

"Well," says this man, "how would you like," says he, "to learn thievery?"

"I don't mind what trade it is at all, as long as I get some sort of trade," says Billy.

"Má thig liomsa," deir a' diúlach seo, "dheánfaidh mé an gadaí duit," adeir sé, "is fearr a bhí ar a' tsaol ariamh."

"Maith go leor," arsa Bilí.

D'imigh sé fhéin agus Bilí agus nuair a d'ith siad greim bí, d'imigh siad an oíche sin 'na baince go dtugadh siad leo cá bith a bhí sa bhainc. Bhí an fear seo ann, é fhéin agus a mhac, agus nuair a fuair siad dornán maith don airgead leo chuir siad a' glas ar Bhilí istigh agus d'imigh siad, a gheall ar Bhilí a fháil gaite agus é a fháil crochta agus a bheith réidh leis. Ní rabh fhios ag Bilí bocht cá rachadh sé. Thug sé iarraidh isteach i seomra, agus isteach i gcionn eile. Bhí achan doras glasta agus ní rabh fhios aige goidé dheánfadh sé. Chuaigh sé isteach i seomra cúil amháin a bhí ann agus bhí moll mór do chraicne tairbh ann. Chuaigh Bilí isteach i gcionn do na craicne tairbh agus chuir sé thart air fhéin é comh maith agus thiocfadh leis, agus tháinig sé amach agus luigh sé ar lár an urláir insa chistinigh. Nuair a foscladh an doras ar maidin bhí Bilí ansin agus é 'na chodladh. Mhaithigh sé iad agus d'éirigh sé. Bhí sé eolach ar a' bhúirthí agus chuir sé trí bhúirthe as fhéin; agus reath siadsan – agus reath Bilí 'na ndéidh – a' deánamh gur a' diabhal a bhí 'na ndéidh. Agus sheilg Bilí soir agus siar iad go dtí nach ligfeadh an eagla daofa a theacht a chóir a tí ar chor ar bith. D'fhan Bilí go dtí an oíche an áit a rabh sé, agus nuair a tháinig an oíche d'imigh sé a' tarraingt ar a' teach a rabh sé ann aréir roimhe sin.

Ar a' bhealach 'na bhaile casadh coileach dó.

"A' ligfidh tú mise leat?" arsa an coileach.

"Ligfidh," arsa Bilí, "ach cá háit a luífidh tú?"

"Luífidh mé ar chipín," adeir sé, "atá thíos i gcionn a' tí."

"Maith go leor," adeir Bilí.

Shiúil sé giota beag eile agus casadh cat dó.

"A' ligfidh tú mise leat?" adeir a' cat.

"Ligfidh," adeir Bilí, "ach cá háit a luífidh tú? Níl agam ach aon leabaidh amháin."

"Luífidh mé," adeir sé, "i gcisteog na gcoinneal ar bharr na leapa."

"Maith go leor," arsa Bilí.

Níorbh fhada gur casadh gabhar dó.

"A' ligfidh tú mise leat?" adeir a' gabhar.

"If you come with me," says this boyo, "I'll make you the best thief," says he, "that ever lived."

"Fair enough," said Billy.

He and Billy went off and when they had had a bite to eat, they went to the bank that night to take whatever was in it. This man had his son with him, and when they had got a good fistful of the money, they locked Billy inside and made off, so that Billy would be caught and hanged and they would be rid of him. Poor Billy didn't know where to go. He tried to get into one room and then another. Every door was locked and he didn't know what to do. He went into a backroom and there was a big pile of bullhides in it. Billy got into one of the bullhides and he wrapped it around himself as best he could, and he came out and lay in the middle of the floor in the kitchen. When the door was opened in the morning Billy was there asleep. He heard them and got up. He was expert at bellowing and he let out three roars; so they ran – and Billy ran after them – thinking it was the Devil who was after them. And Billy chased them this way and that, until they were too frightened to come near the bank at all. Billy stayed where he was until night and when darkness fell he set off for the house he'd been in the night before last.

On the way back he met a rooster.

"Will you let me come with you?" said the rooster.

"I will," said Billy, "but where will you sleep?"

"I'll settle on a perch," says he, "down in the end of the house."

"Fair enough," says Billy.

He walked on another little bit and met a cat.

"Will you let me come with you?" says the cat.

"I will," says Billy, "but where will you sleep? I only have one bed."

"I'll lie," says he, "in the candle chest above the bed."

"Fair enough," says Billy.

It wasn't long until he met a goat.

"Will you let me come with you?" says the goat.

"Ligfidh," deir Bilí, "ach cá háit a luífidh tú?"

"Luífidh mé ar bhun an urláir," adeir sé.

"Maith go leor," adeir Bilí.

D'imigh leo, Bilí agus a' coileach agus a' cat agus a' gabhar, go dtí gur casadh madadh daofa.

"A' ligfidh tú mise leat?" adeir a' madadh.

"Ligfidh," deir Bilí, "ach cá háit a luífidh tú?"

"Luífidh mé a chois na tineadh," deir sé.

"Tá go maith," adeir Bilí.

D'imigh leo, Bilí agus a' madadh agus a' cat agus a' coileach agus a' gabhar, gur casadh gandal daofa.

"A' ligfidh tú mise leat?" adeir a' gandal.

"Ligfidh," deir Bilí, "ach tá na leapacha gann. Tá scaifte mór liom. Cá háit a luífidh tú?"

"Luífidh mé ar a' charn aoiligh," deir sé."

"Maith go leor," adeir Bilí.

Nuair a tháinig Bilí go dtí an teach bhí achan chineál go suaimhneach. Ní rabh duine ar bith istigh ná aon nduine a chóir a' tí. Agus chuaigh Bilí a luí insa leabaidh, chuaigh a' cat suas i gcisteog na gcoinneal, luigh an madadh cois na tineadh, luigh an gabhar ar bhun an urláir, chuaigh an coileach suas ar a' chipín, agus luigh an gandal ar a' charn aoiligh.

Tamall beag i ndéidh na hoíche arsa an t-athair le fear do na mic:

"Gabh suas agus amharc a' bhfuil duine ar bith a chóir a' tí," – ar eagla gur ins Bilí cé bhí leis agus go mbeithí a' coimheád a' tí – "go bhfágha muid a ghoil 'na bhaile agus greim bí a dheánamh réidh mur bhfuil aon nduine fán teach."

D'imigh an diúlach suas agus bhí an teach go hiontach suaimhneach. Ní rabh a dhath ar bith le móchtáil acha dtaobh dó. Tháinig sé isteach. Bhí an teach dorcha. Chuaigh sé suas ar stól. Chuir sé a lámh i gcisteog na gcoinneal go dtí go bhfághadh sé coinneal agus thoisigh an cat agus scríob sé na lámha dó. Léim a' duine bocht anuas ar lorg chúl a chinn agus tháinig sé anuas ar a' mhadadh agus bhain sé greim as meall a choise. Thug sé rása síos a' goil amach ar a' doras. D'éirigh an gabhar a bhí ansin agus sháith sé a dhá adharc ina thóin agus bhuail sé suas in éadan a' bhalla é. Thug a' coileach léim agus thobair dó na súile a bhaint as. Agus ní rabh

"I will," says Billy, "but where will you sleep?"

"I'll lie on the floor at the lower end of the room," says he.

"Fair enough," says Billy.

On they went, Billy and the rooster and the cat and the goat, until they met a dog.

"Will you let me come with you?" says the dog.

"I will," says Billy, "but where will you sleep?"

"I'll lie by the fire," says he.

"That's fine," says Billy.

On they went, Billy and the dog and the cat and the rooster and the goat until they met a gander.

"Will you let me come with you?" says the gander.

"I will," says Billy, "but beds are scarce. I have a big crowd with me. Where will you sleep?"

"I'll lie on the dungheap," says he.

"Very well," says Billy.

When Billy came to the house all was quiet. There was no one at home and no one near the house. So Billy got into the bed, the cat went up into the candle chest, the dog lay by the fire, the goat lay on the floor at the lower end of the room, the rooster went up on the perch and the gander lay on the dungheap.

A little while after nightfall the father said to one of his sons:

"Go up and see if there's anyone near the house," – in case Billy might have told who was with him, and they might be watching the house – "till we get to go home and make a bite to eat, if there's nobody about."

The fellow went up and the house was very quiet. There was nothing stirring around it. He came in. The house was dark. He got up on a stool. He put his hand into the candle chest to get a candle and the cat started and scratched the hands off him. The poor fellow stumbled backwards and landed down on top of the dog who took a bite out of his calf. He raced down to get out the door. The goat, who was there, got up and stuck its two horns in his behind and pitched him up against the wall. The rooster gave a jump and nearly took the eyes out of him. And he only barely got out the door alive at all.

ann ach é go bhfuair sé an t-anam leis amach ar a' doras ar chor ar bith. Nuair a bhí sé amuigh d'éirigh an gandal agus fuair sé greim gaothsáin air agus thoisigh sé á bhualadh lena dhá eiteoig go dtí go rabh an buachaill bocht marbh ach sa bheag síos ar a' tsráid.

Nuair a tháinig sé chuige fhéin d'éirigh sé agus gan mórán siúil ann, agus bhain sé an t-athair amach.

"Goidé tá thuas?" adeir a' t-athair.

"Tá an teach thuas lán diabhal," adeir sé. "Chan diabhal atá ann," adeir sé, "ach scór. Nuair a thug mé iarraidh," adeir sé, "ar chisteoig na gcoinneal bhí seanbhean ansin," adeir sé, "agus péire cardaí aici, agus stróc sí na lámha domh. Bhí diabhal mór eile 'na luí chois na tineadh," deir sé, "agus d'éirigh sé agus fuair sé greim coise orm," adeir sé. "Reath mé síos a' tarraingt ar a' doras agus bhí diabhal eile thíos agus chuir sé a dhá adharc ann mo thóin," adeir sé, "agus bhuail sé in éadan a' bhalla mé. Agus ba mhaith é go dtí diabhal mór dubh," adeir sé, "a léim anuas ón bhalla, cá bith áit a rabh sé, agus thoisigh sé orm ag iarraidh na súile a phiocadh asam. Fuair mé an anáil liom sa deireadh," deir sé, "go bhfuair mé amach ar a' doras. Bhí gréasaí amuigh ar a' charn aoiligh," deir sé, "agus fuair sé greim gaothsáin orm leis a' phionsúr," adeir sé, "agus thoisigh sé orm le dhá léab leathair," adeir sé, "isteach san aghaidh go dtí gur chaill mé mo mheabhair glan. Agus is fearr dúinn gan a ghoil a chóir a' tí níos mó."

Ba mhaith an mhaise do Bhilí é, lean sé an buachaill go dtí go bhfaca sé cá háit a rabh an t-athair, agus bhí an taiscidh anseo. D'imigh siad leo i mbéal a gcinn. Chruinnigh Bilí suas cá bith a bhí ann, agus bhí sin ann gráinnín maith. Agus bhain sé an teach amach ar ais agus i gcionn na dtrí lá bhí sé sa bhaile ag a' mháistir agus ceird foghlaimní aige.

"Ar fhoghlaim tú ceird ó shoin?" adeir a' máistir.

"D'fhoghlaim," adeir sé, "agus cionn maith."

"Goidé d'fhoghlaim tú?" deir a' máistir.

"Gadaíocht," adeir sé.

"Tá go maith," adeir a' máistir.

"A' bhfuighidh mé do níon anois le pósadh?"

"Ní bhfuighidh," deir a' máistir, "go dtí go bhfeicfidh mé fiachta

When he was outside the gander rose up and caught him by the nose, and he began beating him with his two wings until the poor boy was left lying as good as dead on the street.

When he came to he got up, hardly able to move, and made his way back to his father.

"What's going on up there?" says the father.

"The house above is full of devils," says he. "It's not one devil that's in it," says he, "but a score. When I tried," says he, "the candle chest, there was an old woman there," says he, "with a pair of woolcombs and she tore the hands off me. There was another big devil lying by the fire," says he, "and he got up and grabbed me by the leg," says he. "I ran down towards the door and there was another devil down there and he stuck his two horns in my behind," says he, "and he pitched me against the wall. And that was bad enough but to crown it all a big black devil," says he, "jumped down from the wall, wherever he was, and he started in on me trying to pluck my eyes out. At last I got my breath back," says he, "long enough to make it out the door. There was a cobbler outside on the dungheap," says he, "and he caught me by the nose with his pincers," says he, "and he hit me in the face with two strips of leather," says he, "until I lost my senses completely. So we'd better not go near the house anymore."

Billy took good advantage of this, he followed the boy until he saw where the father was, and the treasure was there. *They* skedaddled. Billy gathered up all that was there, and it was a tidy sum. And he went back to the house again, and inside three days he was home to the master with a trade learned.

"Did you learn a trade since?" says the master.

"I did," says he, "and a good one at that."

"What did you learn?" says the master.

"Thievery," says he.

"Very well," says the master.

"Will I get your daughter to wed now?"

"You will not," says the master, "until I see you tested. There's a

thú. Tá nead corr mhónadh," adeir sé, "thuas i mbarr a' chrainn sin thuas," adeir sé, "agus trí huibhe uirthi; agus caithfidh tú a ghoil," adeir sé, "agus na trí huibhe a thabhairt amach ón chorr," adeir sé, "gan a' chorr bogadh ón neid."

"Dheánfaidh mé sin," adeir Bilí.

D'imigh Bilí agus thug sé leis trí huibhe circe, agus théigh sé go maith leis a' tinidh iad, agus chuir sé isteach ina bhrollach iad agus d'imigh go barr a' chrainn. Chuaigh sé isteach go suaimhneach agus d'uthairt sé na huibheacha isteach faoin chorr mhónadh agus thug sé amach na trí huibhe. Níor bhog a' chorr ar chor ar bith – bhí na huibheacha te – agus tháinig sé chuig a' mháistir agus na trí huibhe leis.

"Anois," adeir sé, "ar chorraigh an chorr mhónadh?"

"Níor chorraigh," adeir a' maistir.

"A' bhfuighidh mé do níon anois le pósadh?"

"Ní bhfuighidh go fóill," adeir sé. "Ní sin mórán, a dhuine, caithfidh tú tuilleadh a dheánamh."

"Goidé tá le deánamh anois?" adeir Bilí.

"Caithfidh tú a ghoil," adeir sé, "agus beathach a ghoid ó na saighdiúirí sin thuas, agus leathchéad saighdiúir á choimheád," adeir sé, "a ghoid agus gan iad d'fheiceáil," adeir sé, "sula bhfágha tú mo níonsa le pósadh."

"Dheánfaidh mé sin," adeir Bilí, "fosta."

D'imigh Bilí agus cheannaigh sé a dhó ná a trí ghalúin uisce bheatha, agus deora codlata. D'imigh sé fhad leis na saighdiúirí agus thug sé gloine uisce bheatha thart a' chéad uair daofa, agus d'ól sé fhéin gloine, agus shuigh siad tamall eile a chomhrá. D'fhiafraigh sé an mbeadh gloine eile acu. Dúirt sé nach n-ólfadh sé fhéin a dhath níos mó ná gloine i gcuideachta. Chuir sé na deora codlata orthu an dara huair. Thug sé gloine do achan fhear. Thit achan fhear don leithchéad thart 'na gcodladh. A' chead rud a chonaic a' máistir, Bilí a' teacht thart ar a' teach agus é a' goil cheoil a' marcaíocht ar a' bheathach.

"A' bhfuighidh mé do níon anois le pósadh?" deir sé.

"Ní bhfuighidh," adeir sé, "go dtí go ngoidí tú an bhraithlín as faoi mo thaobh," adeir sé. "B'fhéidir go bhfuightheá ansin í."

heron's nest," says he, "in the top of that tree up there," says he, "with three eggs in it; and you have to go," says he, "and take the three eggs from the heron," says he, "without the heron moving from the nest."

"I'll do that," says Billy.

Billy went and got three hen's eggs and warmed them well by the fire and he put them inside his shirt and went to the top of the tree. He quietly eased the eggs in under the heron and took out the other three eggs. The heron never moved – the eggs were warm – and Billy came to the master with the three eggs.

"Now," says he, "did the heron move?"

"She didn't," says the master.

"Will I get your daughter to wed now?"

"Not yet," says he. "That wasn't much, my boy, you have to do more."

"What's to be done now?" says Billy.

"You have to go," says he, "and steal a horse from those soldiers up there, with fifty soldiers guarding it," says he, "steal it without them seeing you," says he, "before you get my daughter to wed."

"I'll do that," says Billy, "as well."

Billy went off and bought two or three gallons of whiskey and some sleeping drops. He went up to the soldiers and first he passed a glass of whiskey around to them, and he drank a glass himself and they sat talking for another while. He asked if they would have another glass. He said that he never drank more than one glass in company himself. He put the sleeping drops into them the second time. He gave each man a glass. All fifty of them dropped off to sleep. The first thing the master saw was Billy coming round the house singing and riding on the horse.

"Now will I get your daughter to wed?" says he.

"You won't," says he, "until you steal the sheet from under me. Maybe you'd get her then."

"Dheánfaidh mé sin fosta," deir Bilí.

Bhí Bilí a' goil thart agus a' goil thart agus ní rabh fhios aige goidé mar gheobhadh sé an bhraithlín a ghoid as faoin mháistir agus é 'na luí uirthi. Agus d'imigh sé aon oíche amháin 'na roilige – ní rabh an roilig i bhfad ón teach – agus thóg sé corp a bhíthear i ndéidh a chur agus d'fág sé 'na sheasamh suas leis an fhuinneoig é ag amharc isteach. Bhuail a' máistreás a' máistir lena huillinn.

"Amharc a' t-óganach," adeir sí, "ag amharc isteach ar an fhuinneoig."

"Tím," adeir a' máistir. "Cuirfidh mise deireadh anocht leis," adeir sé, "ná anspiorad é sin agus ní thig fáil réitigh leis. Ach gheobhaidh mise réitigh anocht leis."

Tharraing sé air a ghunna agus scaoil sé amach fríd an fhuinneoig leis a' chorp, agus thit a' corp.

"Ó, chluin Dia sinn!" adeir a' máistreas. "Goidé tá deánta agat? Tá sé marbh agus gheobhtar crochta tú."

"Chan fhaghtar," adeir sé, "cuirfidh mé i bhfolach é," deir sé, "go dtí go dtaraidh an lá," deir sé. "Cuirfidh mé é," deir sé, "agus ní bheidh fhios goidé tháinig air."

D'imigh an máistir amach, agus nuair a chuaigh an máistir amach seo thart Bilí go dtí an coirneál eile agus isteach agus léim sé isteach sa leabaidh.

"Luigh siar," adeir sé leis a' mháistreas, "tá mé conáilte."

Shíl sise gur a fear fhéin a bhí ar fad ann. Agus bhí Bilí ag uthairt ar fad go dtí gur ghoid sé an bhraithlín agus amach ar a' doras leis.

Nuair a bhí an corp curtha ag a' máistir seo isteach é.

"Luigh siar," adeir se, "tá mé conáilte."

"Maise níl faill agat," adeir sí, "a leithid do fhuacht a bheith ort."

"Cá tuí?" adeir sé. "Nach fada amuigh a bhí mé?"

"Níl tú ach i ndéidh a ghoil amach ar a' doras, ar ndóighe," adeir sí.

Thoisigh sé a chuartú.

"Ó, dar fia!" deir sé. "Tá an bhraithlín ar shiúl!"

Fágadh Bilí siocthaí leis na gáirí agus chaith sé an bhraithlín isteach ar a' doras.

"I'll do that as well," says Billy.

Billy was going round and round in circles and he didn't know how he would manage to steal the sheet from under the master while he was lying on it. Then one night he went to the graveyard – the graveyard wasn't far from the house – and took up a corpse that had just been buried and he left it standing up at the window looking in. The mistress nudged the master with her elbow.

"Look at the rascal," says she, "looking in the window."

"I see him," says the master. "I'll put an end to him tonight," says he, "because that fellow's a demon and he's hard to get rid of. But I'll be rid of him tonight."

He reached for his gun and shot out through the window at the corpse, and the corpse fell.

"Oh, God save us!" says the mistress. "What have you done? He's dead and you'll be hanged."

"I will not," says he. "I'll hide him," says he, "until daybreak," says he. "I'll bury him," says he, "and no one will know what happened to him."

The master went out, and when he went out, around came Billy to the other corner and in and jumped into the bed.

"Move over," says he to the mistress, "I'm frozen."

She thought it was her husband all along. And Billy was tossing and turning all the time until he stole the sheet and out the door he went.

When the master had buried the corpse, in he came.

"Move over," says he, "I'm frozen."

"Musha, you haven't had time," says she, "to get so cold."

"Why?" says he. "Wasn't I out a long time?"

"Sure you've only just gone out the door," says she.

He began looking round.

"Oh, my goodness!" says he. "The sheet is gone!"

Billy was in stitches laughing and he threw the sheet in the door.

"Anois," adeir sé, "ar ghoid mé an bhraithlín as faoi do thaobh? A' bhfuighidh mé do níon anois le pósadh?"

"Ó, gabh 'na bhaile agus gabh a luí anocht," adeir a' máistir. "Tabhair suaimhneas domh, tá mé tuirseach," adeir sé. "Tá mo chionn buarthaí agat."

"Bhail, tiocfaidh mé amárach," adeir Bilí.

"Bhail, tar amárach in ainm Dé," adeir sé, "ach lig domh anocht go dtí go socraí mé."

Maidin lárnamhárach bhí Bilí ann ag iarraidh na mná ar ais.

"Ní bhfuighidh tú an bhean, bhail, ní bhfuighidh tú mo níon."

B'fhearr leis a' máistir gan a níon a thabhairt dó. Ní rabh sé ach óg agus dar leis nach rabh ciall ar bith aige ar dhóigh, agus dóigh eile bhí barraíocht céille aige fá choinne an mháistire.

"Ní bhfuighidh tú mo níon le pósadh go fóill."

Ach tháinig Bilí an lárnamhárach.

"Bhail anois," adeir sé, "ní bhfuighidh tú mo níon le pósadh," deir sé, "agus seo an iarraidh dheireannach," adeir sé, "agus má ghoideann tú mé fhéin," adeir sé, "a ghan fhios domh, bhéarfaidh mé duit í."

"Maith go leor," adeir Bilí, deir sé.

D'fhan Bilí ar shiúl ar feadh coicís, agus ní tháinig a chóir a' mháistir ar chor ar bith. Ní rabh fhios goidé d'éirigh dó agus ní rabh sé le feiceáil ar chor ar bith acu. Dar leo gur bás a fuair sé. Oíche amháin – ní rabh an roilig i bhfad ón teach – d'imigh sé agus chuir sé éadach fada geal go talamh air; agus tháinig sé thart fríd a' roilig agus glór íontach naofa coimhthíoch aige, agus é a' bualadh na dtumbaí agus na gcrosa, cionn thall agus cionn abhus, ag iarraidh orthu éirí, go rabh a' t-am anois ann. Bhí an máistir 'na sheasamh sa doras ar fad agus é a' coimheád ar a' neach seo a bhí fríd a' roilig. Agus théadh sé fhad le tumba agus ansin théadh thart le triúr nach labharfadh sé leo agus a' ceathrú cionn go labharfadh sé ag an uaigh sin. Sa deireadh fuair a' máistir uchtach labhairt:

"Cé sin?" adeir sé.

Níor labhair a' fear a bhí sa roilig ar chor ar bith. Thost a' máistir tamall eile.

"Cé sin?" adeir sé.

"Now," says he, "did I steal the sheet from under you? Will I get your daughter to wed now?"

"Oh, go home and go to bed tonight," says the master. "Give me peace, I'm tired," says he. "You've set my head reeling."

"Well, I'll come tomorrow," says Billy.

"Well, come tomorrow, for God's sake," says he, "but leave me alone tonight till I settle down."

The following morning Billy was back asking for the girl again.

"You'll not get the girl, indeed you'll not get my daughter."

The master would have preferred not to give him his daughter. He was only young and he thought that in a way he had no sense, but in another way he had too much sense for the master's liking.

"You'll not get my daughter to marry yet."

But Billy came the next day.

"Well now," says he, "you'll not get my daughter to wed," says he, "and this is the last chance," says he, "so if you steal myself unbeknownst to me, I'll give her to you."

"Fair enough," says Billy, says he.

Billy stayed away for a fortnight and didn't come near the master at all. No one knew what had happened to him, and he wasn't to be seen at all. They thought he must have died. One night – the graveyard wasn't far from the house – he went and put on a long white sheet, right down to the ground; and he came around through the graveyard calling out in a very strange holy voice, beating on the tombs and crosses, one here and one there, telling them to rise up, that the time was now at hand. The master was standing in the doorway all the time, watching this 'being' who was going through the graveyard. And he'd go to a tomb, and then go past three that he wouldn't speak to, and to a fourth one and he'd speak at that grave. Finally, the master plucked up the courage to say something:

"Who's that?" says he.

The fellow in the graveyard didn't speak at all. The master was silent for another while.

"Who's that?" says he.

Scairt seisean le huaigh eile ag iarraidh éirí go rabh an t-am anois ann. Agus a' tríú huair scairt a' máistir ar ais:

"Cé sin?"

"Ó, Naomh Peadar," adeir sé, "tá daoiní anseo atá réidh le goil 'na bhFlaitheas anois," adeir sé. "Agus tháinig mise as na Flaithis," adeir sé, "a' tabhairt scéala daofa."

"Nár chóir," adeir sé, "go dtiocfadh leat mise a tabhairt 'na bhFlaitheas?"

"Ó, ní thig liom," adeir sé. "Caithfidh tú bás a fháil a' chéad uair agus do bhreithiúnas aithrí a chur duit. Tá cuid do na creatúir bhochta seo," adeir sé, "le fada go leor anseo, ach tá a gcás bainte anois."

"Bhail, dheánfainnse rud ar bith duit," adeir sé, "ach mo thabhairt 'na bhFlaitheas."

"Bhail, caithfidh tú breithiúnas aithrí a chur duit, ná ní theachaidh aon nduine ariamh 'na bhFlaitheas gan breithiúnas aithrí. Nuair a bhí an Slánaitheoir bocht É fhéin ar a' tsaol seo tá fhios againn goidé d'fhuilinn Sé. D'fhuilinn mise mé fhéin é," deir sé, "agus fuilneochaidh achan duine sula dté sé 'na bhFlaitheas"

"Bhail, is cuma liom," adeir sé, "goidé an breithiúnas aithrí a chuirfeas tú orm ach mo thabhairt 'na bhFlaitheas go gasta."

"Bhail, maith go leor," adeir sé. "Imigh agus fágh mála maith mór," adeir sé.

Ní ligfeadh an eagla dó fhéin a ghoil a chóir a' tí ar eagla go n-aithneochthaí é. D'imigh an máistir 'na rith agus fuair sé mála maith mór, agus chraith siad amach é agus d'amharc sé an rabh sé mór go leor lena chur isteach ann. Bhí.

"Gabh isteach anois ann," adeir sé.

Theann sé corda thart air agus tharraing sé é síos go dtí an teach agus thart ar a' teach trí huaire. Isteach leis agus chaith sé sa chlúdaigh é.

"Luigh ansin anois," adeir sé, "go dtaraidh tú chugat fhéin. Tá mearlán in do chionn," adeir sé. "Agus nuair a thiocfas tú chugat fhéin," adeir sé, "gheobhaidh tú tú fhéin insna Flaithis," adeir sé, "fhad agus tá grian ar an aer," adeir sé. "Níl fiacha ort bás a fháil ná rud eile."

"Bhail," adeir a' máistir, "níl mórán bogadaí ionam," adeir sé.

He shouted out to another grave, saying to rise up that the time was now at hand. So a third time the master called out again:

"Who's that?"

"Oh, Saint Peter," says he. "There are people here who are ready to go to Heaven now," says he, "and I came from Heaven," says he, "to bring them the message."

"I wish," says he, "you could take me to Heaven."

"Oh, I can't," says he. "You have to die first and do your penance. Some of these poor creatures," says he, "have been here for quite a while, but they've paid their dues now."

"Well, I'd do anything for you," says he, "if only you'd take me to Heaven."

"Well, you'll have to do penance, because nobody ever went to Heaven without doing penance. When the poor Lord himself was on earth we know what He suffered. I suffered it myself," says he, "and everyone will suffer before they get to Heaven."

"Well, I don't care," says he, "what penance you give me, so long as you take me to Heaven quickly."

"Well, all right," says he. "Go and fetch a good big sack," says he.

He didn't dare go too close to the house himself in case he might be recognised. The master ran off and fetched a good big sack and they shook it out, and Billy looked to see if it was big enough to put him into it. It was.

"Get into it now," says he.

He fastened a cord around it, and he dragged it down to the house and three times around the house. In he went and threw it in the corner by the fire.

"Lie there now," says he, "until you're yourself again. You're dizzy," says he. "And when you come to, you'll find yourself in Heaven," says he, "till the end of time," says he. "You don't have to die or anything."

"Well," says the master, "there's not much life left in me," says he.

"Nuair a bhéas mé sna Flaithis tá na Flaithis ceannaí agam," adeir sé. "Tá mo chionn ag imeacht domh," adeir sé, "le tinneas cinn agus mearlán."

"Is cuma sin," adeir Naomh Peadar. "D'ins mé cheana féin duit goidé bhí le fuilstin agat. Níor fhuilinn tusa mórán le taobh ar fhuilinn mise, agus le taobh ar fhuilinn go leor diomaite duit."

Nuair a bhí sé tamall ansin dúirt sé go rabh sé a' teacht chuige fhéin.

"Maith go leor," adeir Bilí, deir sé, a' scaoileadh a' chorda agus á chrathadh amach as a' mhála.

Agus nuair a d'éirigh an máistir 'na sheasamh fuair sé é fhéin 'na sheasamh ina chlúdaigh fhéin.

Pósadh é fhéin agus níon a' mháistir agus má pósadh fhéin ní rabh meath na malairte uirthi. Ba doiligh a leithid a fháil, agus thóg siad teaghlach íontach deas. B'éigean don mháistir an áit a fhágáil aige, agus cha rabh aon mháistir ansin ariamh a bhí leath fhéin comh maith leis.

Tháinig gasúr beag isteach anois agus dúirt sé gur thit cnaipe dona bhríste agus caithfidh mé a ghoil agus a' cnaipe a fhuáil. Mar dúirt Róise Éamoinn an uair udaí:

"Is doiligh spanóg is gogán a thabhairt uilig daofa."

Is doiligh achan chineál a dheánamh. Ach sin mo scéalsa anois agus má tá aon nduine agaibh comh maith le Bilí déarfaidh mise gur maith é!

Foinse: RBÉ Ls. 370, pp.143 – 68: 12/6/37.

"When I get to Heaven, I'll have earned it," says he. "My head's lifting off me," says he, "with the headache and dizziness."

"Never mind that," says Saint Peter. "I already told you what you had to suffer. You didn't suffer much compared to what I suffered, and what many besides yourself suffered."

When he had been there for a while, he said he was recovering.

"All right," says Billy, says he, loosening the cord and shaking him out of the sack.

And when the master stood up he found himself standing at his own fireside.

Billy and the master's daughter were married and if they were she didn't get the worst of the bargain. It would be hard to find the likes of him and they raised a very nice family. The master had to leave the place to him and there was never a master there who was even half as good as Billy.

A little boy came in just now and said a button fell off his trousers and I have to go and sew the button. As Róise Éamoinn once said:

"It's hard to give them all a spoon and a bowl."

It's hard to do everything. But that's my story now and if any one of you is as clever as Billy, I'll say that he's clever!

Recorded: 12th June, 1937.

Bonnaí Dubha Ó Dubhthaigh

Bonnaí Dubha Ó Dubhthaigh – réice mór a bhí ann, agus cearrbhach mór fosta. Ní rabh duine ar bith a' cur bhuaidhreadh air. Ní rabh aige ach é fhéin agus madadh. Níor luaithe thoir, thiar, thall nó abhus é. Níl áit a gcluinfeadh sé bainis, dáil, nó baisteadh, nó cuideachta do chineál ar bith, bhí Bonnaí Dubha Ó Dubhthaigh cinnte a bheith ann.

Bhí sé ar shiúl oíche amháin go híontach antráthach – is iomaí oíche acu sin a tháinig air. A' teacht 'na bhaile dó ní rabh duine ar bith leis ach é fhéin. Chonaictheas dó go bhfacaidh sé caisleán íontach galánta. Tharlaigh isteach sa chaisleán é. Bhí an doras foscailte, agus achan doras ar a' chaisleán. Shiúil sé leis fríd a' chaisleán ó sheomra go seomra agus ní rabh duine ar bith le feiceáil nó le mothachtáil aige. Tháinig sé isteach i seomra amháin agus bhí tábla i lár a' tí, agus pláta aráin i lár a' tábla; agus dar leis fhéin gur mhaith cuid don arán sula dtéadh sé 'na bhaile, go mb'fhéidir gurbh fhada go mbeadh sé sa bhaile agus go mbeadh ocras air. Thóg sé cupla giota don arán agus chuir sé 'na phóca iad.

Shiúil sé leis amach ar a' doras agus am inteacht roimhe mhaidin bhain sé an baile amach, ach ní tháinig ocras air 'rith an ama. Chuaigh sé a luí agus chodlaigh sé a sháith. Ní rabh a dhath ar bith le coiscriú a chur faoi.... Nuair a mhuscail sé ar maidin chuaigh sé a smaoitiú ar a' chaisleán agus dar leis fhéin b'fhéidir gur a' brionglóidigh a bhí sé:

"...nó ní rabh caisleán ar bith ansin ag imeacht domh."

D'éirigh sé agus d'amharc sé 'na phóca agus fuair sé dhá phíosa an aráin ann. Thug sé amach iad agus chaith sé chuig an mhadadh iad. Smúrthacht a' madadh orthu agus d'amharc sé suas ar Bhonnaí Dubha Ó Dubhthaigh. Chraith sé a chionn agus chraith sé a ruball ach ní fhiachfadh sé an t-arán. Chaith Bonnaí Dubha Ó Dubhthaigh

Blackfoot Duffy

Blackfoot Duffy[1] – he was a terrible rover, and a terrible gambler as well. There was no one to bother him. There was only himself and a dog. No sooner was he in one place than he was in the next. There wasn't anywhere that he'd hear of a wedding, an engagement, a christening, or any kind of amusement going on, but Blackfoot Duffy was sure to be there.

He was away very late one night – many's the night like that he had. He was by himself coming home. It seemed to him that he saw a very fine castle. He called in to the castle. The door was open, as was every door in the castle. He walked on through the castle from room to room and he didn't see or hear anyone. He came in to one room and there was a table in the middle of the floor, and a plate of bread in the middle of the table; and it occurred to him that it would be a good idea to take some of the bread before he went home, as it might be a long time before he'd be home and he might get hungry. He took a couple of pieces of the bread and put them in his pocket.

Off he went out the door and some time before morning he arrived home, but meantime he hadn't been hungry. He went to bed and slept all he wanted. There was nothing to disturb him…. When he woke in the morning he began to think about the castle, and he thought to himself that perhaps he had been dreaming:

"…because there was no castle there when I went out."

He got up and looked in his pocket and found the two pieces of bread in it. He took them out and threw them to the dog. The dog sniffed at them and looked up at Blackfoot Duffy. He shook his head and wagged his tail but he wouldn't try the bread. Blackfoot Duffy

---

1. His peripatetic habits explain the Irish nickname "Bonnaí Dubha", literally "black soles", or "feet", i.e. from constant roving, but the wordplay between it and the surname "Ó Dubhthaigh", "grandson of the dark-haired man", is impossible to translate satisfactorily. The whole name also has an onomatopoeic effect.

an t-arán sa tinidh – rinn sé amach gur ag na daoiní beaga a bhí sé.

Dáta 'na dhéidh bhí sé ar shiúl go hantráthach ar ais agus tháinig sé go bruach na mara. Bhí aithghiorra mhór ansin dá mbeadh tráigh ann, agus le ghoil thart barr a' chlocháin bhí cor bealaigh millteanach ann. Ní rabh fhios aige faoi Dhia goidé ab fhearr dó a dheánamh. B'fhada leis fanacht sa chladach go mbeadh tráigh ann, agus b'fhuide leis ar ais a ghoil thart timpeall. D'amharc sé thart acha dtaobh dó agus cé tí sé chuige aníos ach giolla na n-adharc.

"A Bhonnaí Dubha Uí Dhubhthaigh," deir sé, "ar mhaith leat a ghoil trasna?"

"Ba mhaith liom," arsa Bonnaí Dubha.

"Gabh ar mo dhroim anseo," arsa an Diabhal.

"Maith go leor," arsa Bonnaí Dubha Ó Dubhthaigh, a' tabhairt léim suas ar dhroim a' Diabhail.

Shiúil a' Diabhal leis amach go haigeantach go dtí go rabh sé i lár na haimhléise.

"Goidé níos a' mháthair leis a' leanbh ar maidin," adeir sé, "nuair a chuireann sí a cheirteach air?"

"Treabhaigh a' t-iomaire atá romhat," arsa Bonnaí Dubha Ó Dubhthaigh.

Shiúil sé leis giota eile.

"Goidé a' chéad rud a níos tú i ndéidh a ghoil a luí?" ar seisean.

"An leabaidh a bhrú," arsa Bonnaí Dubha Ó Dubhthaigh.

Shiúil a' Diabhal leis giota beag eile.

"Goidé ní tú nuair a théid tú isteach i dteach a' phobail?" ar seisean.

"Is annamh a théim a' bealach sin," arsa Bonnaí Dubha Ó Dubhthaigh, "ach treabhaigh a' t-iomaire atá romhat."

Ní rabh maith don Diabhal a bheith leis go dtí go rabh siad abhus ar a' tráigh ar ais. Léim Bonnaí Dubha Ó Dubhthaigh anuas do dhroim a' Diabhail.

"Teisbeánaidh mé anois duit," adeir sé, "goidé níos a' mháthair leis a' leanbh nuair a chuireann sí a cheirteach air – 'In ainm an Athar, agus a' Mhic, agus a' Spiorad Naomh'."

D'éirigh a' Diabhal in airde san aer agus shuncáil sé amuigh ag a'

threw the bread in the fire – he concluded that it belonged to the little people.

Some time afterwards he was out very late again and he came to the edge of the seashore. There was a great shortcut there if the tide was out and to go around up over the stepping-stones was a terribly roundabout way. He didn't know what on earth he should do. It seemed a long wait on the shore until the tide went out, and it seemed even longer again to go around. He looked all around and who should he see coming up to him but Old Nick.

"Blackfoot Duffy," says he, "would you like to go across?"

"I would," said Blackfoot.

"Get up here on my back," said the Devil.

"All right," said Blackfoot, jumping up on the Devil's back.

The Devil walked on out cheerfully until he was in the middle of the deep channel.

"What does an infant's mother do," says he, "when she puts its clothes on in the morning?"

"Get on with what you are doing[2]," said Blackfoot Duffy.

He walked on another bit.

"What's the first thing you do after going to bed?" said he.

"Squash the bed," said Blackfoot Duffy.

The Devil walked on another little bit.

"What do you do when you go into the chapel?" said he.

"I seldom go that way," said Blackfoot Duffy, "just get on with what you're doing."

It was useless for the Devil to keep on at him until they were over on the strand again. Blackfoot Duffy jumped down from the Devil's back.

"I'll show you now," says he, "what the infant's mother does when she dresses it – 'In the name of the Father and the Son and the Holy Ghost'."

The Devil rose up into the air and he sank from sight out by the

---

2. Literally "Plough the furrow in front of you."

Tor Ghlas amach as amharc. Bhain Bonnaí Dubha Ó Dubhthaigh an teach amach sábháilte an mhaidin sin agus lúcháir a' tsaoil air a' dóigh a rabh an Diabhal meallta aige.

Bhí go maith 's ní rabh go holc.

Bhí sé ar shiúl oíche eile go híontach antráthach fosta. Goidé tharas ach oíche mhillteanach shneachta. Dar leis a' duine bhocht: "Má bhím amuigh go maidin ní bheidh mé beo ar maidin agus tá deireadh le mo chuid siúil."

D'imigh sé leis agus ní rabh fhios aige cá háit a bhfuigheadh sé foscadh. Rinn sé cupla smaoiteadh luí sa tsneachta ach bhí sé a' deánamh dá luífeadh sé nach n-éireochadh sé. Fá dheireadh goidé tí sé ach caisleán don chineál chéanna a casadh air roimhe sin. Tháinig sé go dtí doras a' chaisleáin ach bhí doras a' chaisleáin seo druidte. Bhuail sé ag a' doras. Foscladh an doras dó agus tháinig fear galánta amach.

"Goidé tá tú a iarraidh," ar seisean, "fán am seo a dh'oíche?"

"Níl mé ag iarraidh a dhath ar bith," adeir sé, "ach foscadh na mballaí, a gheall ar Dhia. Má bhím amuigh anocht," ar seisean, "beidh mé amuigh a choíche nó ní bheidh mé beo ar maidin. Níl mé ag iarraidh bí nó leabaidh ach foscadh na mballaí go maidin."

"Bhail," arsa fear a' tí, "'s mór a' truaighe duine ar bith a chur amach. Bhéarfaidh mise foscadh na mballaí duit."

Thug sé isteach é. Bhí craos mór tineadh sa teallach ansin agus cathaoir 'na suí os coinne a' ghráta.

"Suigh ansin agus deán do scíste," deir sé. "'Bhfuil a dhath ar bith a thógfadh cian duit go maidin mura bhfuil tú ábalta codladh?"

"Dá mbíodh paca cardaí agam," arsa Bonnaí Dubha Ó Dubhthaigh, "ba é ab fhearr liom le fáil leis an oíche a chur thart."

"Gheobhaidh mise sin duit," arsa fear a' tí.

D'imigh sé agus fuair sé paca cardaí do Bhonnaí Dubha Ó Dubhthaigh agus d'iarr sé air a bheith ag imirt fhad agus bhí dúil aige. Thiontaigh sé uaidh ansin agus dhruid sé an doras 'na dhéidh. Bhí Bonnaí Dubha Ó Dubhthaigh ag goil do na cardaí ar feadh

Tor Glas[3]. Blackfoot Duffy reached home safely that morning delighted with the way he had fooled the Devil.

So far so good.

He was away very late another night as well, and what should happen but it turned into a night of terrible snow. The poor fellow thought:

"If I'm out in this until morning, I won't live to see the morning and that'll be an end to my gallivanting."

He carried on, not knowing where he would find shelter. He thought once or twice of lying down in the snow but he surmised that if he did, he wouldn't get up again. At last, what did he see but a castle like the one he had come upon before. He came to the door of the castle, but the door of this castle was shut. He knocked at the door. The door was opened and a fine gentleman came out.

"What do you want," said he, "at this time of night?"

"I don't want anything," says he, "but the shelter of your walls, for God's sake. If I'm out tonight," said he, "I'll be out for good, because I won't be alive in the morning. I don't want food or a bed, just shelter until morning."

"Well," said the man of the house, "it's a pity to shut anyone out. I'll give you shelter."

He brought him in. There was a roaring fire in the hearth and a chair sitting in front of the grate.

"Sit there and rest," says he. "Is there anything that would cheer you up until morning in case you can't sleep?"

"If I had a pack of cards," said Blackfoot Duffy, "that's what I'd like best to help pass the night."

"I'll get that for you," said the man of the house.

He went and got a pack of cards for Blackfoot Duffy and told him to play for as long as he liked. He turned away then and closed the door behind him. Blackfoot Duffy was at the cards for a while but at

---

3. Large rock off the western tip of Gola, an island about three miles north west of Rannafast. Annie often names local features in her stories.

tamaill ach fá dheireadh d'éirigh sé tuirseach. Ba mhian leis éirí agus é fhéin a shíneadh chois na tineadh. Thug sé iarraidh éirí ach bhí sé ceanglaí don chathaoir, agus a' chathaoir ceanglaí don talamh, agus ní rabh sé ábalta bogadh. Mar sin fhéin, luigh sé siar insa chathaoir agus thit sé 'na chodladh.

Ar maidin látharnamhárach tháinig fear a' tí aníos agus fuair sé Bonnaí Dubha Ó Dubhthaigh 'na luí agus a bhéal leathfhoscailte agus é 'na chodladh. Leag sé a lámh ar a ghualainn agus d'iarr sé air éirí ó sin. Sa bhomaite d'éirigh sé 'na sheasamh.

"Bhí mé ceanglaí don chathaoir," adeir sé, "ó tháinig an oíche."

"Och," adúirt fear a' tí, "sin rud a shíl tú."

Bheir sé ar phaca na gcardaí agus ba mhaith leis iad a bheith leis. Chuaigh sé a gcur i gcionn a chéile agus le sin fhéin isteach leis a' Bhás.

"A Bhonnaí Dubha Uí Dhubhthaigh," adeir sé, "caithfidh tú a bheith liomsa anois."

"Bhail, beidh mé leat ar ball," arsa Bonnaí Dubha Ó Dubhthaigh, "Suigh ansin go fóill; níl mé réidh le bheith leat go ceann cupla bomaite eile" – a' tabhairt na cathaoireach don Bhás.

Shuigh an Bás síos insa chathaoir.

"'Bhfuil tú réidh anois?" arsa an Bás.

"'Bhfuil tusa réidh?" arsa Bonnaí Dubha Ó Dubhthaigh.

Thug a' Bás iarraidh éirí 'na sheasamh ach ní rabh sé ábalta. Bhí an Bás ceanglaí don chathaoir agus a' chathaoir ceanglaí don talamh.

"Scaoil mé!" arsa an Bás.

"Cha scaoilim," arsa Bonnaí Dubha Ó Dubhthaigh. "Tá mé tuirseach go leor duit."

Níorbh fhada gur seo isteach Aingeal a' Bháis.

"'Bhonnaí Dubha Uí Dhubhthaigh," deir sé, "scaoil a' Bás comh tiugh géar agus thig leat!"

"Goidé bheifeá thusa a rá?" arsa Bonnaí Dubha Ó Dubhthaigh, a' cur a dhá láimh leis an Aingeal agus a chathamh trasna i mullach a' Bháis. Ghreamaigh an tAingeal don Bhás agus a' Bás don chathaoir, agus a' chathaoir don talamh, agus d'imigh Bonnaí Dubha Ó Dubhthaigh amach ar a' doras. Bhí siad ansin agus gan iad ábalta bogadh. Fá dheireadh tháinig fear a' tí agus scaoil sé an Bás, agus

last he grew tired. He wanted to get up and lie stretched by the fireside. He tried to get up but he was stuck to the chair and the chair was stuck to the ground and he couldn't move. In spite of that, he lay back in the chair and fell asleep.

The following morning the man of the house came up and found Blackfoot Duffy lying asleep with his mouth half-open. He put his hand on his shoulder and told him to get up. He stood up instantly.

"I was stuck to the chair," says he, "since night-time."

"Och," said the man of the house, "you only thought that."

Blackfoot lifted the pack of cards and wanted to take them with him. He began to stack them, and just at that moment, in came Death.

"Blackfoot Duffy," says he, "you must come with me now."

"Well, I'll be with you presently," said Blackfoot Duffy. "Sit there for a while; I'm not ready to go with you for another couple of minutes," – giving the chair to Death.

Death sat down in the chair.

"Are you ready now?" said Death.

"Are *you* ready?" said Blackfoot Duffy.

Death tried to stand up but he couldn't. Death was stuck to the chair and the chair was stuck to the ground.

"Release me!" said Death.

"I will not," said Blackfoot Duffy. "I've had enough of you."

It wasn't long before the Angel of Death came in.

"Blackfoot Duffy," says he, "release Death as fast as ever you can!"

"What are you giving out about?" said Blackfoot Duffy, pushing the Angel of Death with his two hands and hurling him over on top of Death. The Angel stuck to Death, and Death to the chair, and the chair to the ground, and Blackfoot Duffy went out the door. There they were, unable to budge. Eventually the man of the house came and he released Death and the Angel of Death, and the two of them

Aingeal a' Bháis, agus d'éirigh an bheirt 'na seasamh go géar gasta.
D'imigh leo agus níorbh fhada go dtáinig siad suas le Bonnaí Dubha
Ó Dubhthaigh ar ais. Chuaigh fear acu ar gach taobh dó.

"Tá tú goite fá dheireadh."

"Bhail, níl neart air," arsa Bonnaí Dubha Ó Dubhthaigh.

Thug leo é go dtáinig siad fhad leis na Flaithis. Bhuail siad ag a'
doras. Tháinig Naomh Peadar amach.

"Cé tá anois libh?"

"Bonnaí Dubha Ó Dubhthaigh."

"Ó, níl áit ag Bonnaí Dubha Ó Dubhthaigh istigh anseo ar chor ar
bith," arsa Naomh Peadar. "Caithfidh sé a bheith ar shiúl."

"Cá háit a rachaidh mé?" arsa Bonnaí Dubha Ó Dubhthaigh.

"Imigh leat," arsa seisean, "agus ná deán stad mara nó mórchónaí
go dtí go gcastar doras duit ar thaobh do láimhe clí. Buail ag a' doras
sin agus is dóiche go bhfuil áit ansin fá do choinne."

D'imigh Bonnaí Dubha Ó Dubhthaigh bocht leis, agus shiúil sé
agus shiúil sé leis giota fada. Fá dheireadh bhuail sé ag a' chéad doras
a casadh dó ar thaobh a láimhe clí.

"Cé sin?"

"Mise. Bonnaí Dubha Ó Dubhthaigh."

"Níl áit ar bith istigh anseo agat."

"Ní ligfidh an dara háit isteach mé. Hiarradh orm a theacht
isteach anseo."

"Cheangail tú an Bás agus Aingeal a' Bháis agus nuair a cheangail
níl tú a' goil a theacht isteach anseo, tú fhéin agus do phaca cardaí.
Bí ar shiúl!"

"Cá háit a rachaidh mé?" arsa Bonnaí Dubha Ó Dubhthaigh.

"Is cuma linne cá háit a rachas tú, ach níl d'áit anseo."

D'imigh sé leis agus casadh an dara doras dó. Bhuail sé ag a' doras
sin.

"Cé sin?"

"Mise. Bonnaí Dubha Ó Dubhthaigh."

"Níl áit ar bith istigh anseo agat. Bonnaí Dubha Ó Dubhthaigh a
cheangail a' Bas agus Aingeal a' Bháis – cá tuí a dtiocfadh sé isteach
anseo? Bí ar shiúl!"

Ní rabh fhios ag mo dhuine bhocht cá rachadh sé, agus phill sé ar
na Flaithis ar ais.

stood up sharply. They set off and it wasn't long before they caught up with Blackfoot Duffy again. One of them went to each side of him.

"You're caught at last."

"Well, it can't be helped," said Blackfoot Duffy.

They took him away with them until they came as far as Heaven. They knocked at the door. Saint Peter came out.

"Who have you with you now?"

"Blackfoot Duffy."

"Oh, Blackfoot Duffy hasn't got a place in here at all," said Saint Peter. "He'll have to go."

"Where will I go?" said Blackfoot Duffy.

"Go away," said he, "and don't tarry or delay until you come to a door on your left-hand side. Knock on that door and there's probably a place there for you."

Poor Blackfoot Duffy went off, and he walked on and on a long distance. At last he knocked on the first door he came to on his left-hand side.

"Who's that?"

"Me. Blackfoot Duffy."

"There's no place in here for you."

"Next door won't let me in. I was told to come in here."

"You tied up Death and the Angel of Death and since you did, you're not coming in here, you and your pack of cards. Be off!"

"Where will I go?" said Blackfoot Duffy.

"We don't care where you go, but your place isn't here."

He went off and came to a second door. He knocked at that door.

"Who's that?"

"Me. Blackfoot Duffy."

"There's no place in here for you. Blackfoot Duffy, who tied up Death and the Angel of Death – why would he get in here? Be off!"

The poor fellow didn't know where to go, so he headed back to Heaven again.

Fá dheireadh tháinig sé go dtí doras na bhFlaitheas agus bhuail sé ag a' doras.

"Cé sin?" arsa Naomh Peadar.

"Mise. Bonnaí Dubha Ó Dubhthaigh."

"Tá tú ar ais."

"Tá."

"Nár ins mise duit nach rabh áit ar bith anseo fá do choinne, agus nár ins mé duit cá háit le ghoil!"

"Bhail, goidé a' neart atá air, bhí mé ag dhá dhoras ó shoin agus ní ghlacfar mé."

"Bhail, ní ghlacfar anseo tú, ar scor ar bith. Gabh in do rogha áit anois!"

"Bhail, foscail a' doras," adeir sé, "go bhfágha mé aon amharc amháin isteach."

"Ní fhoscalfad," arsa Naomh Peadar. "Bí ar shiúl!"

Tháinig a' tAthair Síoraí aníos go dtí é agus ghlac Sé truaighe dó.

"Foscail a' doras dó," ar Seisean le Naomh Peadar, "má ní sé sásamh ar bith air amharc isteach."

D'fhoscail Naomh Peadar a' doras agus d'amharc Bonnaí Dubha Ó Dubhthaigh bocht isteach, agus chonaic sé an áit nach bhfacaidh sé a dhath ariamh cosúil leis. Ní rabh fhios aige goidé bhí le deánamh aige. Chuir sé suas a lámh agus bhain sé seanhata dona cheann. Chaith sé fad urchair isteach fríd lár a' tí é.

"'Naomh Peadair, caith amach sin chugam!"

"Cha gcathaim, a mhaistín," arsa Naomh Peadar. "Gabh isteach agus tabhair leat é!"

Le sin fhéin léim sé isteach go híontach lúcháireach i lár a' tí. Chrom sé agus thóg sé an hata, agus chuir sé ar a chloiginn é, agus shuigh sé síos go leacanta ar shuíochán a bhí ann.

"Éirigh," arsa Naomh Peadar, "agus gabh amach!"

"Seo," ar seisean, "tá mé istigh sna Flaithis anois agus tá sin ceart go leor."

"Níl sé ceart go leor nó a dhath cosúil leis," arsa Naomh Peadar.

Le sin tháinig Aingeal a' Bháis anuas.

"Tusa cheangail mise agus a' Bás nuair a bhí muid ar a' tsaol úd eile agus gabh amach anois nó níl áit ar bith anseo agat!"

Ní rabh Bonnaí Dubha Ó Dubhthaigh sásta corrú as áit na mbonn.

At last he arrived at Heaven's door and he knocked at the door.

"Who's that?" said Saint Peter.

"Me. Blackfoot Duffy."

"You're back."

"I am."

"Didn't I tell you that there was no place for you here, and didn't I tell you where you should go?"

"Well, it can't be helped, I've been to two doors since and they won't take me."

"Well, you won't be let in here in any case. Go wherever you please now!"

"Well, open the door," says he, "so I can get one glimpse inside."

"I will not," said Saint Peter. "Be off!"

The Lord came up to him and He took pity on him.

"Open the door for him," said He to Saint Peter, "if it gives him any consolation to look in."

Saint Peter opened the door and poor Blackfoot Duffy looked in and saw a place the like of which he had never seen. He didn't know what to do. He put up his hand and took his old hat off his head. He threw it as far as he could into the middle of the floor.

"Saint Peter, throw that out to me!"

"I won't throw it out, you scoundrel," said Saint Peter. "Go in and get it yourself!"

With that he jumped joyfully into the middle of the room. He bent down and lifted the hat and put it on his head, and he sat down comfortably in a seat.

"Get up," said Saint Peter, "and get out!"

"Come now," said he, "I'm in Heaven now and that's all right."

"It's not all right or anything like it," said Saint Peter.

Thereupon the Angel of Death came down.

"You're the one who tied up me and Death when we were in the other life, so get out now because you have no place here!"

Blackfoot Duffy was not prepared to move from where he was. He

Ní chorróchadh sé daofa. Ní rabh Naomh Peadar agus Aingeal a' Bháis ábalta é a chur amach. Le sin chruinnigh scaifte acu air. Fuair siad greim air a' brath a streachailt amach agus a chathamh taobh amuigh don doras agus a' doras a dhruid air. Chuaigh sé fhéin agus Naomh Peadar i bhfostú 'na chéile, agus le sin fhéin mhoithigh sé é fhéin ag éirí fuar. Chonaictheas dó go bhfacaidh sé an spéir. Dar leis gur chaith siad amach é a ghan fhios dó fhéin. D'amharc sé in airde agus chonaic sé an spéir agus na réalta os a chionn, agus a' sneachta faoi, agus é i bhfastú ag fear do na Gardaí a bhí á thabhairt 'na beáirice. Mhuscail sé ansin agus d'amharc sé thart acha dtaobh dó, agus d'ins sé don Gharda goidé d'éirigh dó ó tháinig an oíche.

"Bhail, maith go leor," adeir sé, "tá d'áit agamsa. Bhéarfaidh mise tú go dtí áit a bhfuighidh tú foscadh go maidin."

Foinse: RBÉ Ls. 590, pp. 479 – 94: 19/1/39.

wouldn't budge for them. Saint Peter and the Angel of Death weren't able to put him out. With that, a crowd of them gathered around him. They caught hold of him intending to drag him out, throw him outside the door and shut the door on him. He and Saint Peter came to grips, and at that moment he felt himself growing cold. It seemed to him that he could see the sky. He thought they must have thrown him out unbeknownst to himself. He looked up and saw the sky and the stars above him, and the snow beneath him, and he found himself in the grip of a Garda[4] who was taking him to the barracks. He woke up then and looked all around him, and he told the Garda what had happened to him since nightfall.

"Well, that's fine," says he, "I have your place. I'll take you to a place where you'll get shelter till morning."

Recorded: 19th January, 1939. The ms. says Annie heard it 30 years before from Eibhlín Ní Ghrianna, who was then 70 years of age.

---

4. "Garda Siochána" = "Guardian of the peace", a member of the Irish police force.

A' Fear a Bhí le Cur 'un Báis

Bhail, seo scéal beag a chualaidh mé ag Máire Ghráinne Óige – go ndeánaí Dia trócaire ar a hanam. Ach níl mise ábalta a inse mar a d'ins Máire. Ní mó tá mé ábalta a inse ar chor ar bith – tá dearmad deánta agam dó. 'Na dhéidh sin tá neart cuimhne agam nuair a bhíomais ag airneáil ann. Ba é cuid Mháire 'on tsaol scaifte páistí a' cruinniú isteach, agus shuífeadh sí go dtí go mbeadh an meán oíche dearg ann ag inse scéaltaí daofa. Níl fhios agam goidé mar choinneadh a claigeann ar chor ar bith an méid scéaltach a bhí aici. Chuaigh go leor leor acu faoi na fóide nár coinneadh i gcuimhne. Dá mbíodh maith ionamse níl fhios goidé na scéaltaí a d'fhéad a bheith agam do thairbhe Mháire Ghráinne Óige. Ach tá cuimhne agam í a bheith ag inse oíche amháin dúinn – bhí Frainc Mór 'na luí sa leabaidh a' cathamh tobaca. Ní rabh aici ach í fhéin agus Frainc Mór, agus bhí Frainc bocht breoite an áit ar thit sé in Albain agus briseadh a chos. Tháinig sé 'na bhaile ansin agus luigh sé ansin ar feadh sheacht mblian. Ach bhí sé ceart go leor ach nach rabh mothú ar bith ar na cnámha aige. Bhéamaisinne istigh, tinidh bhreá thíos, a' teach scuabtha agus Máire 'na suí sa chlúdaigh a' deánamh stocaí agus ag inse dúinn.

Bhí sí ag inse dúinn acha dtaobh do bhuachaill a bhí ann fad ó shoin. Agus an oíche a tháinig sé ar a' tsaol bhí bean siúil a' goil thart agus tharlaigh gur bhain sí faoithi sa teach seo an oíche seo a rabh bean a' tí ag éileamh ann. D'fhiafraigh sí daofa a' rabh coileach ruadh acu. Dúirt siad go rabh. D'iarr sí an coileach ruadh a mharbhadh. Marbhadh é agus d'iarr sí an slinneán a chur síos. Cuireadh síos a' slinneán. D'iarr sí orthu ar a mbás gan scian a leagan ar a' tslinneán, a' tslinneán a fhágáil aici fhéin. Ní ghlacfadh sí níos mó ach a' tslinneán. Nuair a bhí an slinneán piocthaí aici léigh sí an slinneán. Ba ghnách leo fios a dheánamh roimhe seo as slinneán coiligh ruaidh. Níl fhios agam cé acu chaithfeadh sé a bheith 'na choileach Márta nó nach gcaithfeadh. Ach cá bith, ba é an taraigreacht a rinn sí don leanbh: nuair a bheadh sé fiche bliain agus deich seachtainí go gcuirfí 'un báis é.

The Man who was Fated to Die

Well, here's a wee story I heard from Máire Ghráinne Óige – may God have mercy on her soul. But I can't tell it like Máire told it. I can hardly tell it at all – I've forgotten it. Despite that, I well remember when we used to spend the evening[1] with her. Máire loved to have a crowd of children gather into her house and she would sit until well past midnight telling them stories. I don't know how her head could hold all the stories she had. Many, many of them went to the grave with her that weren't kept in memory. If I had been any good, who knows how many stories I could have had because of Máire Ghráinne Óige. But I remember her telling stories to us one night – Big Frank was lying in bed smoking tobacco. There was only herself and Big Frank, and poor Frank was ill on account of having fallen in Scotland and broken his leg. He came home then and took to his bed for seven years. But he was all right, except that he had no feeling in his bones. We used to be in the house with a fine fire lit, the house swept, and Máire sitting by the fireside knitting stockings and telling us stories.

She was telling us all about a lad who lived long ago. And the night he was born there was a travelling woman going around, and she happened to stay in this house on the night that the woman of the house was giving birth. She enquired of them if they had a red rooster. They said they had. She asked that the red rooster be killed. It was killed and she asked for the shoulder bone to be put on to cook. The shoulder bone was put on. She told them on no account to put a knife near the shoulder bone, to leave it for herself. She would take nothing apart from the shoulder bone. When she had picked it clean, she read the shoulder bone. In the old days, they used to tell fortunes from the shoulder bone of a red rooster. I don't know if it had to be a March rooster or not. But anyway, the prophecy she made for the infant was this: when he was twenty years and ten weeks old he would be put to death.

---

1. The Irish word "airneáil" = "night visiting". This is the word used to describe the habit of gathering in neighbours' houses at night for conversation, storytelling, singing etc.

Steall a' t-athair ar a' daoraigh. Dúirt sé gur mhaith a' scéal a bhí le hinse aici. Dúirt sí nach rabh neart aici air, gur siod a' rud a chonaic sí sa tslinneán. D'iarr sé uirthi an doras a bheith aici i nduibheagán a' mheán oíche. Dúirt sé leis na mná eile gur fhéad siad gan a leithid do sheanchailleach phisreogach a ligean isteach 'un tí ar chor ar bith. D'iarr sí air ciall a bheith aige.

"Nach fearr duit é a chluinstin anois ná é a theacht ort go tobann ar ais agus b'fhéidir go dtiocfadh leat claímhe cosanta a dheánamh 'na éadan nuair atá fhios aige é."

Thoiligh siad uilig go rabh sin fíor agus d'iarr siad ar a' mhnaoi bhoicht fanacht san áit a rabh sí go maidin. Ach d'imigh a' bhean bhocht ar maidin agus chuaigh sin thart.

Nuair a bhí an buachaill ag éirí aníos d'ins siad dó goidé an fios a rinneadh dó. Ní rabh fhios acu cé acu ba chóir daofa é a chreidbheáil nó nár cheart. 'Na dhéidh sin rinn a' t-athair amach gurb é rud ab fhearr a thiocfadh leis a dheánamh, caisleán a dheánamh faoin talamh agus a' stócach a chur ann nuair a bheadh sé a' teacht a dheas don am. Fuair sé an caisleán deánta agus mhair a' caisleán seacht mbliana á dheánamh agus tá mé a' deánamh gur dheas a' caisleán é nuair a bhí sé deánta. Mílte ar shiúl ón áit a rabh siad 'na gcónaí, istigh i gcnoc a rinn siad a' caisleán. Agus dúirt sí fosta sa taraigreacht, a' fear a mhuirfeadh é gur as tír i bhfad ar shiúl a thiocfadh sé, nach bhfeicfeadh siad a chéile agus nach mbeadh eolas ar bith acu ar a chéile ar chor ar bith go dtí go gcasfaí ar a chéile iad.

Nuair a bhí an caisleán deánta ansin: fiche bliain agus deich seachtainí do shaol dúirt sí a gheobhadh sé. Nuair a bhí fiche bliain agus cúig seachtainí thuas dúirt a' stócach bocht nach rabh do shaol anois aige ach cúig seachtainí eile. D'iarr a' t-athair air uchtach a bheith aige, go rachadh na cúig seachtainí thart gan chaill agus go mbeadh an drochuair thairis. Thug siad leo ansin é a gheall ar é na cúig seachtainí sin a chathamh sa chaisleán. Thug siad leo go barr a' chnoic é, é féin agus an uile chineál tortha agus bí agus gléasraí ceoil agus an uile chineál a mbeadh dúil aige ann le cuideachta a choinneáil leis go dtí go dtaradh sé ar ais. Thóg siad leac agus bhí staighre síos ansin go dtí an caisleán. Chuaigh sé féin agus a' t-athair síos agus tugadh síos ansin na bocsaí agus fágadh istigh aige iad. Tháinig a' t-athair aníos, dhruid siad a' leac mar bhí, chuir siad

The father erupted with rage. He said it was a fine story she had to tell. She said she couldn't help it, that it was what she had seen in the shoulder bone. He showed her the door in the dead of night. He told the other women that they had no call to let such a superstitious old hag into the house at all. She asked him to have sense.

"Isn't it better for you to hear it now than for it to surprise you later on, and maybe when he knows about it you could prepare some defence against it."

They all conceded that that was true, and they asked the poor woman to stay where she was until morning. Anyhow, the poor woman left in the morning and that was that.

When the lad was growing up they told him of the prophecy that had been made for him. They didn't know whether they should believe it or not. Nevertheless, the father decided that the best thing he could do was to construct an underground fort and put the young man in it when the time was drawing near. He got the castle made, and it was seven years in the making, and I think it must have been a fine castle when it was finished. They built the castle inside a hill, miles away from where they lived. And she had also said in the prophecy that the man who would kill him would come from a faraway country, and that they wouldn't see each other or be acquainted with each other at all until they met.

So then, when the castle was built: twenty years and ten weeks of his life she said he would get. When twenty years and five weeks were up the poor young man said that now he had only five more weeks to live. His father told him to have courage, that the five weeks would pass without mishap and he would survive the hour of danger. Then they took him away to spend those five weeks in the castle. They brought him to the top of the hill, himself and every sort of fruit and food and musical instrument, and everything he might like to keep him amused until he returned. They lifted a flagstone and there was a flight of steps there down to the castle. He and his father went down, and then the boxes were brought down and were left inside with him. The father came up, they closed the flagstone like it was before,

fóide agus scratha ar a' chnoc agus chaith siad scainneagáin agus
scairbh thart go dtí nach bhfeicfeá lorg bróige nó tairne ach oiread
agus dá mbeadh gan aon lorg coise a bheith ariamh ann.

Roimhe sin bhí fear saibhir insan áit agus bhí siopa mór aige nó
cupla siopa, agus ba ghnách le lostaí millteanach soitheach a theacht
aige as tíortha i bhfad ar shiúl. Ach goidé tháinig uair amháin ach a'
mórtas agus é a' dúil le a dó nó a trí 'a shoithigh a theacht aige agus
cailleadh na soithigh. 'S é an chéad scéala a fuair sé gur cailleadh a
chuid soitheach uilig agus ní rabh aon cheann a' tarraingt air.
Chuaigh sé síos ansin. Chaill sé a dhóigh agus d'imigh sé leis 'na
ghealtán go dtí go bhfuair sé bás. Ní rabh fágtha ach a níon. Ach an
uair seo, sular fágadh a' stócach sa chaisleán, goidé fuair sise ach
scéala go bhfuarthas ceann da chuid soitheach an athra agus go rabh
sí a' tarraingt uirthi. Agus sin an áit a rabh an lúcháir! Ach is cosúil
nach rabh na soithigh i ndán daofa. D'éirigh an mórtas an uair seo ar
ais agus cailleadh an soitheach. Chuaigh sí go tóin. Báitheadh a rabh
do fhir ar a' tsoitheach uilig 'an tsaol ach aon fhear amháin. Chaith
sé amach usaid agus chuaigh sé i mullach na husaide go dtí go
dtáinig sé fhad le hoileán.

Ba ghnách leis a ghoil suas i gcrann achan lá – bhí gloiní aige –
agus amharc uaidh soir agus siar achan chearn do cheithre cearna an
domhain go bhfeicfeadh sé a' rabh cabhair ar bith a' tarraingt air.
Goidé bhí sé ach thuas i mbarr a' chrainn a' lá seo agus é a' breathnú
a' rabh cineál ar bith cabhrach le feiceáil – soitheach a' teacht ó
thuaidh nó ó dheas a thógfadh é – agus tí sé an scaifte a' goil go barr
a' chnoic, beirt fhear a' goil síos fríd a' chnoc agus gan a' teacht ar
ais ach fear acu. Dar leis fhéin nár mhillteanach a' rud a rinn sibh –
a' gasúr bocht a chur beo beitheach. Tháinig sé anuas as a' chrann.
Chaith sé amach a' bairille agus chuaigh sé a léim i mullach a'
bhairille ar ais go dtí go dtáinig sé i dtír. Agus d'imigh sé leis agus leis
go dtí go dtáinig sé go dtí an cnoc.
    Ní rabh a dhath ar bith le feiceáil ansin ar chor ar bith ach na
fóide mar bhí siad a' fás agus scairbh agus scainneagáin mar nach
siúlfadh aon nduine ariamh ann. Ní rabh fhios aige cé acu taibhsí a
chonaic sé nó chonaic sé na daoiní beocha. Dar leis fhéin, beidh le
fiacháil. Thoisigh sé a bhaint na dtúrtóg agus chonaictheas dó go
rabh na túrtógaí a' teacht leis íontach réidh. Fá dheireadh tháinig sé

covered the hillside with sods and grass, and tossed sand and gravel around until you couldn't see the trace of a shoe or a nail and it was as if no one had ever set foot there.

Prior to that, there was a rich man in the locality and he had a large shop, or even a couple of shops, and great shiploads of goods used to come to him from faraway lands. What happened but there was a heavy swell once when he was expecting two or three ships and the vessels were lost. The first report he got was that all his ships had been lost and that not one of them was on its way to him. He fell into a decline then. He lost his mind and became a lunatic until he died. There was only his daughter left. But then, before the young man was left in the castle, what did she get but news that one of her father's vessels had been found and was on its way to her. And there was great joy at that! But it seems that the vessels were not meant for them. A heavy swell rose this time again and the ship was lost. She sank. Every single man on the ship was drowned, except for one. He threw out a cask and got on top of it, until he reached an island.

He used to climb a tree every day – he had binoculars – and look out east and west, into all the four corners of the world to see if any help was coming his way. He happened to be up at the top of the tree one day, looking to see if there was any kind of help to be seen – a vessel coming from the north or south that would pick him up – and he spied the crowd going to the top of the hill, two men going down into the hill and only one of them coming back out. He thought to himself, what a terrible thing you've done – burying the poor boy alive. He came down from the tree. He threw out the barrel and jumped on top of it again until he reached the shore. Then he went on and on until he came to the hill.

There was nothing at all to be seen there, just the sods as if they were growing, and gravel and sand as if no one had ever walked there. He wasn't sure if he had seen ghosts or real people. He thought to himself, I'll put it to the test. He began to pull the sods, and it seemed to him that they were coming away very easily. At last he came to the flagstone. He lifted the stone and saw the flight of

fhad leis a' lic. Thóg sé an leac agus chonaic sé an staighre síos. Síos leis agus d'fhoscail sé an doras agus bhí buachaill óg 'na shuí ansin agus é a' léamh. Bhí tinidh dheas thíos aige agus seomra íontach galánta ann. Ach nuair a chonaic a' duine bocht an aghaidh strainséara a' teacht isteach, agus shíl sé nach rabh fhios ag aon nduine ar a' domhan chláir é bheith anseo ach a' mhuintir a d'fhág ann é, d'fhág a' croí áit aige.

"Ná scanraigh, ná scanraigh!" adúirt a' fear eile. "Goidé d'fhág anseo ar chor ar bith thú? 'S é rud a tháinig mise anseo á do shábháil, in áit a theacht á do loit."

Thoisigh an stócach agus d'ins sé an scéal dó.

"Bhail, ná bíodh eagla ort," adúirt sé, a' cur a lámh 'na phóca agus a' tarraingt amach scine:

"Má thig aon nduine anois tá muid beirt ann agus fhad agus a mhairfeas a' scian seo domhsa ní heagal duit. Sábhlóchaidh mise tú fhéin agus mé fhéin. Seo scian," (agus tá mé a' deánamh gur scian ar dóigh a bhí intí!) "scian a bhí againn fá choinne na beathaigh fiáine a mharbhadh amuigh sna tíortha cúil."

"Bhail, tá oiread bí anseo agus a choinneochas a' bheirt againn a' goil á mhéad a n-íosfaidh muid," adeir a' buachaill, "go dtí go dtaraí m'athair fá mo choinne."

"Bhail, fanóchaidh mise agat, más é do thoil é, le cuideachta a choinneáil leat," adeir a' strainséar, "agus beidh mé leat 'na bhaile nuair a bheas tú ag imeacht."

Dúirt a' stócach go rabh lúcháir mhór air cuideachta a bheith aige.

D'fhan a' fear coimhíoch aige agus bhí sé íontach lách leis a' stócach. Bhí an bheirt a' comhrá agus ag imirt agus a' bualadh ar ghléasraí ceoil tamall, agus an uile chineál cuideachta acu go dtí an oíche dheireannach.

"Bhail, tá mé a' goil 'na bhaile amárach," adeir a' stócach.

"Bhail, nach deas a bheith a' goil 'na bhaile slán," adeir a' fear eile, "le taobh do mhuintir a bheith a' dúil go mbeifeá marbh. B'fhéidir dá mbítheá sa bhaile ó shoin gur marbh a bheifeá."

Chuaigh siad a luí an oíche sin agus ar maidin a' lá arna mhárach dúirt sé go rabh sé a' goil a chur éadach glan uilig 'an tsaol air, agus

steps going down. Down he went and he opened the door, and a young man was sitting there reading. He had a nice fire lit and it was a very fine room. But when the poor fellow saw the strange face coming in, and he had thought that no one in the world knew he was there except the people who had left him there, it frightened the life out of him.

"Don't be afraid, don't be afraid!" said the other man. "How did you end up here at all? I came here to save you, not to do you any harm."

The youth began and told him the story.

"Well, don't be afraid," said he, putting his hand in his pocket and pulling out a knife:

"If anyone comes now, there are two of us, and as long as I have this knife you have nothing to fear. I'll save you and myself. This is a knife," (and I think it must have been some knife!) "a knife we had to kill the wild beasts out in faraway lands."

"Well, there's enough food here to keep the two of us going, no matter how much we eat," says the young man, "until my father comes for me."

"Well, I'll stay with you, if you wish, to keep you company," says the stranger, "and I'll go home with you when you leave."

The young man said he was very happy to have company.

The foreign man stayed with him and he was very kind to the youth. The two of them chatted, or played games or musical instruments a while, and they had all kinds of fun until the final night.

"Well, I'm going home tomorrow," says the youth.

"Well, isn't it nice to be going home safe and sound," says the other fellow, "instead of your family expecting you to be dead. Perhaps if you had been at home since, you would be dead."

They went to bed that night, and the following morning he said he was going to put on clean clothes, and that he'd like to wash himself.

gur mhaith leis é fhéin a ní. Dúirt a' fear eile go rabh sin ceart go leor. Chuir sé síos uisce agus théigh sé é agus chuir sé amach i dtobán mhór é.

"Agus anois, más é do thoil é," dúirt sé, "nífidh mise thú insan uisce the."

Rinn sé sin. Thug sé leis cnap sópa agus nigh sé an buachaill uilig 'an tsaol agus d'iarr sé air a ghoil isteach a luí tamall beag agus a scíste a dhéanamh sula gcuireadh sé air a' t-éadach. Chuaigh seisean isteach sa leabaidh agus luigh sé. Chonaictheas dó go rabh sócúl íontach aige, agus nuair a bhí sé ina luí dúirt sé go rabh tart air. Fuair a' fear eile úll dó, agus chonaictheas dó go rabh an t-úll íontach mór. D'amharc sé thart agus ní rabh aon scian le fáil aige.

"Cár fhág mise an gudaí," dúirt sé, "a bhí liom an oíche a tháinig mé anseo?" ag amharc in airde; agus bhí sí in airde ar chlár a bhí os cionn na leaptha.

Shroichteáil a' duine bocht in airde. Bhí sé ró-ghoirid. Sheasaigh sé ar stól bheag. Sheasaigh sé ar cheann a' stóil ró-fhada amach agus d'éirigh an stól in airde agus anuas leis i mullach a' stócaigh agus chuir sé an scian fríd a chroí. Is dóigh gur seo an fear a bhí lena mharbhadh. Ní rabh sé ábalta í a tharraingt bhí sé comh scanraí sin. Thit sé fhéin i laige agus nuair a tháinig sé aige fhéin bhí an buachaill bocht marbh. Ní thearn sé a dhath ar bith ach iarraidh a thabhairt ar a' doras a' méid a bhí 'na cheithre cnámha agus iarraidh a thabhairt amach.

Nuair a mheas a' t-athair agus a chuid fear go rabh an uair thuas d'imigh sé fhéin agus a chuid fear go dtí go dtabharfadh siad leo an stócach. Ach nuair a tháinig siad fhad leis a' chnoc d'aithin siad go rabh duine inteacht eile ag a' chnoc roipú agus scanraigh an croí amach as an áit acu. Bhí siad cinnte go rabh sé marbh agus b'fhíor daofa. A' goil síos daofa fuair siad a' stócach bocht 'na luí ar a' leabaidh agus a' scian sáite 'na chroí. Mar sin dó, bhí an ceart ag a' mhnaoi.

Is doiligh claímhe cosanta ar bith a dhéanamh in éadan an bháis.

Foinse: RBÉ Ls. 599, pp. 330 – 44: 9/3/39.

The stranger said that was fine. He put on some water and heated it and he put it out in a large tub.

"And now, if you like," he said, "I'll wash you in the hot water."

He did that. He took a lump of soap and he washed the boy completely and told him to go to bed and rest for a while before he put on his clothes. He got into bed and lay down. He felt very comfortable, and when he was in bed he said he was thirsty. The other fellow got him an apple, and it seemed to him that the apple was very big. He looked around and he couldn't find a knife.

"Where did I leave the knife I had with me the night I came here?" said he, looking up; it was up on a shelf above the bed.

The poor fellow reached up. He was too short. He stood on a little stool. He stood too far out on the edge of the stool and the stool upturned and down he came on top of the youth and put the knife through his heart. This must have been the man who was destined to kill him. He was unable to pull the knife out he was so frightened. He himself fainted and when he came to, the poor young man was dead. He did nothing but dash straight for the door as fast as he could to try to get out.

When the father and his men judged that the time was up, they went to fetch the youth. But when they got to the hill they realised that someone else had been on the hill before them, and their hearts stopped with fright. They were sure he was dead, and they were right. When they went down they found the poor young man lying on the bed with the knife plunged in his heart. Therefore, the woman was right.

It's hard to prepare any defence against death.

Recorded: 9th March, 1939.

A' Fathach a Bhí Taobh Thall don Ghealaigh

Bhí mac fir uasail fad ó shoin 'na shuí thuas ar an fhuinneoig barr agus é a' gearradh tobaca, lá deas insa gheimhreadh agus cóta trom sneachta ar a' talamh. Sháith sé an scian ina ghlaic agus ghearr sé go trom í. Chuir sé amach a lámh ar an fhuinneoig a dh'iarraidh fuaraidh agus thoisigh an fhuil a thitim ar a' tsneachta. Tháinig éan dubh agus chuaigh a dh'ól na fola. Dar leis fhéin:

"Nár dheas bean a mbeadh a pluca comh dearg leis an fhuil sin, a gruaig comh dubh leis an éan dubh, agus a craiceann comh geal leis a' tsneachta."

Bhí an pioctúr a' teacht roimhe 'na shúile ar fad. Agus chuaigh sé síos agus d'ins sé dona athair é.

"Bhail, níl mise ábalta a dhath a dhéanamh duit," arsa an t-athair.

Ghléas sé péire beathach agus chuir sé dhá mhála óir leis, agus d'iarr sé air imeacht agus faisnéis a chur a rabh a leithéid ar a' domhan, gur sin a dtiocfadh leisean a dhéanamh dó.

D'imigh mo dhuine bocht leis. Bhí an tráthnóna a' teacht. Bhí sé a' goil thart le roilig agus é a' smaoitiú ar fad cá bhfuigheadh sé an cailín deas, agus a' pioctúr a' teacht go soiléir roimheana shúile ar fad. Le sin chuala sé an callán a bhí millteanach istigh sa roilig. Chuaigh sé isteach agus bhí uaigh déanta agus cónair ar bhruach na huaighe. Nuair a chuirfeadh beirt síos a' chónair chuirfeadh ceathrar aníos í agus iad á greadadh le bataí, agus iad á rá:

"Ní chuirfear inniu é go dtí go socrar na fiacha."

D'fhiafraigh sé goidé bhí contráilte, ach bhí barraíocht calláin acu agus ní rabh aon nduine ábalta a inse. Chuir sé faisnéis ar dhóigh inteacht go dtí go dteachaidh an comhrá ó dhuine go duine, agus gur barraíocht fiacha a bhí ar an fhear agus nár dhíol sé iad. D'iarr sé orthu a bheith 'na dtost bomaite agus go bhféachadh seisean le sin a réiteach. Chuaigh sé amach agus thug sé isteach mála don ór. Déarfadh duine:

The Giant on the Far Side of the Moon

On a fine winter's day long ago, while a heavy coat of snow lay on the ground, a nobleman's son was sitting at an upper window cutting tobacco. He stuck the knife in his hand and cut it deeply. He put his hand out the window to relieve it and the blood began to fall on to the snow. A black bird came and began to drink the blood. He thought to himself:

"Wouldn't a woman whose cheeks were as red as that blood, whose hair was as dark as that black bird and whose skin was as white as the snow be lovely!"[1]

The picture kept appearing before his eyes. So he went down and told his father about it.

"Well, I can do nothing to ease your plight," said the father.

He harnessed a pair of horses and gave him two bags of gold, and he told him to go away and enquire if such a woman existed in the world, that he could do no more for him.

The poor fellow set off. Evening was approaching. He was passing a graveyard while still thinking about where he would find the lovely girl, her picture appearing clearly before his eyes all the time. Just then he heard the most terrible row in the graveyard. He went in and there was a grave dug and a coffin at the edge of the grave. When two would lower the coffin, four more would raise it up, thrashing it with sticks saying:

"He'll not be buried today until the debts are settled."

He asked what was wrong, but with all the clamour nobody was able to tell him. He enquired somehow until the word came back from person to person that it was because the man had had too many debts and had not paid them. He asked them to be quiet for a minute and said that he would try to settle matters. He went out and brought in a bag of the gold. One of them would say:

---

1. This motif (the first of many in this story) of a girl who combines the three colours in her looks is common in folktales.

"Tá deich bpunta agamsa air," duine fiche punt, agus dá réir sin, comh hard le leithchéad punt. Rann sé mála an óir, ach ní rabh na fiacha uilig díolta. Chuaigh sé amach agus thug sé isteach a' darna cionn, agus rann sé é sin.

"A' bhfuil sibh sásta uilig anois?" ar seisean.

Dúirt siad go rabh.

"Bhail, cuirigí an corp," ar seisean.

Bhí seanbhean mhór fhada 'na seasamh thall a chois claí a rabh cár mór aici.[1]

"Bhail, a sheanghadaí scrábach," ar sise, "níl sé curtha go fóill. Tá tuistín agamsa air."

Ní rabh aon phínn aige a bhéarfadh sé daoithi agus ní rabh duine ar bith a' goil a thabhairt a chuid fhéin daoithi. Bhí péire do mhiotógaí deasa ar a lámha. Tharraing sé na miotógaí dona lámha agus shín sé daoithi iad.

"A' sásóchaidh sin thú?" ar seisean.

"Sásóchaidh," deir sí.

"Bhail, ba chóir go sásóchadh. Chosain siad punta domhsa," adeir sé, "agus tá siad agatsa in ionad an tuistín."

Shiúil sé amach ar a' gheafta agus gan cros rua ná geal ar thóin a phóca, agus gan luach a bhricfeasta ná a shuipeára aige; agus lig sé na beathaigh ar shiúl 'na bhaile. Ní rabh fhios aige cá rachadh sé. D'imigh sé leis agus níorbh fhada go dtáinig sé fhad le coillidh; agus amach as faoi bhun crainn léim fear beag ribeach rua. Chuir sé ceist air cá rabh sé a' goil, goidé an siúl a bhí air.

"Ó, creidim, siúl amaideach," adeir sé, "ach caithfidh mé an siúl a dheánamh. Níl fhios agam fhéin cá bhfuil mé a' goil."

"A' nglacfaidh tú mise mar chomrádaí?" ar seisean.

"Glacfaidh," arsa an fear óg, "is fearr achan seort ná an dubhchoisíocht. Is fearr achan rud ná a bheith ar shiúl leat fhéin."

Níorbh fhada go dtáinig an oíche agus tháinig siad isteach i mbothóig bhig; agus ní rabh aon nduine ansin ach cailleach agus í a' cur síos na tineadh lena cár. Shéid sí suas lena gaothsán í, agus dhearg a' tinidh. Shuigh a' bheirt thiar go fuar faiteach.

---

1. Bheadh muid ag súil le "uirthi" anseo ach deir Annie "aici" go soiléir ar an taifeadadh a rinneadh in 1961.

"He owes me ten pounds," another twenty pounds, and so on as high as fifty pounds. He shared out the bag of gold, but all the debts were not paid. He went out and brought in the second one and he shared it out.

"Are you all satisfied now?" said he.

They said they were.

"Well, bury the corpse," said he.

A big, tall old woman with big teeth was standing over by the ditch.

"Well, you scruffy old thief," said she, "he's not buried yet. He owes me fourpence."

He hadn't a penny to give her and no one was going to give her any of their own share. He had a nice pair of gloves on his hands. He pulled the gloves off and offered them to her.

"Will that satisfy you?" said he.

"It will," says she.

"Well, so it should. They cost me a pound," says he, "and you have them instead of the fourpence."

He walked out the gate without a copper or a silver coin in his pocket, and without the price of his breakfast or supper; so he sent the horses back home. He didn't know where to go. He set off and it wasn't long before he came to a wood; and out from beneath a tree jumped a little bearded red-haired man. He asked him where he was going and what his journey was.

"Oh, I suppose, it's a foolish journey," says he, "but I have to make it. I don't even know myself where I'm going."

"Will you have me as a companion?" said he.

"I will," said the young man. "Anything is better than endless walking. Anything is better than being away on your own."

It wasn't long until night fell and they came in to a little hut; and there was nobody there but an old hag setting the fire with her teeth. She blew at it with her nose and the fire lit up. Apprehensively, the two sat well back.

"A' bhfuil scéal nuaidhe ar bith libh?" ar sise, "a chuirfeadh thart an oíche? Nach sibh a' dá chul búistín a ba mhó a tháinig isteach 'un mo thí ariamh!"

"Níl," adeir a' fear óg, "murab fhuil sé agat fhéin."

"Tá, maise," deir sí, "seoid anseo agam a chuirfeas thart tamall don oíche, agus dheánfaidh sé achan chineál a n-iarrfaidh mé air."

"Cá bhfuil sé," adeir a' fear beag, "go bhfeice mé é?"

Ní thabharfadh sí dó é.

"Níl mise a' goil a dheánamh a dhath air."

Shín sí dó é. Goidé bhí ann ach claíomh.

"Imigh is bain a' cionn don chailligh," deir sé.

Chaith an claíomh a' cionn don chailligh. Rinn a' bheirt a suipeár agus chuaigh siad a luí. Agus ar maidin, d'éirigh siad agus cibé bhí sa teach rinn siad réidh é fá choinne a mbricfeasta.

"Tá muid níos fearr inniu," arsa an fear beag, "ná bhí muid aréir. Tá claímhe cosanta maith linn."   .

D'imigh an bheirt leo agus shiúil leo go dtáinig an oíche. Níor casadh teach ná cró orthu gur casadh bothóg don chineál chéanna orthu. Tháinig isteach agus ní rabh istigh ansin ach cailleach don chineál chéanna. Nuair a bhí dhá dtrian don oíche caite agus trian le cathamh:

"An bhfuil scéal nuaidhe do chineál ar bith libh?" adeir sí. "A' bhfaca mé an dá chúl búistín ariamh comh mór libh! Nach bhfuil focal ar bith ionaibh?"

"Níl," adeir a' fear beag, "murab fhuil sé agat fhéin."

"Tá," deir sí, "cathaoir dheas agamsa," deir sí. "Thig liom a ghoil isteach inti agus a ghoil in mo rogha áite," adeir sí, "agus ní fheicfidh sibh mé."

"Gabh isteach inti," adeir a' fear beag, "agus gabh thart ar a' teach go bhfeice muid."

Rinn. Ní fhaca siad í. Shocair a' chathaoir síos ar an urlár.

"Have you any novelty with you," said she, "that would help pass the night? Aren't you the biggest pair of dummies that ever came into my house!"

"We haven't," said the young man, "unless you have something yourself."

"Indeed, I have a treasure here that will pass a part of the night, and it will do everything I tell it."

"Where is it," says the little man, "till I see it?"

She wouldn't give it to him.

"I'm not going to do anything to it."

She handed it to him. What was it but a sword.

"Go and cut off the hag's head," says he.

The sword lopped off the hag's head. The two had their supper and went to bed. So then in the morning, they rose and made their breakfast from whatever they found in the house.

"We're better off today," said the little man, "than we were last night. We have a good protector[2] with us."

The two of them set off and walked on until nightfall. They didn't come across a house or a hovel until they came on a hut just like the one before. They entered, and there was nothing in there but an old hag like the one before. When two-thirds of the night were spent and a third[3] still left:

"Have you a novelty of any kind with you?" says she. "Did I ever see such a pair of big dummies as the two of you! Have you nothing to say for yourselves?"

"We haven't," says the little man, "unless you have something yourself."

"I have," says she, "a lovely chair," says she. "I can get into it and go anywhere I choose," says she, "and you won't see me."

"Get into it," says the little man, "and go around through the house so that we can see."

She did. They didn't see her. The chair settled back down on the floor.

---

2. Literally "a sword of defence", but the Irish words "claímhe cosanta" in folklore terms denote any means of magical protection or defence which need not be a sword at all.

3. The Irish expression, translated literally here, would now simply mean "in the early hours of the morning". This demand from the hags for novelty and news is associated with past customs of 'night-visiting', when the host or hostess usually entertained visitors for the first portion of the night. Visitors were then expected to reciprocate as the night wore on.

"Éirigh," arsa an fear beag leis a' chlaímh, "agus bain a' cionn don chailligh."

Rinn. Chuaigh siad a luí nuair a rinn siad a suipeár. Agus ar maidin:

"Bhail, tá muid níos fearr inniu," arsa an fear beag, "ná bhí muid aréir. Bhéarfaidh an chathaoir anois muid áit ar bith ar mian linn."

D'imigh siad leo, agus nuair a tháinig an oíche chuaigh siad isteach sa tríú bothóg, agus ní rabh istigh ansin ach cailleach don chineál chéanna. Chuir sí ceist a' rabh scéal nuaidhe ar bith leo agus dúirt siad nach rabh mur rabh sé aici fhéin.

"Bhail, tá," dúirt sí, "tá clóicín dorcha agamsa anois agus cuirfidh mé thart orm é," adúirt sí, "agus beidh a mur mbualadh suas in éadan na mballaí," deir sí, "agus ní fheicfidh sibh mé."

"Bí ar obair," adeir a' fear beag.

Rinn. Thug sí iarraidh 'a dhorn ar an fhear bheag ach léim sé as a' chasán. Chonaic seisean í. Bhuail sí an balla. Tharraing sí dorn agus bhuail sí mac an fhir uasail. Chuaigh a' fear beag a gháirí. Ach nuair a mheas sé go rabh a sháith ag mac an fhir uasail, d'iarr sé ar a' chlaímh a' cionn a bhaint daoithi, agus bhain.

Chuir siad a' clóicín dorcha thart acha dtaobh daofa. Chuaigh siad isteach sa chathaoir agus d'iarr siad ar an chathaoir iad a fhágáil thall ag caisleán Rí na Spáinne. Rinn. Chaith siad clog ansin a bhí ag a' doras agus chuaigh an caisleán uilig ar bharra creatha. Tháinig a' fear uasal amach agus gunna leis. Chuir sé ceist goidé na ruagairí reatha iad seo a bheadh a' cur coiscridh faoisan fán am seo a dh'oíche.

"Ó, níl a dhath," adeir an fear beag, adeir sé, "deánta cearr, ach fear uasal atá anseo ar mhaith leis do níon a fheiceáil."

"Bhail," adeir sé, "tá eagla orm go dtug sé a chúl lena leas agus a aghaidh ar a aimhleas. Níl aon chrann insa ghárraí," adeir sé, "nach bhfuil claigeann duine air, ach crann amháin, agus creid gur do chlaigeannsa a rachas ar é sin."

Tugadh an bhean óg 'un tosaigh – cailín don chineál chéanna a chonaic sé sa tsneachta. Ach d'amharc sí air agus ní thug sí taobh cinn na coise dó. Nuair a chuaigh siad a luí chuaigh sí suas fhad leis agus thug sí fáinne dó.

"Get up," said the little man to the sword, "and take the head off the hag."

It did. They went to bed when they had had their supper. So then in the morning:

"Well, we're better off today," said the little man, "than we were last night. Now the chair will take us wherever we wish to go."

Away they went, and when night came they went into a third hut and there was nothing in there but another old hag the same as before. She asked if they had any novelty with them and they said they had none, unless she had something herself.

"Well now, I have," said she, "I have a little dark cloak, and I'll put it around me," said she, "and I'll beat you up against the walls," says she, "and you won't see me."

"Get going," says the little man.

She did. She tried to punch the little man but he jumped out of the way. He had seen her. She hit the wall. She threw a punch and she hit the nobleman's son. The little man started laughing. But when he reckoned that the nobleman's son had had enough, he told the sword to cut off her head, and it did.

They wrapped the little dark cloak around them. They got into the chair and they told it to leave them over at the King of Spain's castle. It did. They rang a bell at the door there and the whole castle trembled. The nobleman came out with a gun. He asked what kind of vagabonds were they to be startling him at that time of night.

"Oh, there's no wrong done," says the little man, says he "but there's a gentleman here who would like to see your daughter."

"Well," says he, "I'm afraid he has turned his back on his good fortune and is facing his ruin. There's not a tree in the garden," says he, "that hasn't got a man's head on it, except for one, and take my word, it'll be your head that'll go on that one."

The young woman was brought forward – a girl just like the one he had seen in the snow. But she looked at him and paid him no heed. When everyone had gone to bed she approached him and she gave him a ring.

"Anois," adeir sí, "bíodh an fáinne sin agatsa amárach nuair a iarrfaidh mise ort é."

Chuir sé suas ar a mhéar é agus chuaigh siad a luí; agus nuair a fuair sise 'na chodladh é bhain sí dó an fáinne. Bhí sí faoi gheasa ag fathach a bhí taobh thall don ghealaigh. Agus d'imigh sí anonn chuig an fhathach agus a' fáinne léithi. D'fhág sí ar chlár bheag a bhí in airde é. Agus bhí mac an fhir uasail le cur 'un báis ar maidin. D'imigh an fear beag anonn 'na déidh go híontach cleasach insa chathaoir, agus ghoid sé an fáinne ar maidin agus anall ar ais agus bhí sé go díreach 'na luí sula dtáinig sí isteach. Chuaigh sí suas, tharraing sí a cos agus bhuail sí buille dona cois go maith ar mhac an fhir uasail.

"A' bhfuil a' fáinne inniu agat," adeir sí, "a thug mise aréir duit?"

"Ó," deir a' fear beag, "mise a thaisceas achan chineál. Tá sé anseo."

Agus shín sé amach a mhéar. Bhain sé dó an fáinne agus shín sé daoithi é. Níor labhair sí.

Chuaigh an lá sin thart. A' goil ó sholas dó an oíche arnamhárach:

"Bíodh fhios agatsa," adeir sí, "cén béal deireannach a dtug mise póg anocht dó. Bíodh an béal sin agat amárach."

Bhí seacht gclaigne ar an fhathach. D'imigh sí anonn chuig an fhathach. Dúirt sí leis gur chuir sí cor fá chasán an iarraidh seo air, nach bhfuigheadh sé amach as a lámha – go rabh sé marbh an iarraidh seo ar scor ar bith aici.

Nuair a fuair seisean aiméar uirthi d'iarr sé ar a' chlaimh na seacht gclaigne a chathamh don fhathach. Rinn. Bhí mála aige. Choinnigh sé an mála. Chuir sé isteach sa mhála iad, chuir sé an mála ar a dhroim. Isteach sa chathaoir. Bhí sé abhus agus é 'na luí sula dtáinig sí isteach. Chuaigh sí suas agus tharraing sí a cos agus bhuail sí é.

" 'Bhfuil a' béal deireannach agat," adeir sí, "a dtug mise póg aréir dó?"

D'amharc seisean suas go scáfar uirthi.

"Tá," adeir a' fear beag, agus chaith sé amach agna cosa iad. "Sin anois iad. Aithnigh fhéin iad. Níl aithne agamsa ar a mbéal sin ar chor ar bith. Cá mhéad béal a bhí air?"

Níor labhair sí. Bhí na geasa briste ansin, agus pósadh í fhéin agus

"Now," says she, "have that ring tomorrow when I ask you for it."

He put it on his finger and they went to their beds; and when she found he was asleep she took the ring off him. She was under the spell of a giant who was on the far side of the moon. So she went over to the giant taking the ring with her. She left it high up on a little shelf. And the nobleman's son was to be put to death in the morning. The little man followed her yonder very craftily in the chair, and he stole the ring in the morning and returned, and he was just in bed again before she came in. She went up, drew back her foot and kicked the nobleman's son hard.

"Have you got the ring today," says she, "that I gave you last night?"

"Oh," says the little man, "I look after everything. Here it is."

And he held out his finger. He took off the ring and handed it to her. She didn't speak.

That day went by. At dusk the following night:

"Make sure you know," says she, "which was the last mouth I kissed tonight. Have that mouth tomorrow."

The giant had seven heads. She went over to the giant. She told him she had sent him on a wild goose chase this time, that he wouldn't slip through his hands – that she'd made sure he was as good as dead this time at any rate.

When the little man caught her off guard, he told the sword to cut the seven heads off the giant. It did. He had a bag. He held the bag open. He put them in the bag. He put the bag on his back – into the chair. He was back and in bed before she came in. She went up and drew back her foot and kicked the young man.

"Do you have the last mouth," says she, "that I kissed last night?"

He looked up at her fearfully.

"He has," says the little man and he threw them out at her feet. "There they are now. Identify them yourself. I don't know which mouth it is at all. How many mouths did he have?"

She didn't speak. The spell was broken then, and she and the

mac an fhir uasail. Rinn siad bainis a mhair lá agus bliain, agus nuair a bhí an lá agus a' bhliain istigh:

"Bhail," adeir mac an fhir uasail, "is mithid domhsa," adeir sé, "m'aghaidh a thabhairt ar a' bhaile. Níor chuir mé lá scolb ná scéal chuig m'athair," adeir sé, "ón lá d'fhág mé Éirinn."

Agus d'imigh leo. Shiúil leo go dtáinig siad fhad le bun a' chrainn.

"Tá mise a' goil isteach anseo," adeir a' fear beag. "Ní thig liom a ghoil níos faide."

"Ná nach dtiocfaidh tú liom 'na bhaile chuig m'athair," adeir sé, "go ndeána mé a mhór duit," adeir sé, "i ndéidh a dtearn tú domh?"

"Ó, bhail," adeir sé, "rinn mé rud duit," adeir sé, "cinnte, agus cuid mhór, ach rinn tú níos mó domh."

"Ó, ní thearn mé a dhath duit."

"Rinn," adeir sé, "mise an fear a bhíthear a chur a' lá d'imigh tú," adúirt sé, "agus d'iarr mé achaine ar Dhia – mé a ligean leat le uair na contúirte a chur tharat. Slán agus beannacht agat, thug tú foscadh do m'anam agus do mo cholainn."

Foinse: Taifeadadh 1961.

nobleman's son were married. They had a wedding feast which lasted a year and a day, and when the year and a day were up:

"Well," says the nobleman's son, "it's time for me," says he, "to turn for home. I have sent neither tale nor tidings to my father," says he, "since the day I left Ireland."

And away they went. They kept going until they came as far as the foot of the tree.

"I'm going in here," says the little man. "I can't go any further."

"Will you not come home with me to my father," says he, "so that I can repay you," says he, "for all you have done for me?"

"Oh, well," says he, "I did help you," says he, "certainly, and helped you a lot, but you did more for me."

"Oh, I didn't do anything for you."

"You did," says he. "I'm the man who was being buried the day you left," said he, "and I asked God for a wish – to let me go with you to get you through your ordeal. Farewell and God bless you, you gave shelter to my soul and to my body."

Taped by Gordon MacLennan October, 1961.

A' Seanbhríste Mór

Bhí sé 'na chónaí leis fhéin agus níor chuir a dhath ar bith riamh buaireadh air. Bhí sé comh soineanta le leanbh an diúil. Ní thearn sé a dhath ar aon nduine agus ní rabh aon nduine a' deánamh a dhath air. Ní rabh duine ar bith le cuidiú leis a dhath a dheánamh, agus bhí a bhríste lán píosaí agus paistí uilig 'on tsaol go dtí go dtug na gasraí dímúinte "A' Seanbhríste Mór" air. Sin a' chéad rud ariamh a ghoill air. Bhí sé a' teacht 'na bhaile aon tráthnóna amháin agus smaoitigh sé leis fhéin dá mbeadh bean aige nach mbeadh an t-ainm sin air, go gcuirfeadh sí dóigh ar a bhríste agus go mbeadh gléas air bríste úr a fháil.

I ndéidh a ghoil a luí bhí sé a' smaoitiú ar na rudaí seo agus shíl sé gur labhair glór íontach caoin ag an fhuinneoig, agus dúirt sé leis gur bean do chuid cailíní Murchú na Coille Ruaidhe ab fhearr a d'fhónfadh dósan agus a choinneochadh deis air.

"Cá bhfuighidh mise," dúirt sé, "bean do chuid cailíní Murchú na Coille Ruaidhe?"

"Éirigh," deir bean acu, "agus imigh leat go gcastar sruthán ort, agus lean don tsruthán go dtara tú fhad le sruthán eile agus bhéarfaidh an sruthán sin go dtí an Choillidh Ruadh thú."

D'éirigh Seanbhríste Mór agus tharraing sé air a bhríste agus d'imigh leis gur casadh an sruthán dó, oíche dheas smúidghealaí; agus nuair a bhí sé réidh leis a' tsruthán sin casadh an dara cionn dó. Lean sé don chionn sin go dtí go dtáinig sé fhad leis a' choillidh. Chonaic sé solas istigh sa choillidh, agus chuala sé an ceol agus a' spórt a bhí galánta. Chonaic sé isteach fríd na crainn na daoiní aníos agus síos. Agus fá dheireadh tháinig bean bheag bhaoideach amach nach rabh airde do ghlúin inti agus cionn dhá láimh uirthi comh mór le clár cófra.

"Cá tuí a bhfuil do dhá láimh comh mór agus tá siad," ar seisean, "agus tú fhéin comh beag is tá tú?"

"Tá, d'oibir mé oiread," ar sise, "is go dteachaidh brí mo choirp uilig isteach i gcionn mo dhá láimh."

Old Big Britches

He lived by himself and he never had a care in the world. He was as innocent as a suckling child. He did no one any harm and no one harmed him. There was nobody to help him to do anything and his trousers were so covered in pieces and patches that the unmannerly young boys called him "Old Big Britches". That was the first thing that ever upset him. He was coming home one evening and he thought to himself that if he had a wife he wouldn't have that nickname, because she would mend his trousers and he would have the means[1] of getting new ones.

After going to bed he was thinking about these things and he thought that a very soft voice spoke at the window, and it said to him that one of Red Wood Murphy's girls would suit him best and keep him in good repair.

"Where will *I* find," said he, "one of Red Wood Murphy's girls?"

"Get up," says another voice, "and keep on going until you come to a stream, and follow the stream until you come to another stream and that stream will bring you to the Red Wood."

Old Big Britches got up and pulled on his trousers and went off until he came to the stream, that nice shadowy moonlit night; and when he reached the end of that stream he came to the second one. He followed that one until he came to the wood. He saw a light in the wood and heard wonderful singing and fun. In through the trees he saw people moving about. And at last a tiny little woman came out, not the height of your knee and her two hands were as big as the lid of a chest.

"Why are your hands as big as they are," said he, "and you so small?"

"Well, I worked so hard," says she, "that all my strength went into my hands."

---

1. Because she could make new ones for him.

"Ó, gabh isteach," ar seisean, "ní bheidh tusa agam ar scor ar bith."

Tháinig bean eile amach agus gan airde do ghlúin inti, agus dhá spáig choise uirthi a chumhdóchadh urlár a' tí.

"Ó," dúirt sé, "cá tuí a bhfuil do dhá chois comh mór is tá siad agus tú fhéin comh beag?"

"Tá, shiúil mé oiread agus go dteachaidh brí mo choirp uilig isteach in mo dhá chois."

"Ó, gabh isteach," ar seisean, "ní bheidh tusa agam ar scor ar bith. Níl gnaithe agam leat."

Tháinig a' tríú bean amach agus claigeann uirthi comh mór le turdán cruaiche, agus béal comh mór le cliabh, agus gan airde do ghlúin inti.

"Ó, cá tuí a bhfuil do chlaigeann agus do bhéal comh mór agus tá siad," ar seisean, "agus tú fhéin comh beag?"

"Tá, d'ith mé oiread," ar sise, "is go dteachaidh brí mo choirp uilig isteach in mo chlaiginn."

"Ó," ar seisean, "gabh isteach, gabh isteach. Ní bheidh ceachtar agaibh agam."

Thiontaigh sé a chúl. Chuir bean a' bhéil mhóir séideog ar a' Choillidh Ruadh. Níor fhág sí aon duilleog insa choillidh nár chuir sí i mullach a chinn air. Le sin bhuail bean na gcos mór a dá cois ar a' talamh agus chuir sí a' talamh ar crioth faoina chosa go dtí gur thit sé. Thoisigh bean na gcrág mór a bhualadh a dá bois ar a chéile go dtí gur fhág sí bodhar é agus nach rabh fhios aige goidé déarfadh sé. Bhí dara achan luí agus achan éirí aige ariamh gur fhág sé an chéad sruthán 'na dhéidh. Nuair a tháinig sé fhad leis a' dara sruthán bhí sé ceart go leor agus tháinig sé 'na bhaile.

"Mo chreach 's mo chrá," ar seisean, nuair a chuaigh sé a luí, "nár fhan 'mo luí. Níl a dhath ar bith gnóite ar sin agam. Dá mbínn gan a' smaoitiú amaideach a dheánamh tráthnóna a rinn mé," ar seisean, "bhí mo shuaimhneas anocht fosta agam."

I gcónaí nuair a rachadh an duine bocht a dheánamh réidh bí dheánfadh sé réidh níos mó ná a sháith fhéin, ar eagla go dtiocfadh duine ar bith isteach a mbeadh ocras air sula mbeadh an béile thart. Rós sé dorn préataí insa tinidh an lá seo. Agus nuair a bhí na préataí rósta aige tháinig fear isteach a rabh féasóg air mar bheadh

"Oh, go in," says he, "I won't have you anyway."

Another woman came out, not as high as your knee, and she had two great big clumsy feet that would cover the floor of the house.

"Oh," said he, "why are your feet as big as they are and you so small?"

"Well, I walked so much that all my strength went into my two feet."

"Oh, go in," said he, "I won't have you anyway. I don't need you."

A third woman came out with a head as big as a small haystack and a mouth as big as a creel, and she wasn't the height of your knee.

"Oh, why are your head and your mouth as big as they are," said he, "and you so small?"

"Well, I ate so much," said she, "that all my strength went into my head."

"Oh," said he, "go in, go in, I won't have any of you."

He turned his back. The woman with the big mouth blew at the Red Wood. There wasn't a leaf in the wood that she didn't bring down on top of his head. At that the woman with the big feet stamped her feet on the ground and she made the earth tremble under his feet till he fell. The woman with the big fists started to clap her two hands together till she deafened him and he didn't know what to say. He was falling down and getting up turn about until he left the first stream behind him. When he reached the second stream he was all right and he came home.

"I wish to goodness," said he, when he went to bed, "that I had stayed in bed. I've gained nothing from that. If I hadn't had the silly idea that I had this evening," said he, "I would have had peace tonight as usual."

When the poor fellow prepared food he always made more than was enough for himself, in case some hungry person might come in before the meal was over. One day he roasted a handful of potatoes in the fire. And when the potatoes were roasted, a man with a beard that looked like spears came in, and when he put his head in the

sleantracha ann. Agus nuair a chuir sé isteach ar a' doras iad bhuail sé ar a' doras druidte iad. Thiontaigh sé aníos ansin agus bhuail sé a chos ar chloich a' bhac. Dar leis fhéin:

"Nach truagh mé!"

Agus ina dhéidh sin chuir sé ceist air an íosfadh sé préata.

"Íosfaidh mé préata," adúirt sé. "Is iomaí teach a dtáinig misé isteach ann," adeir sé, "go huaigneach agus go hantrách, go mall agus go luath, ach ní thug aon nduine ariamh," adeir sé, "mo shuipeár ná mo dhinneár domh go dtí tusa."

Nuair a bhí a chuid déanta d'éirigh sé 'na sheasamh agus sháigh sé an fhéasóg isteach i gcroí an tSeanbhríste Mhóir, agus thit a' Seanbhríste Mór bocht marbh.

D'imigh leis agus d'imigh leis go dtí gur shíl sé gur casadh an talamh deas air a bhí a' tarraingt ar a' Choillidh Ruadh. Agus le sin thug sé thart a shúil agus chonaic sé triúr cailín a' siúl lena thaobh. Agus smaoitigh sé 'na chroí dá mbeadh bean acu sin aige go nglacfadh sé í. Comh luath agus rinn sé a' smaoitiú:

"Ó," deir bean acu, "nuair a bhí muidinne le fáil agat ní rabh mórán meas agat orainn."

"Ní rabh sibh le fáil ariamh agamsa," adúirt sé.

"Bhí," dúirt siad.

Chuaigh siad a gháirí.

"Muidinne cuid cailíní Murchú na Coille Ruaidhe agus muid a bhéas a' freastal ort san áit a bhfuil tú a' goil. Agus ná bíodh eagla ort ná beidh do sháith dóigh ort."

Chuaigh siad isteach ar gheafta, agus cén chéad duine a casadh dó ach fear na féasóige. Chuir sé fíor fíorchaoin fháilte roimhe agus shín sé a lámh chuige. Ach nín a' cineál céanna fir a bhí ar chor ar bith ann. Dúirt sé:

"Thug tusa," dúirt sé, "mo dhinneár domhsa inniu, ach bhéarfaidh mise do shuipeár duitse anocht."

Foinse: Taifeadadh 1961.

door he hit them off the closed door[2]. He turned up [towards the fire] then and hit his foot on the hob stone. Old Big Britches thought:

"Oh, pity me!"

Despite that he asked him if he would eat a potato.

"I will eat a potato," said he. "Many's the house I came into," says he, "in the dead of night or early in the morning, but nobody ever gave me," says he, "my supper or my dinner until I came to you."

When he had eaten his meal he stood up and plunged the beard into Old Big Britches' heart, and poor Old Big Britches fell down dead.

On and on went Old Big Britches until it seemed to him that he had come upon the fine land leading to the Red Wood. At that he glanced around and saw three girls walking by his side. And he felt in his heart that if he could have one of those girls he would take her. As soon as he had the thought:

"Oh," says one of them, "when you could have had us, you didn't think much of us."

"You were never to be had by me," said he.

"We were," they said.

They started to laugh.

"We are Red Wood Murphy's girls and we are the ones who will be serving you where you are going. And never fear for you'll want for nothing."

They went in through a gate, and who was the first person he met but the fellow with the beard. He bade him the warmest of welcomes and held out his hand to him. But he wasn't the same kind of man at all. He said:

"You gave me," said he, "my dinner[3] today, but I'll give you your supper tonight."

Taped by Gordon MacLennan October, 1961.

---

2. The old cottages usually had two doors, a door sheltered from the wind and a door exposed to the wind. They were opposite each other and the closed door was on the windward side.

3. Dinner = the midday meal.

Scéal Chráidheain

Bhí lánúin ar a' bhaile seo, na créatúir, aon uair amháin agus ní rabh acu ach aon mhac amháin; agus daofa fhéin a hinstear é, tháinig a' bás ar a' mhac agus fuair sé bás. Bhí siad íontach cráite agus íontach buartha. Ní fhacaidh mé aon lánúin ariamh leath fhéin comh buartha, agus tá mé a' deánamh gur doiligh a bhfeiceáil. Ach b'éigean daofa dearmad a dheánamh dó; agus bhí siad leo fhéin.

Tráthnóna aon lá amháin seo isteach buachaill mór scailleaganta nach bhfaca siad ariamh. Labhair sé a' teacht 'un tí dó agus labhair bean a' tí leis.

"Cárb as a dtáinig tú?" arsa sise.

"Tháinig mé as anuas ansin," ar seisean.

"Cá fhad anuas a tháinig tú?" deir sí.

"Anuas as na Flaithis," ar seisean.

"Órú," ar sise, "a' bhfaca tú Cráidhean s'againne?"

"Tá sé ansiod comh maith le duine," ar seisean.

"Agus goidé mar tá sé?"

"Bhail, tá sé go maith ar dhóigh. Níl anás ar bith air," ar seisean, "ach níl snáith aníos ná anuas air, ná snáithe oíche ná lae."

"Agus a' dtiocfadh leat a dhath a thabhairt chuige dá gcuirinn chuige é?"

"'Dhath ar bith a bhfuil dúil agat a chur chuige bhéarfaidh mise chuige é," deir sé.

D'éirigh sí agus thug sí léithi an beathach. Chuir sí an úim ar a' bheathach agus líon sí péire cliabh do éadach oíche agus lae agus d'iarr sí air a thabhairt chuig Cráidhean. D'imigh an fear eile go cruaidh gasta. Níorbh fhada go dtáinig fear a' tí isteach. Bhí sí 'na suí a' caoineadh.

"Goidé tháinig ort?" adúirt sé.

"Ó, maise," deir sí, "diúlach a tháinig isteach ansin," adeir sí, "i ndéidh a bheith sna Flaithis," adeir sí, "agus chuir mé ceist air a'

The Story of Cráidhean

There was a couple in this townland once, the poor things, and they had only one son; and God between us and all harm, the son became fatally ill and died. They were full of sadness and sorrow. I never ever saw a couple even half as sorrowful, and I believe they would be hard to see. But they had to forget him; and they were there on their own.

One afternoon, in came a big, lively young fellow they had never seen before. He entered the house with a greeting and the woman of the house greeted him.

"Where have you come from?" said she.

"I've just come down over there," said he.

"How far down did you come?" said she.

"Down from Heaven," said he.

"Oh," said she, "did you see our Cráidhean[1]?"

"He's up there along with the rest," said he.

"And how is he keeping?"

"Well, he's fine, in a way. He has all he needs," said he, "but he hasn't a stitch of clothes on him, night or day."

"So could you," said she, "bring him something if I sent it?"

"Anything you'd like to send him, I'll take it to him," said he.

She got up and fetched the horse. She harnessed the horse and filled a pair of creels with nightclothes and day clothes, and she asked him to bring it to Cráidhean. The other fellow set off quickly. It wasn't long before the man of the house came in. She was sitting crying.

"What happened to you?" said he.

"Oh, musha," says she, "a fellow came in earlier," says she, "who had just been in Heaven," says she, "and I asked him if he had seen

---

1. This is not a common name in Donegal but the word is sometimes used in Irish to signify a stranger.

bhfaca sé Cráidhean agus dúirt sé go bhfacaidh. D'fhiafraigh mé dó goidé mar bhí sé agus dúirt sé go rabh sé go maith ach amháin dó go rabh sé íontach tárnochta – nach rabh snáithe éadaigh oíche ná lae air. Agus thug mé liom," adeir sí, "agus líon mé péire cliabh," adeir sí, "do phlainceáid agus do éadach a bhí sa teach agus chuir mé leis é."

"Órú, d'anam don diabhal a amaid mná mire," adeir sé. "Goidé tá deánta anois agat! Cá bith bodalán amaideach a chuaigh a mhagadh ort – agus chan bodalán amaideach a bhí ann," adeir se, "ach bodalán críonna –," adeir sé, "ach fuair sé an amaid aige," deir sé, a' tabhairt leis a bhata agus ag imeacht ar steallaí cosa in airde 'na dhéidh.

Chonaic a' diúlach a' fear a' tarraingt air. Bhí sé ar bhruach coilleadh. Chuir sé an beathach isteach sa choillidh agus luigh sé fhéin ar thaobh a' bhealaigh mhóir agus chuaigh sé a dh'amharc in airde. Níorbh fhada go dtáinig a' seanduine bocht aníos agus ga seá ann.

"A' bhfacaidh tú fear agus beathach ar bith a' goil thart anseo? adeir sé.

Níor labhair a' fear a bhí 'na luí.

"A' bhfacaidh tú fear agus beathach ar bith a' goil thart anseo," adeir sé, "ar na mallaibh?"

Níor labhair sé.

"Ins go gasta domh ná scoiltfidh mé leis a' bhata tú," adeir sé.

Bhí an-fhearg air.

"Órú, bí 'do thost agus mo chreach nár fhan tú uaim," adeir sé. "Chonaic mé a' t-amharc ansin ab íontaí a chonaic mé ariamh," adeir sé.

"Goidé chonaic tú?" deir a' seanduine.

"Chonaic mé fear ar dhroim beathaigh," deir sé, "agus dhá chliabh ar a' bheathach, ag éirí in airde," adeir sé, "agus a' goil suas fríd a' spéir," adeir sé, "go dtí gur chaill mé amharc air nuair a chuaigh tusa a chaint."

"Bhail, tím," adeir sé. "Ní bréag é," a' tiontú 'na bhaile.

Agus tháinig sé isteach:

"Bhail, a mháistreas," adeir sé, "tá mé buartha is imeacht mar d'imigh mé. Bhí an ceart agat. Tháinig mé fhad le fear," adeir sé, "a

Cráidhean and he said he had. I asked him how he was, and he said he was well except that he was stark naked – that he hadn't a stitch of clothes on, night or day. So I got two creels," says she, "and filled them with blankets and clothes that were in the house and I sent them with him."

"Oh, may the devil take your soul, you silly madwoman," says he. "What have you done now! Whatever silly young lummox went to make fun of you – only he wasn't a silly lummox," says he, "but a clever lummox —," says he, "but he found a silly woman," says he, grabbing his stick and racing off after him at full gallop.

The boyo saw the man coming towards him. He was at the edge of a wood. He sent the horse into the wood and he lay down by the roadside himself and began looking up at the sky. Soon the poor old man reached him, gasping for breath.

"Did you see a man and a horse passing here?" says he.

The man on the ground didn't answer.

"Did you see a man and a horse passing here," says he, "recently?"

He didn't speak.

"Tell me quickly or I'll split you with the stick," says he.

He was very angry.

"Oh, for goodness' sake, shut up, and I wish you had stayed away from me," says he. "I saw the most wondrous sight up there, that ever I saw," says he.

"What did you see?" says the old man.

"I saw a man on horseback," says he, "with two creels on the horse, rising up," says he, "and going up through the sky," says he, "until I lost sight of them when you began to talk."

"Well, I see," says he. "It's not a lie," turning for home.

So he came in:

"Well, mistress," says he, "I'm sorry for leaving the way I did. You were right. I came upon a man," says he, "who was lying at the side of

bhí 'na luí ar thaobh a' bhealaigh mhóir agus é a' coimheád ar an amharc," adeir sé, "nach bhfacaidh sé a leithid ariamh – fear agus beathach agus péire cliabh ar a' bheathach. Dúirt sé gur éirigh sé in airde ó thaobh a' bhealaigh mhóir isteach suas insa spéir go dtí gur chaill sé amharc air, agus go mb'fhéidir go bhfeicfeadh sé tamall beag eile é ach go b'é mise, ach gur chuir mise dó é. Agus tá mé buartha gur labhair mé leat."

Foinse: RBÉ Ls. 371, pp. 206 – 11: 21/7/37.

the road watching a sight," says he, "the like of which he had never seen – a man and a horse, with a pair of creels on the horse. He said they rose up from the roadside, up into the sky until he lost sight of them, and he might have seen them a little while longer if it hadn't been for me, but that I had put him off. So I'm sorry for the way I spoke to you."

Recorded: 21st July, 1937.

A' Gé Óir

Bhí lánúin uair amháin ann, mar a bíos go minic – 's iomaí uair a bhí lánúin ann – ach bhí siad seo ann, agus bhí triúr mac acu, beirt do bhuachaillí breácha dóighiúla cruaidhe gasta agus díorfach beag eile nach rabh a chosnamh fhéin ann. Ní rabh a dhath sílste don duine ghránna cionn is é bheith 'na dhíorfach. Agus shíl a' t-athair agus a' mháthair gur ar a' bheirt eile a d'fhás a' ghrian. Ba é an obair a bhí acu, bhí siad 'na saothraí adhmaid.

Lá amháin bhí a' t-adhmad reaite agus d'iarr a' fear a ba sine ar a' mháthair toirtín a dheánamh dó, go rabh sé a' goil 'na coilleadh go dtí go mbaineadh sé dornán don adhmad. Rinn sí suas toirtín galánta agus chuir sí leis é, agus buidéal fíon. D'imigh sé leis. Ar a' bhealach casadh créatúr beag bocht dona bratógach air, agus cuma íontach ocrach air.

"A' dtabharfaidh tú domh," adúirt sé, "cuid dá bhfuil in do bhascóid agus deoch dá bhfuil insa bhuidéal? Tá ocras agus tart orm."

"Cha dtugaim, leoga," deir sé, "chan 'a choinne a rann a thug mise liom ar chor ar bith é. Tá sé a dhíobháil orm fhéin go dtí an oíche."

Shiúil leis. A' chéad bhuille don tua a bhuail sé ar chrann bhuail sé é fhéin sa chois agus hobair dó a chos a bhriseadh. Bhí sé 'na luí ansin ag bun a' chrainn fada buan go bhfuair sé é fhéin a chruinniú suas agus níl ann ach é gur bhain sé an baile amach. D'fhiafraigh a mháthair dó goidé tháinig air agus d'inis sé daoithi. B'éigean a chur a luí agus dochtúir a thabhairt chuige. Látharnamhárach dúirt a' fear eile, "Creidim" – go gcaithfeadh seisean a ghoil inniu, nach rabh an fear a ba sine ábalta a ghoil. Rinn sí toirtín galánta dósan fosta agus thug sí dó é agus buidéal fíon.

Shiúil leis agus níorbh fhada gur casadh an díorfach bocht bratógach ocrach fuar air i gcosúlacht.

"A' dtabharfaidh tú domh," adeir sé, "cuid dá bhfuil insa bhuidéal

The Golden Goose

There was once a couple, as there often is – it's many a time there was a couple – but there was this couple, and they had three sons, two fine, handsome, hardy and agile lads and another delicate little wretch who couldn't stand up for himself. The poor fellow was held in scant regard because he was a weakling. And the father and mother thought the world of the other two. They were carpenters by trade.

One day the wood was spent, and the eldest asked his mother to make him a cake because he was going to the forest to cut some timber. She made up a lovely cake and she sent it with him, along with a bottle of wine. Off he went. On the way he met a poor, wretched, ragged, little creature who looked very hungry.

"Will you give me," said he, "some of what's in your basket and a drink from your bottle? I'm hungry and thirsty."

"I will not, indeed," says he, "it wasn't to share it that I brought it with me at all. I need it myself to do me till nightfall."

On he went. With the first blow of the axe he struck at a tree, he hit himself in the leg and he nearly broke it. He lay there at the foot of the tree for ages before he was able to pull himself together, and he barely made it back home. His mother asked him what had happened to him and he told her. He had to be put to bed and the doctor brought to him. The following day the other fellow said, "I suppose," – that he'd have to go today, since the oldest brother wasn't able to go. She made a lovely cake for him as well and gave it to him, with a bottle of wine.

Off he went and it wasn't long until he met the same poor, ragged, hungry, cold wretch, or so it seemed.

"Will you give me," says he, "some of what's in the bottle and in

agus insa bhascóid?" adeir sé. "Tá ocras agus tart orm. Tá fhios agam go bhfuil bia leat."

"Má tá fhéin," deir sé, "is mór mo sháith fhéin dó. Ní fá choinne a thabhairt do do mhacasamhla thug mise liom ar chor ar bith é. Is beag a' chabhair domh tusa," deir sé "nuair a bhéas a' choillidh gearrtha."

"Maith go leor," adeir a' créatúr, agus shiúil leis agus a chionn crom.

D'imigh an fear eile agus a chionn in airde go dtí go rabh sé ag a' choillidh. Agus a' chéad bhuille a tharraing sé bhuail sé é fhéin sa sciathán agus hobair dó an sciathán a chathamh dó fhéin. Thit sé ag bun a' chrainn chóir a bheith marbh. D'éirigh sé nuair a tháinig sé chuige fhéin agus bhain sé an baile amach.

"Goidé tá a' teacht oraibh ar chor ar bith?" adeir a' mháthair, adeir sí. "Nár chóir go ndeánfadh an fear eile do shúile duit a' méid a rinn sé inné?"

"Bhail, níl fhios agam. Ní rabh neart agamsa air," adeir sé. "Tháinig a' tua sa sciathán orm," adeir sé, "agus gan neart agam air."

Bhí sé sin 'na luí.

A' tríú lá dúirt a' díorfach go rabh seisean a' goil, go rabh a' t-adhmad a dhíobháil.

"Cá mbeifeá a' goil?" adeir a' mháthair, adeir sí. "Rud nach rabh do chuid deartháireacha ábalta a dheánamh, nach bhfuil fhios agat nach ndeán tusa é?"

"Bhail, ar ndóighe," adeir sé, "ní thig liomsa a dhath éirí domh ach a' rud a d'éirigh daofasan."

Ní thoileochadh an mháthair ar é a ghoil ar chor ar bith. Sa deireadh ní thabharfadh sé suaimhneas daofa. D'iarr a' t-athair air a ghoil. D'imigh an mháthair agus rinn sí suas bonnóg gharbh dó go híontach gasta, agus lig sí an bhonnóg a dhóú. Agus thug sí buidéal do bhláith ghéar dó, agus chaith sí an bhascóid chuige fríd mhíshásamh.

D'imigh mo dhuine bocht leis agus a' bhascóid ina láimh, agus níorbh fhada gur casadh a' créatúr bocht bratógach fuar ocrach air i gcosúlacht.

the basket?" says he. "I'm hungry and thirsty. I know you have food with you."

"Even if I have," says he, "I need it all for myself. It wasn't to give to the likes of you at all that I brought it with me. You'll be of very little help to me," says he, "when the wood is cut."

"All right," says the poor thing, and he went off with his head bowed.

The other fellow went on, his head in the air, until he came to the forest. And with the first blow he struck, he hit himself in the arm and nearly cut his arm off. He fell, almost dead, at the foot of the tree. He got up when he came to and made his way home.

"What's happening to the two of you at all?" says the mother, says she. "Wouldn't you think you'd have learned your lesson after what the other fellow did yesterday?"

"Well, I don't know. I couldn't help it," says he. "The axe hit me in the arm," says he, "and I couldn't stop it."

He took to his bed.

The third day, the weakling said that he was going, because the timber was needed.

"Where would you be going?" says the mother, says she. "What your brothers couldn't do, don't you know that you won't do it!"

"Well, sure," says he, "no worse can happen to me than happened to them."

The mother wouldn't consent to his going at all. In the end, he wouldn't give them peace. The father told him to go. The mother went and made up a rough scone for him hastily, and she let the scone burn. She gave him a bottle of sour buttermilk and threw the basket to him in a huff.

The poor fellow set off with the basket in his hand, and it wasn't long until he met the poor creature who looked ragged, cold, and hungry.

"A' dtabharfaidh tú domh," adeir sé, "cuid dá bhfuil insa bhascóid agus insa bhuidéal? Tá tart agus ocras orm."

"Maise, mar tá sé agam bhéarfaidh mé duit é," deir sé, "ach níl mórán maith insa rud atá liom. Níl liom ach buidéal do bhláith ghéar," adeir sé, "agus toirtín dóite."

"Ó, is cuma liomsa" deir sé. "Tá oiread ocrais orm 's go n-íosfaidh mé rud ar bith."

D'fhoscail a' stócach bocht a' bhascóid agus thug sé amach a' toirtín garbh. Ach ní toirtín garbh a bhí ann ach a' toirtín a ba mhilse dar itheadh ariamh. Agus d'fhoscail sé buidéal na bláithche agus bhí buidéal fíon ann. Shuigh an bheirt agus rinn siad a gcuid. Nuair a bhí a gcuid déanta d'éirigh an creatúr eile fosta; bhí an bheirt chóir a bheith ionchurtha le chéile.

"Cá bhfuil tú a' goil?" adeir sé.

"Tá mé a' goil 'na coilleadh," adeir sé, "a bhaint gráinnín adhmaid."

"Bhail, siúil leat," adeir sé, "agus teisteánaidh mise duit áit a bhfuighidh tú adhmad" adeir sé, "gan mórán oibre a dheánamh ar a shon."

Thug sé leis é go dtí crann.

"Anois, toisigh," deir sé. "Ná gearr a dhath ar bith ach toisigh a thochailt ag bun a' chrainn," adeir sé, "agus gheobhaidh tú rud is fiú duit a thabhairt leat."

Thiontaigh sé fhéin uaidh. Thoisigh an diúlach a thochailt ag bun a' chrainn agus níorbh fhada go bhfuair sé gé mór óir curtha ag bun a' chrainn. Thug sé leis gé an óir agus d'imigh sé a' tarraingt ar theach a' tiarna.

Tháinig sé go doras tí an tiarna. Bhuail sé ag a' doras. Tháinig cailín amach agus chuir sé ceist uirthi a' rabh an tiarna istigh. Dúirt sí go rabh.

"Abair leis a theacht amach," adeir sé, "gur mhaith liom é 'fheiceáil."

Tháinig. Theisteáin sé an gé dó.

"Ó, gabh isteach! gabh isteach!" adeir a' tiarna. "Agus fág ar a' tábla é."

Tháinig siad isteach. Fágadh an gé i lár a' tábla agus rinneadh

"Will you give me," says he, "some of what's in the basket and in the bottle? I'm thirsty and hungry."

"Musha, since I have it I'll give it to you," says he, "but what I have with me isn't much good. I only have a bottle of sour buttermilk," says he, "and a burnt scone."

"Oh, I don't mind," says he. "I'm so hungry I'll eat anything."

The poor young man opened the basket and took out the coarse scone. But it wasn't a coarse scone but the sweetest cake ever eaten. And he opened the bottle of buttermilk and it was a bottle of wine. The two sat and ate their meal. When they had finished their food the other poor thing stood up as well; the two of them were almost identical.

"Where are you going?" says he.

"I'm going to the forest," says he, "to cut a little timber."

"Well, off you go," says he, "and I'll show you a place where you'll get timber," says he, "without having to work too hard for it."

He brought him to a tree.

"Now, start," says he. "Don't cut anything but start digging at the foot of the tree," says he, "and you'll find something worth taking with you."

He turned away from him. The fellow began digging at the bottom of the tree and it wasn't long before he found a big golden goose buried there. He took the golden goose and set off for the landlord's house.

He arrived at the door of the landlord's house. He knocked at the door. A girl came out and he asked her if the landlord was in. She said he was.

"Tell him to come out," says he, "that I'd like to see him."

The landlord came out. He showed him the goose.

"Oh, come in, come in!" says the landlord. "And leave it on the table."

They came in. The goose was left in the middle of the table and

réidh an bia. Shuigh siad agus d'ith siad a' bia; agus bhí an gé mór ar a' tábla agus bhí an tiarna a' dúil go bhfuigheadh sé é.

Nuair a d'imigh an stócach seo amach, agus a' tiarna, dar le níon do chuid a' tiarna (bhí triúr níonach aige):
"Beidh cleite liomsa as a' ghé."
Thug sí iarraidh an cleite a bheith léithi, do chleite óir a bheadh aici, agus ghreamaigh a lámh don chleite agus a' gé don tábla agus ní rabh sí ábalta corrú. Tháinig a' dara bean. Rinn sí an smaoitiú céanna agus fuair sí greim ar a deirfiúr go dtí go gcuirfeadh sí as a' chasán í, go dtí go bhfuigheadh sí fhéin cleite, agus ghreamaigh sise don deirfiúr.
Isteach leis a' tríú bean.
"Fan uainn, fan uainn!" adeir a' bheirt acu. "Tá muidinne greamaí anseo.".
Dar léithi fhéin:
"Níl, ach tá eagla oraibh go bhfuighidh mise cleite dá bhfuil ann."
Agus dar fia, fuair sí greim orthu go gcaithfeadh sí i leataobh iad, agus ghreamaigh sise fosta dó.

Níorbh fhada gur seo isteach a' buachaill agus bheir sé ar a' ghé agus chuir sé faoina ascaill é, agus d'imigh sé agus triúr níonach a' tiarna 'na dhéidh greamaí dó. Níorbh fhada chuaigh siad go dtí go bhfaca siad buachaill ar a' tsráid. Scairt siad air a theacht agus iad a scaoileadh. Reath sé sin. Thug sé iarraidh ar a' chéad bhean a casadh dó go dtí go scaoileadh sé í. Ghreamaigh seisean daoithi sin.

D'imigh leo, a' diúlach agus triúr níonach a' tiarna agus a' buachaill. Nuair a bhí sé a' goil thart le teach a mhuintir bhí a dheirfiúr a' níochán.
"Goitse," deir sé, "agus scaoil muid. Tá muid greamaí anseo."
Reath sí sin síos agus sópa go dtí na huilleanacha uirthi, agus fuair sí greim ar a' deartháir le míshásamh go gcaitheadh sí ar shiúl é, agus ghreamaigh sise don deartháir. D'imigh leo, a' diúlach agus tríur níonach a' tiarna agus a' stócach agus a' deirfiúr. Bhí péas mór thíos:
"Goidé an obair atá oraibh?" adeir sé.
"Tá muid ceangailte anseo," adeir bean acu, dúirt sí, "agus tar agus fiach le muid a scaoileadh."

food was prepared. They sat and ate the food; and the big goose was on the table and the lord was expecting he'd get it.

When the young man and the landlord went out, one of the landlord's daughters (he had three daughters) thought to herself:

"I'll take a feather from the goose."

She tried to take the feather, a golden feather, and her hand stuck to the feather and the goose stuck to the table and she couldn't move. The second one came along. She had the same idea and she caught hold of her sister to push her out of the way so she could get a feather herself, and she stuck to the sister.

In came the third one.

"Stay away from us, stay away from us!" said the two of them. "We're stuck here."

She thought to herself:

"You're not, but you're afraid that I'll get one of the feathers."

And my goodness, she got hold of them to push them aside and she stuck to it as well.

It wasn't long until the young man came in and he took the goose and put it under his arm and he went off with the landlord's three daughters stuck to it behind him. They hadn't gone far until they saw a boy on the street. They called to him to come and release them. He started running. He made for the first girl he came across to free her. He stuck to her.

On they went, the lad and the lord's three daughters and the boy. When the boy was passing his family's house, his sister was doing the washing.

"Come here," says he, "and release us. We're stuck here."

She ran down, soap up to her elbows, and she caught hold of her brother in annoyance to pull him away, and she stuck to the brother. On they went, the lad and the lord's three daughters and the youth and his sister. There was a large policeman further on:

"What are you up to?" says he.

"Oh, we're stuck here," says one of the girls, said she, "so come and try to release us."

D'imigh sé sin suas agus fuair sé greim ar fhear do na stócaigh, agus ghreamaigh a' péas mór don stócach.

D'imigh a' diúlach leis agus nuair a bhéarfadh sé léim thaire dhráin thitfeadh sé fhéin agus a' seisear ina chuideachta. Síos ísleacht agus suas cnoc agus bhí siad leathmharbh agus eisean a' gáirí.

Bhí fear íontach saibhir insan áit agus bhí níon aige agus ní thearn sí aon gháire ariamh. Bhí a throm fhéin óir le fáil ag fear ar bith a bhainfeadh gáire aisti. Bhí sí ar fad ag amharc amach ar an fhuinneoig agus í a' caoineadh. Is cuma goidé tífeadh sí 's é rud a chuirfeadh sé a chaoineadh níos mó í. Bhí fhios ag a' diúlach go rabh sí seo ann agus dar leis:
"Anois, má théim fhad leat agus a' gé liom agus a' scaifte, mur measa thú ná an diabhal rachaidh tú a gháirí."
Bhí sí ag amharc amach ar an fhuinneoig agus í a' caoineadh léithi, agus tí sí an cabhlach a' tarraingt uirthi, agus síos i bpoll mhór dhomhain leo agus chonaic sí dhá chois a' phéas a' goil in airde sa spéir. Agus d'fhoscail sí a béal agus rinn sí racht mór gáire, agus ó racht go racht gur mhoithigh a rabh sa teach í. Reath a hathair agus a máthair suas a' staighre go bhfeicfeadh siad cé acu bhí sí a' gáirí ná a' caoineadh. Bhí an cailín a' gáirí. Bhí an lúcháir ann a bhí íontach go deo. Scaoileadh an gé ón scaifte an uair sin. Chuaigh an díorfach isteach ach ní díorfach a bhí ann an uair sin ach buachaill breá. Pósadh é fhéin agus níon an fhir uasail agus chaith siad a saol go híontach maith i gcuideachta. Ní rabh lá anáis orthu ón lá sin go dtí an lá inniu.

Agus sin agat anois mo scéalsa. Bíonn corrscéal greannmhar ann.

Foinse: RBÉ Ls. 371, pp. 256 – 66: 26/7/37.

He went up and got hold of one of the young men, and the large policeman stuck to the young man.

The lad carried on and whenever he jumped over a ditch he'd fall, and the other six along with him. Downhill and uphill they went, and *they* were half dead, and *he* was laughing.

There was a very rich man in the locality and he had a daughter who had never once laughed. His own weight in gold awaited any man who could make her laugh. She spent all her time looking out the window crying. No matter what she saw, it would make her cry even more. The lad knew about her and he thought to himself:

"Now, if I go up to you with the goose and the crowd, if you're not worse than the devil, you'll start laughing."

She was looking out the window, crying away, and she saw the fleet coming towards her, and down they went into a big deep hole and she saw the policeman's two legs going up in the air. And she opened her mouth and let out a big peal of laughter, peal upon peal until all who were in the house heard her. Her father and mother ran up the stairs to see whether she was laughing or crying. The girl was laughing. There was the most wonderful rejoicing. The goose was released from the crowd then. The weakling went in but he was no longer a weakling but a fine young man. He and the nobleman's daughter were married and they spent a very happy life together. They didn't have a day's trouble from that day until this.

And there you have my story. Some stories are funny.

Recorded: 26th July, 1937.

Scéal a' Mhadaidh Ruaidh agus na Corr Mhónadh

Bhí madadh ruadh 'na chónaí anseo aon uair amháin agus ní rabh aige ach é fhéin. Lá amháin insan earrach d'éirigh sé síos fán chladach agus casadh an Chorr Mhónadh air agus cliabh feamnaí léithi.

"Maise, 'Chorr Mhónadh," adeir sé, "is mór a gheibhthear thú!"

"Orú, tá mé marbh," deir sí, "ag iarraidh a bheith a' strácáil liom," adeir sí, "agus gan agam ach mé fhéin."

" 'Bhfuil na préataí curtha uilig agat?"

"Tá," deir sí, " 's nach beag mo sháithsa uilig acu!"

"Ó bhail, creidim, a chroí," adeir sé "go gcaithfear a gcur."

" 'Bhfuil deireadh curtha agat?"

"Ó tá," deir sé, "agus bunús a' choirce."

"Ó bhail, is furast duit," adeir sí, "tá tusa ábalta an obair a dheánamh agus níl mise."

"Nár chóir," adeir sé, "go rachfá a chuartaíocht lá inteacht?"

"Maise," deir sí, "dheamhan mórán laethe atá agam," adeir sí, "mé ag úfairt sa lá," deir sí, "is bíonn codladh san oíche orm – mur n-éirim amach tráthnóna Dia Domhnaigh."

"Tráthnóna Dia Domhnaigh fhéin," adeir sé, "nár chóir go dtabharfá cuairt suas ar dhuine!"

Látharnamhárach rinn a' Chorr Mhónadh amach tráthnóna Dia Domhnaigh go rachadh sí suas tamall beag chuig a' mhadadh ruadh.

Aníos léithi. Bhí teach sciobtha scuabtha ag a' mhadadh ruadh agus gan aon nduine istigh ach é fhein agus é 'na luí sa leabaidh.

"Dia ansiod," arsa an Chorr Mhónadh sa doras.

"Maise, Dia agus Muire duit," adeir sé, "agus céad míle fáilte romhat. Gabh aníos agus bí 'do shuí," a' tarraingt isteach cathaoire.

Tháinig a' Chorr Mhóna aníos. Thoisigh an comhrá.

"Cá haois anois thú?" adeir sí.

The Story of the Fox and the Heron

Once upon a time a fox lived here all by himself. One day in springtime he went down by the seashore and he met the Heron who was carrying a creel of seaweed.

"Musha, Heron," says he, "aren't you great!"

"Ah sure, I'm killed," says she, "trying to struggle along," says she, "all on my own."

"Have you all the potatoes planted?"

"I have," says she, "not that it takes many to keep me!"

"Oh well, I suppose, my dear," says he, "they have to be planted."

"Have you got them all planted?"

"Oh yes," says he, "and most of the oats."

"Oh well, it's easy for you," says she, "you're able for the work and I'm not."

"Would you not," says he, "go visiting some day?"

"Musha," says she, "I hardly have a day free," says she, "what with pottering[1] about in the daytime," says she, "and I'm sleepy at night – unless I pop out on Sunday afternoon."

"Even on Sunday afternoon," says he, "would you not come up and visit a body!"

The following day the Heron decided that she'd go up to see the Fox for a little while on Sunday afternoon.

Up she came. The Fox's house was spick and span and there was nobody at home but himself, lying in bed.

"God bless all here," said the Heron at the door.

"Musha, good day to you," says he, "and a hundred thousand welcomes. Come on in and sit down," says he, drawing up a chair.

The Heron came in. The chat began.

"How old are you now?" says she.

---

1. There's a play on words here as the Irish word "úfairt" can also mean "wading" or "puddling about" in water, but as these characters are obviously humanised it is translated here as "pottering about".

"Och, aosta go leor," adeir sé, "ceart go leor, ach tá mé ann mo sháith óige fosta."

Chuaigh sé a gháirí.

"Ó, bhail, fuígfidh muid a' greann 'ar ndéidh," adeir sé. "A' bhfuair tú an mhóin bainte?"

"Fuair," adeir sí, "tá an mhóin bainte agam agus a' mhórchuid daoithi tiontaí."

"Ó bí gora," deir sé, "is fearr tú na mise," deir sé, "inné a bhain mise deireadh mo chuid mhónadh."

"Ó, nach bhfuil sé in am go leor," adeir sí, "tá an aimsir maith."

"Bhail, tá bulaí aimseara," adeir sé, "fá choinne na mónadh. San am chéanna," adeir sé, "dá mbrisfeadh an aimsir anois, tá an chuid mhór deánta aige, níl fhios cá huair a thógfadh sé suas."

"Tá an ceart ansin agat," adeir a' Chorr Mhónadh.

D'éirigh sé agus thug sé isteach bacóg mhónadh agus chuir sé síos tinidh bhreá. Scuab sé thart a' teallach agus shuigh an bheirt tamall beag a chomhrá. D'éirigh sé ansin agus thug sé aníos sclátóg mhór agus í lán cáfraith, agus d'fhág ar a' tábla í, agus cionn eile aige fhéin.

"Suigh isteach anois," adeir sé, "agus ith greim bí," adeir sé.

D'amharc a' Chorr Mhónadh ghránna air. Chrom a' Madadh Ruadh agus cha rabh dhá bhomaite go leith, chan é amháin cúig bhomaite, go rabh a chionn fhéin lite suas aige, agus thoisigh sé ar chionn na Corr Mhónadh ansin.

"Nach maith an dinneár é sin!" adeir sé.

"Maith go leor," arsa an Chorr Mhónadh, a' siúl amach a' doras agus gan í a' labhairt ar chor ar bith.

"Hó! Hó! a Chorr Mhónadh na gcos fada," adeir sé, "shíl tú go rabh tú cliste ach tá an Madadh Ruadh lán comh cliste leat fhéin. Is maith sin agat," adeir sé. "Tá neart béal bháin agat agus beagán ar a chúl. Nuair a chasfar mise amuigh duit," adeir sé "shílfeá gur as na Flaithis a thit mé chugat. 'Á dtarainn isteach a dheargadh mo phíopa agat bheadh obair agam eibhleog a fháil. Is maith liom sin agat," adeir sé. "Ba tú an peata," adeir sé, "a rabh an aoibh bhreá ort a' teacht 'un tí duit."

Dáta 'na dhéidh casadh dá chéile ar ais iad.

"Och, fairly old," says he, "right enough, but I'm youthful enough too."

He started to laugh.

"Oh, well, joking aside," says he. "Did you get the turf cut?"

"I did," says she, "I have the turf cut and most of it turned."

"Oh, good for you," says he, "you're better than I am," says he, "I only cut the last of my turf yesterday."

"Oh, isn't it time enough," says she, "the weather's good."

"Well, it's bully weather," says he, "for the turf. At the same time," says he, "if the weather were to break now, it's been so good, you wouldn't know when it would pick up again."

"You're right there," says the Heron.

He got up and brought in an armful of turf and set a fine fire. He brushed around the hearth and the two of them sat for a while chatting. He got up then and brought up a big flat slate[2] full of sowens[3] and put it on the table, and another one for himself.

"Sit in now," says he, "and have a bite to eat," says he.

The poor Heron looked at him. The Fox bent to it, and it wasn't two and a half minutes never mind five minutes until he had licked up his own, and then he started on the Heron's.

"Isn't that a good dinner!" says he.

"It's all right," said the Heron, walking out the door without another word.

"Ho! Ho! Heron of the long legs," says he, "you thought you were clever but the Fox is every bit as clever as yourself. It's good enough for you," says he. "You're full of sweet-talk and very little behind it. When you meet me out and about," says he, "you'd think I was God's gift to you. If I came in to you to light my pipe, I'd have a hard job getting a spark from your fire. I'm glad you got what you deserve," says he. "Weren't you the pet," says he, "with the big smile on your face when you came to the house."

Some time later they met each other again.

---

2. Ms. "sclatóg". This would appear to be some type of flat substitute for a plate. ('Cnuasach Focal as Ros Guill' lists the word as meaning a sod of turf cut with a broad spade.)

3. A porridge made from the husks and siftings of oatmeal.

"Ó, 'Mhadaidh Ruaidh," adeir sí, "céad fáilte romhat," adeir sí. "Ní fhacaidh mé thú," deir sí "ón lá a bhí mé thuas."

"Chan fhacaidh," deir sé.

"Nár chóir," adeir sí, "go rachfá síos tamall a chuartaíocht," adeir sí, "nuair atá an lá mar a' tsaoire?"

Dia Domhnaigh a bhí ann.

"Maise, dheamhan mórán eile le deánamh agam," adeir sé.

Dar leis a' Mhadadh Ruadh:

"Ní bheidh tú ábalta agam."

Agus goidé bhí aicise ach a' lá roimhe sin fuair sí ceathrú do mholt agus bhruith sí é, agus thug sí léithi crúiscín a rabh muineál caol air agus rinn sí spíontógaí don fheoil, do spíontógaí fada caola, agus sháith sí síos insan chrúiscín iad. Níorbh fhada go dtáinig a' Madadh Ruadh 'un tí nuair a sháith sé an bhó.

"Dia ansiod," ar seisean sa doras.

"Dia agus Muire duit," arsa an Chorr Mhónadh, "agus céad míle fáilte romhat. Nach fada an lá ó chonaic mé sa teach roimhe thú."

"Ó, fada go leor," adeir sé. "Is beag siúl a ním," adeir sé. "lena inse duitse," deir sé, "nuair atá an uile chineál le deánamh ag aon duine amháin," adeir sé, "bó le cur amach is isteach," adeir sé, "boitheach le cartú, cliabh mónadh le tabhairt isteach, a gcuid le tabhairt do chearca – cuid mhór do mhionrudaí mar sin. Bhail ansin," adeir sé, "tá mo chuid bheag fhéin le deánamh réidh," adeir sé. "Tá mo bhratógaí le ní agam," adeir sé. "Níl aon nduine le a dhath a dheánamh ach mé fhéin. Creidim go dtuigeann tú fhéin é," deir sé, "dheamhan mórán gléas siúil orm."

"Maise, leora, creidim, a dhuine ghránna, nach bhfuil," adeir sí, "mo dhálta fhéin. Ach ar ndóighe, ní bheidh a dhath le deánamh don chineál Dia Domhnaigh agat."

"Ó, 'dhath ar bith," adeir sé, " 'mo chodladh is mó a bhím Dia Domhnaigh."

"Bhail, nach maith anocht é fá choinne codlata," deir a' Chorr Mhónadh."

"Bhail, is maith" adeir sé.

D'éirigh an Chorr Mhónadh agus chuir sí síos tinidh, agus scuab sí thart a' teallach; agus nuair a bhí siad tamall 'na suí chois na tineadh a' comhrá agus iad a' caint ar a' mhónaidh agus ar a' bharr agus ar

"Oh, Fox," says she, "a hundred welcomes to you," says she. "I haven't seen you," says she, "since the day I was up with you."

"You've not," says he.

"You should," says she, "go down visiting for a while," says she, "since there's nothing to be done today."

It was a Sunday.

"Indeed, devil the bit else I have to do," says he.

The Fox thought to himself:

"You won't be able for me."

So what did she have but a wether's leg she had got the day before and cooked, and she took a jug with a narrow neck and she made slivers of the meat, long thin slivers, and stuffed them down into the jug. It wasn't long until the Fox arrived at the house after he had tethered the cow.

"God bless all here," said he at the door.

"Good day to you," said the Heron, "and a hundred thousand welcomes. Isn't it a long time since I last saw you in this house."

"Oh, long enough," says he. "I don't go out much," says he, "to tell you the truth," says he, "since one person has so many things to do," says he, "a cow to be put out and in," says he, "the byre to be cleaned out, a creel of turf to be brought in, the hens to be fed – all kinds of wee jobs like that. Then on top of that," says he, "there's my own little bite of food to get ready," says he, "and I have my bits and pieces of clothes to wash," says he. "There's no one to do anything but myself. I suppose you know how it is yourself," says he, "devil the bit of a chance do I get to go visiting."

"Well, indeed, my poor fellow, I suppose you don't," says she, "the same as myself. But of course, you'll have nothing like that to do on a Sunday."

"Oh, nothing at all," says he, "mostly I just sleep on Sunday."

"Well, isn't tonight good enough for sleeping?" says the Heron.

"Well, it is," says he.

The Heron got up and lit a fire and she brushed around the hearth; so when they had spent some time at the fireside chatting, talking about the turf and the crops and the weather they were

an aimsir a bhí sé a dheánamh, d'imigh sí agus thug sí aniar a' crúiscín seo agus d'fág sí ar a' tábla[1] é, agus tharraing sí isteach cathaoir.

"Suigh isteach anois," adeir sí, "agus ith greim ná tá neart do fheoil mhaith ansin," adeir sí, "oiread agus a dheánfadh mise go cionn coicíse."

Sháith a' Chorr Mhónadh síos a gob insa chrúiscín agus thug aníos spíontóg mhór fhada. Thug a' Madadh Ruadh gránna iarraidh ach ní bhfuigheadh a shoc síos insa chrúiscín ar chor ar bith. Ní rabh le deánamh aige ach a' deor bheag a shilfeadh as a' spiontóig a thógfadh an Chorr Mhónadh aníos a lí lena theangaidh. Bhí an cíocras a' teacht air agus ba domhain leis ina bhás a shásamh a thabhairt daoithi go bhfuigheadh sí a bhuaidh. Ach bhí an bhuaidh aici. Ní rabh fhios aige ansin goidé dheánfadh sé. D'fhan sé go dteachaidh an dinneár thart.

"Anois," adeir sí, "nach maith an dinneár é sin!" adeir sí. "Coinnimsa anois agus aríst speola feola domh fhéin," adeir sí, "a gheall ar mé fhéin a choinneáil cothaí."

"Ó, ceart go leor," adeir sé, "cá tuí nach gcoinneochadh."

Ní ligfeadh an náire dó ráit – ná an diabhlaíocht dó, ceachtar acu – ráit nár shásaigh an dinneár é. Shuigh sé a chomhrá. Tharraing sé amach a phíopa agus chaith sé é.

"Bhail, a Chorr Mhónadh," adeir sé, "tá tusa agus mise linn fhéin," adeir sé.

"Tá," deir sí.

"Nár chóir go mbuailfeamais fhéin ar a chéile?"

Dar crí, mheall seo í agus thug sí isteach. Pósadh an Madadh Ruadh agus a' Chorr Mhónadh.

Oíche amháin bhí sé a' teacht isteach ón phortach tráthnóna go mall agus bhí an Chorr Mhónadh a' deánamh suas butt ime. Agus bhí butt an ime amuigh sa scioból aici agus gruig[2] mhaoil air – ná maoil mhaith. Chonaic sé butt an ime. Thainig sé isteach. Bhuail sé cliabh na mónadh sa chlúdaigh.

" 'Chorr Mhónadh," deir sé, "deán trí bonnógaí aráin domh. Fuair mé cuireadh 'un baiste anocht."

---

1. Ls. ar a' taobh.
2. "gruig mhaoil" = "go ruig an mhaoil" = "go dtí an barr agus thairis".

having, she went and brought over the jug and put it on the table and drew up a chair.

"Sit in now," says she, "and have a bite to eat because there's plenty of good meat there," says she, "as much as would do me for a fortnight."

The Heron stuck her beak down into the jug and took up a big long sliver of meat. The poor Fox tried but his snout wouldn't fit down into the jug at all. All he could do was lick up with his tongue the little drops that would spill from the strips the Heron lifted. He was beginning to crave some and he'd rather have died than give her the satisfaction of getting the better of him. But she *had* got the better of him. He didn't know what to do then. He waited until the dinner was over.

"Now", says she, "isn't that a good dinner!" says she. "I like to have a joint of meat in now and then," says she, "to keep myself nourished."

"Oh, right enough," says he, "why wouldn't you?"

Shame – or devilment, one or the other – kept him from admitting that the dinner hadn't satisfied him. He sat chatting. He drew out his pipe and smoked it.

"Well, Heron," says he, "you and I are both on our own."

"We are," says she.

"Why don't we settle down together?"

By cripes, that enticed her and she accepted. The Fox and the Heron were married.

One night he was coming in from the bog late in the evening; and the Heron was making up a small barrel[4] of butter. And she had the barrel out in the barn and it was full and heaped over the top of the rim – well heaped over at that. He saw the barrel of butter. He came in. He threw the creel of turf down in the corner by the fire.

"Heron," says he, "make three scones of bread for me. I got an invitation to a christening tonight."

---

4. Ms. "butt ime" = "butter butt".

D'éirigh sí agus rinn sí trí bonnógaí dó. Chuir sí isteach in éadach iad is thug sí dó iad. Chóirigh an Madadh Ruadh é fhéin suas agus d'imigh amach 'na³ scíobóil, agus d'ith sé na trí bonnógaí aráin, agus d'ith sé an mhaoil don bhutt. Luigh sé ansin agus chodlaigh sé a sháith go maidin. Ar maidin, nuair a bhí an Chorr Mhónadh i ndéidh éirí agus í a' scuabadh go díreach thart fán tinidh i ndéidh a' tinidh a chur síos, bhuail a' Madadh Ruadh ag a' doras. D'fhoscail a' Chorr Mhónadh an doras.

"Tá tú ann."

"Tá," deir sé.

"Goidé an cineál oíche a bhí aréir agaibh?"

"Ó, bhí oíche bhreá aréir againn," adeir sé, "ach tá mo chodladh caillte aige, ar ndóighe," deir sé, "is 'chead a bheith aige – oíche dár saol é."

"C'ainm a tugadh ar é sin?" adeir sí.

"'Maoil'," adeir sé (mar d'ith sé an mhaoil sa bhutt).

"Tá rómhaith," adeir a' Chorr Mhónadh, agus bhí iontas uirthi cá tuí ar tugadh 'Maoil' air.

'Na dhéidh sin, sin ar dhúirt sí.

Cupla lá 'na dhéidh bhí an Madadh Ruadh a' teacht ón phortach aríst le cliabh mónadh, agus bhuail a' cíocras é. Agus dar leis fhéin:

"Beidh sáith eile anocht agam."

" 'Chorr Mhónadh," deir sé, "fuair mé cuireadh 'un baiste anocht ar ais," deir sé. "Deán trí bonnógaí aráin domh. Caithfidh mé bheith ar shiúl go gasta."

"Och, Och!" adeir sí. "Is millteanach na cuiríocha atá tú a fháil 'un baiste," deir sí. "Is fada go bhfuighidh mise cuireadh."

"Ó, bhail, ní thig liom aon nduine a dtabharfaidh cuireadh domh a dhiúltú," deir sé. "Ar ndóighe, nuair a bhí baisteadh againn fhéin," adeir sé, "bhí cuiríocha fosta againn."

"Bhail, ní bheidh an dara huair," adeir sí, "má bhíonn a leithéid ann."

Bhí go maith 's ní rabh go holc.

Rinn sí na trí bonnógaí aráin, chuir isteach in éadach iad, agus d'imigh an Madadh Ruadh agus é cóirí, amach 'na scíobóil. Shuigh

---

3. " 'na scíobóil" = "chun an scíobóil".

She got up and made three scones for him. She put them in a cloth and gave them to him. The Fox got dressed up and went out to the barn, and he ate the three scones of bread and the top off the barrel of butter. He lay down then and slept his fill until morning. In the morning, when the Heron had got up and was just brushing around the fireplace after lighting the fire, the Fox knocked at the door. The Heron opened the door.

"There you are."

"I am," says he.

"What sort of night did you all have last night?"

"Oh, we had a grand night last night," says he, "but of course, it cost me my sleep," says he, "but what of it – it was a night to be enjoyed."

"What did they name him?" says she.

"'Top'," says he (because he ate the top off the barrel).

"Very nice," says the Heron, and she wondered why he had been called 'Top'.

All the same, she said no more.

A couple of days later the Fox was coming from the bog again with a creel of turf and he was overcome with craving. And he thought to himself:

"I'll have another feed tonight."

"Heron," says he, "I got an invitiation to a christening again tonight," says he. "Make three scones of bread for me. I must be off quickly."

"Och, och! You're getting a fierce number of invitations to christenings," says she. "It'll be a long time before I get an invitation."

"Oh, well, I can't refuse anyone who invites me," says he. "Sure, when we had a christening ourselves," says he, "we gave invitations too."

"Well, we won't a second time," says she, "should there be such an occasion."

So far so good.

She made the three scones of bread, put them in a cloth, and the Fox went out to the barn all dressed up. He sat and ate the three

sé agus d'ith sé na trí bonnógaí aráin agus chuir sé an butt go dtína leath. Luigh ansin agus chodlaigh sé a sháith nuair a bhí a sháith ite. Tháinig isteach ar maidin nuair a bhí an Chorr Mhónadh i ndéidh éirí.

"Tá tú ann," adeir a' Chorr Mhónadh.

"Tá," deir sé.

"C'ainm a tugadh ar é sin?" adeir sí.

"'Leath'," deir sé (siocair mar d'ith sé leath don bhutt).

"Tá rómhaith," adeir a' Chorr Mhónadh.

Ní rabh fhios aici cá tuí ar tugadh 'Leath' air. 'Na dhéidh sin, rinn sí neamhíontas dó.

Níorbh fhada 's níor ghearr go dtáinig sé isteach agus dúirt sé go bhfuair sé cuireadh 'un baiste anocht ar ais.

"Nach millteanach a lán baistíocha atá ann," aduirt sí, "agus cuireadh le fáil agatsa chuig achan chionn!"

"Bhail, a bhean chridhe," adeir sé, "tá fhios agat nach dtig liom cuireadh ar bith a dhiúltú," deir sé, "agus is mó tá mé síos leo, go minic, ná suas. Deán a' t-arán, a chroí," adeir sé, "agus caithfidh mise a bheith ar shiúl."

Rinn sí an t-arán fríd mhíshásamh agus chuir sí isteach in éadach dó iad. Agus dúirt sí go rabh dúil aici gur sin deireadh agus go bhfuigheadh sí suaimhneas.

"Maith go leor," adeir sé, "tá dúil agam fhéin go bhfuighidh mé suaimhneas fosta. B'fhearr liomsa iad ligean domh," adeir sé, "dá ndeánadh siad é, ach ní dheánfaidh."

Chuaigh an Madadh Ruadh amach agus a thrí bonnógaí aráin leis, agus chríochainn[4] sé an butt an oíche sin, luigh, agus chodlaigh go maidin. Maidin látharnamhárach, isteach leis agus bhí an Chorr Mhónadh go díreach i ndéidh éirí.

"Bhail," deir sí, "tá tú ann."

"Tá," deir sé, "mé ann."

"C'ainm a tugadh ar é sin?" adeir sí.

"'Scríob'," adeir sé.

Dar léithi fhéin:

"Nach aistíoch sin!"

---

4. "chríochainn" = "chríochnaigh".

scones and he half-emptied the barrel. Then he lay down and slept his fill, when he had eaten his fill. He came in in the morning after the Heron had risen.

"There you are," says the Heron.

"I am," says he.

"What did they name that one?"

"'Half'," says he (on account of the fact that he had eaten half of what was in the barrel).

"Very nice," says the Heron.

She didn't know why the child should be named 'Half'. All the same, she paid it no heed.

In due course he came in and said he had received an invitiation to a christening again that night.

"Aren't there an awful lot of christenings," said she, "and you getting an invitation to each one!"

"Well, dear wife," says he, "you know that I can't refuse any invitation," says he, "and more often than not, I lose more than I gain by them. Make the bread, dear," says he, "I have to be going."

She made the bread in a huff and put it in a cloth for him. And she said she hoped that that would be an end to it, and she'd get some peace.

"Fair enough," says he, "I hope I'll get a bit of peace myself as well. I'd prefer them to leave me alone," says he, "if they would, but they won't."

The Fox went out with his three scones of bread and he finished the barrel that night, lay down, and slept until morning. The following morning, in he came and the Heron was just up.

"Well," says she, "there you are."

"Here I am," says he.

"What did they name that one?" says she.

"'Scrape'," says he.

She thought to herself:

"Isn't that strange!"

Bhí sé tuirseach agus bhí sé cineál tinn – níor chodlaigh sé an oíche sin go maidin. Luigh sé suas a chois 'na tineadh agus thit se 'na chodladh nuair a chuir sé a dhroim leis a' tinidh. Agus thoisigh an t-im a' leá taobh istigh ann, agus thoisigh an sruth a dh'imeacht síos a' t-urlár. Bhí an Chorr Mhónadh 'na suí agus í a' tabhairt cích don leanbh. D'fhág sí an leanbh sa chliabhán agus d'imigh sí amach 'na sciobóil. Bhí doras a' sciobóil leathfhoscailte agus a' butt ite. Dar léithi fhéin:

"Seo anois an áit a rabh an baisteadh a' goil achan oíche," agus tháinig sí isteach.

"Orú, bheirim d'anam do dhubhdhiabhail Ifrinn," adeir sí, "a Sheanmhadaidh Ruaidh cháidhigh. Tá mo bhutt scríobtha agat agus nár mhó a bhí sé a dhíobháil orainn fhéin!"

"D'anam fhéin dó," deir sé, " a Chorr Mhónadh na gcos fada," deir sé, ag éirí a thabhairt iarraidh uirthi.

Nuair a bhí cruaidh a' goil uirthi d'iarr sí air ligean daoithi:

"Agus a' chéad lá a rachas tú 'na chnoic," adeir sí, "agus thiocfas na madaidh ort, tá ortha agamsa a shábhlóchas ar na madaidh thú."

"Maith go leor," adeir sé.

Lig sé daoithi.

Níorbh fhada gur imigh an Madadh Ruadh 'na chnoic a sheilg; agus chruinnigh madaidh an bhaile uilig 'on tsaol ar a' Mhadadh Ruadh. Bhí na madaidh a' cur cruaidh air agus é sáraí nuair a bhí sé a' teacht ar amharc a' tí. Bhí an Chorr Mhónadh 'na seasamh sa doras.

" 'Chorr Mhónadh dhíleas," ar seisean, "taidhm an ortha!"

"A Mhadaidh Ruaidh dhíleas, " ar sise "scaoil a' t-im leofa!"

"A Chorr Mhónadh dhíleas," adéarfadh sé, "taidhm an ortha!"

"A Mhadaidh Ruaidh dhíleas," adéarfadh sí, "scaoil a' t-im leofa!"

Ní rabh maith goidé déarfaí leis a' Chorr Mhónadh, ní rabh a dhath le fáil uaithi ach:

"A Mhadaidh Ruaidh dhíleas, scaoil a' t-im leofa!"

Mharaigh na madaidh an duine bocht agus sin mar chuaigh an chríonnacht ina thóin don Mhadadh Ruadh.

Foinse: RBÉ Ls. 371, pp. 240 – 55: 24/7/37.

He was tired and a bit sick – he hadn't slept that night until morning. He lay up by the fireside and fell asleep with his back to the fire. And the butter began melting inside him and streaming down the floor. The Heron was sitting breastfeeding the child. She put the child in the cradle and went out to the barn. The barn door was half-open and the barrel all eaten. She thought to herself:

"So now this is where the christening was happening every night," and she came in again.

"Arrah, may the devil take you," says she, "you filthy old Fox. You have my barrel scraped and weren't we in more need of it ourselves!"

"The devil take you yourself!" says he, "Heron of the long legs," says he, getting up and attacking her.

When it was going hard for her, she asked him to let her be:

"And the first day you go up the hill," says she, "and the dogs come upon you, I have a charm that will save you from them."

"Fair enough," says he.

He let her be.

It wasn't long until the Fox went up the hill to hunt; and all the local dogs converged on the Fox. The hounds were pressing him hard and he was exhausted when he came within sight of the house. The Heron was standing in the doorway.

"Dearest Heron," said he, "give me the charm!"

"Dearest Fox," said she, "throw them the butter!"

"Dearest Heron," he'd say, "give me the charm!"

"Dearest Fox," she'd say, "throw them the butter!"

No matter what was said to the Heron, all that could be got from her was:

"Dearest Fox, throw them the butter!"

The dogs killed the poor fellow and that's how his cunning back-fired on the Fox.

Recorded: 24th July, 1937.

Gol a' Gheimhridh agus Galar Cluimhrigh

Bhí lánúin anseo uair amháin – Gol a' Gheimhridh agus Galar Cluimhrigh a bhí orthu. Bhí siad beo bocht agus ní rabh do spré an tsaoil acu ach gamhnach. B'éigean do na créatúir a' ghamhnach a chur 'un aonaigh agus a dhíol. Ar a' bhealach a' goil soir an ailt dó casadh fear air:

"A Ghol a' Gheimhridh, a' bhfuil tú a' díol na gamhnaí?"

"Tá."

"Bhéarfaidh mise fiche cearc is coileach duit uirthi."

"Margadh é," arsa Gol a' Gheimhridh.

D'imigh sé leis na fichid cearc agus coileach.

Níorbh fhada gur casadh fear eile dó.

" 'Ghol a' Gheimhridh, ar dhíol tú an ghamhnach?"

"Dhíol."

"Cá mhéad a fuair tú uirthi?"

"Fuair mé fiche cearc agus coileach uirthi."

"Bhéarfaidh mise fiche lach is bardal duit ar na fiche cearc is coileach."

"Margadh é," arsa Gol a' Gheimhridh.

Shiúil leis agus níorbh fhada gur casadh fear eile dó.

" 'Ghol a' Gheimhridh, ar dhíol tú an ghamhnach?"

"Dhíol."

"Cá mhéad a fuair tú uirthi?"

"Fuair mé fiche cearc is coileach uirthi. Thug mé na fiche cearc is coileach ar fhichid lach is bardal liom anseo."

"Bhéarfaidh mise fiche gé is gandal duit ar na fiche lach is bardal."

"Margadh é," arsa Gol a' Gheimhridh.

Gol a' Gheimhridh and Galar Cluimhrigh

There was a couple here once – Gol a' Gheimhridh and Galar Cluimhrigh[1] were their names. They were very poor and all they had in the world was a calf. The poor things had to send the calf to the fair to sell it. On his way across the glen[2], Gol met a man:

"Gol a' Gheimhridh, are you selling the calf?"

"I am."

"I'll give you twenty hens and a rooster for her."

"It's a deal," said Gol a' Gheimhridh.

Off he went with the twenty hens and the rooster.

It wasn't long until he met another man.

"Gol a' Gheimhridh, did you sell the calf?"

"I did."

"How much did you get for her?"

"I got twenty hens and a rooster for her."

"I'll give you twenty ducks and a drake for the twenty hens and the rooster."

"It's a deal," said Gol a' Gheimhridh.

Away he went and it wasn't long until he met another man.

"Gol a' Gheimhridh, did you sell the calf?"

"I did."

"How much did you get for her?"

"I got twenty hens and a rooster for her. I traded the twenty hens and the rooster for the twenty ducks and the drake I have here."

"I'll give you twenty geese and a gander for the the twenty ducks and the drake."

"It's a deal," said Gol a' Gheimhridh.

---

1. A nonsense pair of names which in Irish sound phonetically very alike. Translated they approximate to 'Winter wailing' and 'Feather fever', thus indicating their miserable state.

2. In Irish "soir an ailt" = "east across the glen", this was the way from Rannafast to Meenaleck where the local fair, "Aonach Jack" or "Jack's Fair" was held (see photograph).

D'imigh leis. Níorbh fhada gur casadh fear eile dó.

" 'Ghol a' Gheimhridh, ar dhíol tú an ghamhnach?"

"Dhíol."

"Cá mhéad a fuair tú uirthi?"

"Fuair mé fiche cearc is coileach uirthi. Thug mé na fiche cearc is coileach ar fhichid lach is bardal. Thug mé na fiche lach is bardal ar fhichid gé is gandal, agus tá na fiche gé is gandal liom anseo."

"Bhéarfaidh mise fiche caora is raithe duit ar na fiche gé is gandal."

"Margadh é," arsa Gol a' Gheimhridh.

Shiúil leis. Níorbh fhada gur casadh fear eile dó.

" 'Ghol a' Gheimhridh, ar dhíol tú an ghamhnach?"

"Dhíol."

"Cá mhéad a fuair tú uirthi?"

"Fuair mé fiche cearc is coileach uirthi. Thug mé na fiche cearc is coileach ar fhichid lach is bardal, na fiche lach is bardal ar fhiche gé is gandal, na fiche gé is gandal ar fhichid caora is raithe, agus tá na fiche caora is raithe liom anseo."

"Bhail, bhéarfaidh mise fiche muc is collach duit ar na fiche caora is raithe."

"Margadh é," arsa Gol a' Gheimhridh.

D'imigh leis agus níorbh fhada gur casadh fear eile dó.

" 'Ghol a' Gheimhridh, ar dhíol tú an ghamhnach?"

"Dhíol."

"Cá mhéad a fuair tú uirthi?"

"Fuair mé fiche cearc is coileach uirthi, thug mé na fiche cearc is coileach ar fhichid lach is bardal, na fiche lach is bardal ar fhichid gé is gandal, na fiche gé is gandal ar fhichid caora is raithe, na fiche caora is raithe ar fhichid muc is collach, agus tá na fiche muc is collach liom anseo."

"Bhéarfaidh mise fiche bó is tarbh duit ar na fiche muc is collach."

"Margadh é," arsa Gol a' Gheimhridh.

Off he went. It wasn't long until he met another man.

"Gol a' Gheimhridh, did you sell the calf?"

"I did."

"How much did you get for her?"

"I got twenty hens and a rooster for her. I traded the twenty hens and the rooster for twenty ducks and a drake. I traded the twenty ducks and the drake for twenty geese and a gander, and I have the twenty geese and the gander here with me."

"I'll give you twenty sheep and a ram for the twenty geese and the gander."

"It's a deal," said Gol a' Gheimhridh.

Away he went. It wasn't long until he met another man.

"Gol a' Gheimhridh, did you sell the calf?"

"I did."

"How much did you get for her?"

"I got twenty hens and a rooster for her. I traded the twenty hens and the rooster for twenty ducks and a drake, the twenty ducks and the drake for twenty geese and a gander, the twenty geese and the gander for twenty sheep and a ram, and I have the twenty sheep and the ram here with me."

"Well, I'll give you twenty pigs and a boar for the twenty sheep and the ram."

"It's a deal," said Gol a' Gheimhridh.

Off he went and it wasn't long until he met another man.

"Gol a' Gheimhridh, did you sell the calf?"

"I did."

"How much did you get for her?"

"I got twenty hens and a rooster for her, I traded the twenty hens and the rooster for twenty ducks and a drake, the twenty ducks and the drake for twenty geese and a gander, the twenty geese and the gander for twenty sheep and a ram, the twenty sheep and the ram for twenty pigs and a boar, and I have the twenty pigs and the boar here with me."

"I'll give you twenty cows and a bull for the twenty pigs and the boar."

"It's a deal," said Gol a' Gheimhridh.

D'imigh leis. Níorbh fhada gur casadh fear eile dó.

" 'Ghol a' Gheimhridh, ar dhíol tú an ghamhnach?"

"Dhíol."

"Cá mhéad a fuair tú uirthi?"

"Fuair mé cearc is coileach uirthi, thug mé na fiche cearc is coileach ar fhichid lach is bardal, na fiche lach is bardal ar fhichid gé is gandal, na fiche gé is gandal ar fhichid caora is raithe, na fiche caora is raithe ar fhichid muc is collach, na fiche muc is collach ar fhichid bó is tarbh agus tá na fiche bó is tarbh liom anseo."

"Bhéarfaidh mise fiche capall is stail duit ar na fiche bó is tarbh."

"Margadh é," arsa Gol a' Gheimhridh.

Bhí an tráthnóna an uair sin ann agus thiontaigh sé a aghaidh ar a' bhaile. Dar leis nach dtiocfadh leis níos mó a bheith leis. Teacht 'na bhaile dó leis na fiche capall is stail casadh fear air tráthnóna beag agus seantua bhriste bhearnach ina láimh leis.

" 'Ghol a' Gheimhridh, ar dhíol tú an ghamhnach?"

"Dhíol."

"Cá mhéad a fuair tú uirthi?"

"Fuair mé fiche cearc is coileach uirthi, thug mé na fiche cearc is coileach ar fhichid lach is bardal, na fiche lach is bardal ar fhichid gé is gandal, na fiche gé is gandal ar fhichid caora is raithe, na fiche caora is raithe ar fhichid muc is collach, na fiche muc is collach ar fhichid bó is tarbh, na fiche bó is tarbh ar fhichid capall is stail, is tá na fiche capall is stail liom anseo mar a tí tú mé."

"Bhéarfaidh mise a' tseantua bhriste bhearnach duit ar na fiche capall is stail."

"Margadh é," arsa Gol a' Gheimhridh.

D'imigh Gol a' Gheimhridh leis 'na bhaile agus gan dhath ar bith leis ach a' tseantua bhriste bhearnach ar na fiche capall is stail. Bhí sé a' teacht thart ag bruach locha. Tí sé corr mhónadh. Dar leis fhéin:

"Caithfidh mé an tseantua ar a' chorr mhónadh. B'fhéidir go mbeadh rud inteacht liom a dheánfadh suipeár na bpáistí."

Off he went. It wasn't long until he met another man.

"Gol a' Gheimhridh, did you sell the calf?"

"I did."

"How much did you get for her?"

"I got twenty hens and a rooster for her, I traded the twenty hens and the rooster for twenty ducks and a drake, the twenty ducks and the drake for twenty geese and a gander, the twenty geese and the gander for twenty sheep and a ram, the twenty sheep and the ram for twenty pigs and a boar, the twenty pigs and the boar for twenty cows and a bull and I have the twenty cows and the bull here with me."

"I'll give you twenty horses and a stallion for the twenty cows and the bull."

"It's a deal," said Gol a' Gheimhridh.

It was evening by then and he turned for home. He thought he couldn't manage any more. On his way home with the twenty horses and the stallion, he met a man in the late evening who had a jagged, broken, old axe in his hand.

"Gol a' Gheimhridh, did you sell the calf?"

"I did."

"How much did you get for her?"

"I got twenty hens and a rooster for her, I traded the twenty hens and the rooster for twenty ducks and a drake, the twenty ducks and the drake for twenty geese and a gander, the twenty geese and the gander for twenty sheep and a ram, the twenty sheep and the ram for twenty pigs and a boar, the twenty pigs and the boar for twenty cows and a bull, the twenty cows and the bull for twenty horses and a stallion, and I have the twenty horses and the stallion here with me as you see me."

"I'll give you the jagged, broken, old axe for the twenty horses and the stallion."

"It's a deal," said Gol a' Gheimhridh.

Gol a' Gheimhridh went off home with nothing but the jagged, broken, old axe in exchange for the twenty horses and the stallion. He was going past the edge of a lake. He saw a heron. He thought to himself:

"I'll throw the old axe at the heron. Maybe I'd have something to bring home with me that would do for the children's supper."

Chaith sé an tseantua ar a' chorr mhónadh agus [chuaigh] an tseantua síos insa loch. D'imigh sé a' tarraingt ar Ghalar Chluimhrigh gan ' dhath ar bith ar shon na gamhnaí. Casadh fear uasal air a rabh teach mór aige agus nach rabh fhios aige goidé a shaibhreas.

" 'Ghol a' Gheimhridh, ar dhíol tú an ghamhnach?"

"Dhíol."

"Cá mhéad a fuair tú uirthi?"

"Fuair mé fiche cearc is coileach uirthi, thug mé na fiche cearc is coileach ar fhichid lach is bardal, na fiche lach is bardal ar fhichid gé is gandal, na fiche gé is gandal ar fhichid caora is raithe, na fiche caora is raithe ar fhichid muc is collach, na fiche muc is collach ar fhichid bó is tarbh, na fiche bó is tarbh ar fhichid capall is stail, thug mé na fiche capall is stail ar sheantua bhriste bhearnach, chaith mé ar chorr mhónadh í agus chuaigh an tseantua bhriste bhearnach síos insa loch."

"Cuirfidh mé mo theach mór agus iomlán mo chuid saibhris leat," arsa an fear uasal, "go muirfidh Galar Cluimhrigh thú ach tú 'ghoil 'un tí."

"Níl neart air."

Tháinig Gol a' Gheimhridh isteach le coim na hoíche. Ní rabh istigh ach Galar Cluimhrigh agus scaifte beag na bpáistí.

" 'Ghol a' Gheimhridh, ar dhíol tú an ghamhnach?"

"Dhíol."

"Cá mhéad a fuair tú uirthi?"

"Fuair mé fiche cearc is coileach uirthi."

" 'Pon my sod, a pháistí, is amhlaidh 's míle fearr é. Gabhaigí amach, a pháistí, agus coimheádaigí siod."

"Fuist a fuist, a pháistí. Fanaigí mar tá sibh. Thug mé na fiche cearc is coileach ar fhichid lach is bardal."

" 'Pon my sod, a pháistí, is amhlaidh 's míle fearr é. Gabhaigí amach a pháistí, is coimheádaigí siod."

"Fuist a fuist, a pháistí. Fanaigí mar atá sibh. Thug mé na fiche lach is bardal ar fhichid gé is gandal."

" 'Pon my sod, a pháistí, is amhlaidh 's míle fearr é. Gabhaigí amach is coimheádaigí siod."

"Fuist a fuist, a pháistí. Fanaigí mar atá sibh. Thug mé na fiche gé is gandal ar fhichid caora is raithe."

He threw the old axe at the heron and it sank in the lake. He headed back to Galar Cluimhrigh with nothing in exchange for the calf. He met a nobleman who owned a mansion and had untold wealth.

"Gol a' Gheimhridh, did you sell the calf?"

"I did."

"How much did you get for her?"

"I got twenty hens and a rooster for her, I traded the twenty hens and the rooster for twenty ducks and a drake, the twenty ducks and the drake for twenty geese and a gander, the twenty geese and the gander for twenty sheep and a ram, the twenty sheep and the ram for twenty pigs and a boar, the twenty pigs and the boar for twenty cows and a bull, the twenty cows and the bull for twenty horses and a stallion, and I traded the twenty horses and the stallion for a jagged, broken, old axe, I threw it at a heron and the jagged, broken, old axe sank in the lake."

"I'll wager you my mansion and all my wealth," said the nobleman, "that Galar Cluimhrigh will kill you as soon as you get home."

"What's done is done," said Gol a' Gheimhridh.

Gol a' Gheimhridh arrived in at nightfall. Only Galar Cluimhrigh and the little crowd of children were there.

"Gol a' Gheimhridh, did you sell the calf?"

"I did."

"How much did you get for her?"

"I got twenty hens and a rooster for her."

"'Pon my sod, children, that's a thousand times better. Go on out, children, and mind them."

"Whisht, whisht children, stay where you are. I traded the twenty hens and the rooster for twenty ducks and a drake."

"'Pon my sod, children, that's a thousand times better. Go on out, children, and mind them."

"Whisht, whisht children, stay where you are. I traded the twenty ducks and the drake for twenty geese and a gander."

"'Pon my sod, children, that's a thousand times better. Go on out and mind them."

"Whisht, whisht children, stay where you are. I traded the twenty geese and the gander for twenty sheep and a ram."

"'Pon my sod, a pháistí, is amhlaidh 's míle fearr é. Gabhaigí amach is coimheádaigí siod."

"Fuist a fuist, a pháistí. Fanaigí mar atá sibh. Thug mé na fiche caora is raithe ar fhichid muc is collach."

"'Pon my sod, a pháistí, is amhlaidh 's míle fearr é. Gabhaigí amach is coimheádaigí siod."

"Fuist a fuist, a pháistí. Fanaigí mar atá sibh. Thug mé na fiche muc is collach ar fhichid bó is tarbh."

"'Pon my sod, a pháistí, is amhlaidh 's míle fearr é. Gabhaigí amach is coimheádaigí siod."

"Fuist a fuist, a pháistí. Fanaigí mar atá sibh. Thug mé na fiche bó is tarbh ar fhiche capall is stail."

"'Pon my sod, a pháistí, is amhlaidh 's míle fearr é. Gabhaigí amach is coimheádaigí siod."

"Fuist a fuist, a pháistí. Fanaigí mar atá sibh. Thug mé na fiche capall is stail ar sheantua bhriste bhearnach. Nuair a bhí mé a' teacht thart le cionn na locha chaith mé ar chorr mhónadh í is chuaigh an tseantua síos insa loch."

"Á, mo chreach agus mo chrá," arsa Galar Chluimhrigh, "nach dteachaidh tú fhéin síos insa loch ina cuideachta!"

Bhí an fear uasal amuigh i gcúl a' dorais ag éisteacht leis an iomlán. Chuaigh Gol a' Gheimhridh amach agus d'iarr sé air a ghoil isteach. Thug sé leis a' bhean agus na páistí agus chaith sé fhéin agus Galar Cluimhrigh a saol i dteach an fhir uasail níos mó.

Foinse: RBÉ Ls. 370, pp. 3-13: 9/6/37.

"'Pon my sod, children, that's a thousand times better. Go on out and mind them."

"Whisht, whisht children, stay where you are. I traded the twenty sheep and the ram for twenty pigs and a boar."

"'Pon my sod, children, that's a thousand times better. Go on out and mind them.

"Whisht, whisht children, stay where you are. I traded the twenty pigs and the boar for twenty cows and a bull."

"'Pon my sod, children, that's a thousand times better. Go on out and mind them.

"Whisht, whisht children, stay where you are. I traded the twenty cows and the bull for twenty horses and a stallion."

"'Pon my sod, children, that's a thousand times better. Go on out and mind them."

"Whisht, whisht children, stay where you are. I traded the twenty horses and the stallion for a jagged, broken, old axe. When I was coming round the top of the lake I threw it at a heron and the old axe sank in the lake."

"Ah, alas and alack," said Galar Cluimhrigh, "that you didn't sink in the lake along with it yourself!"

The nobleman was outside behind the door listening to all of this. Gol a' Gheimhridh went out and told him to go in. He took his wife and the children with him and he and Galar Cluimhrigh spent the rest of their lives in the nobleman's house.[3]

Recorded: 9th June, 1937.

---

3. This story was recorded on the same day as rhymes, riddles, games etc. and seems to fall into that category. It shows off the prowess of the storyteller in remembering the accumulation of items. Its repetitiveness may also have invited the listeners to join in the fun by trying to keep up with the storyteller and perhaps by trying to catch her out as well.

Seanchas Annie Bhán

Patron Subscribers

Aer Lingus ☘

THE ARTS COUNCIL

THE FACULTY OF ARTS, UNIVERSITY COLLEGE DUBLIN

ÚDARÁS NA GAELTACHTA

UNIVERSITY OF OTTAWA

List of Subscribers

Dr. **Anders Ahlqvist,** Roinn na Sean-Ghaeilge, Coláiste na hOllscoile, Gaillimh.

Dr. **Norman Allen,** 2 Campbell Street, Banff, Scotland, AB45 1SR.

An tOllamh **Bo Almqvist,** Roinn Bhéaloideas Éireann, UCD, Belfield, Dublin 4.

Prof. Dr. **Fernando Alonso,** Facultad De Filologia, Universidad De Santiago De Compostela, Spain.

Athy Lions Club.

Dr. **Heinrich Becker,** Tivolistrasse 43, 52349 Düren, Germany.

An tOll. **Tomás de Bhaldraithe,** An Teálta, 4b Bailtíní an Teampaill, BÁC 6.

Séan de Bhulbh, Lime Tree, Cuar-Bhóthar Theas, Luimneach.

Dr. **Angela Bourke,** Roinn na Nua-Ghaeilge, Coláiste na hOllscoile, Belfield, BÁC 4.

Dr. **Geraint & Zonia M. Bowen,** Cefn-Coed, Stad Glandwr, Caerthro, Caernarfon, Cymru.

Leonore M. Bravo, 47 Levant Street, San Francisco, Ca. 94114, USA.

Daniel Bray, 13 Cunningham Place, Camden, NSW 2570, Australia.

Pádraic Breathnach, 100 Ascal Brookville, Radharc An Chláir, Luimneach, Co. Luimnigh.

Deasún Breathnach, 10 Páirc Leaca na Sceiche, Dún Laoghaire, Co. Átha Cliath.

Dr. **Michael Briody,** University of Helsinki Language Centre, PO Box 4 (Fabianinkatu 26), SF-00014, University of Helsinki, Finland.

Prof **Cyril Byrne,** St. Mary's University, Halifax, Nova Scotia, Canada, B3H 3C3.

George Cannon, Mill House, Crumlin, Monaghan.

Thomas G. Cannon, 12232 North Lake Shore Drive, Mequon, Wisconsin 53092, USA.

Dr. **Vera Capkova,** Dept of Linguistics, UCD, Dublin 4.

Thomas and Maureen Carley, The Pharmacy, Raphoe, Co. Donegal.

Prof **Kevin Cathcart,** Dept. of Near Eastern Languages, UCD, Dublin 4.

Dr. **Seamus Caulfield,** Dept. of Archaeology, UCD, Dublin 4.

Hugh Cheape, National Museums of Scotland, Queen Street, Edinburgh, EH2 1JD, Scotland.

Comhairle Chontae Dhún na nGall, Lifford.

Comhar na Múinteoirí Gaeilge, 7 Cearnóg Mhuirfean, BÁC 2.

Vic Connerty, Dept. of Classics, UCD, Dublin 4.

Winifred Cook, 11 Damask Way, Warminster, England, BA12 9PX.

Danny Coyle, Townparks, Lifford, Co. Donegal.

Janina Cünnen, Englisches Seminar, Albert-Ludwigs-Universität Freiburg, D-79085 Freiburg I.BR., Den Kg IV-Rempartstrasse 15, Germany.

Christina & Morgan Delaney, Sweeneys Hotel, Dungloe, Co. Donegal.

Dr. Gearóid Denvir, Roinn na Nua-Ghaeilge, Coláiste na hOllscoile, Gaillimh.

Tony Dilworth, 57 Morningside Park, Edinburgh, EH10 5EZ, Scotland.

The Donegal Society of Greater Wilkes-Barre, PO Box 184, Wilkes-Barre, PA 18703, USA.

John Dougherty D.M.D., 27 North Mountain Boulevard, Mountaintop, Pennsylvania, 18707, USA.

Patrick Doyle, Bank of Montreal, 302 Bay Street, 3rd Floor, Toronto, Ontario, M5X 1A1, Canada.

Mairéad Dunleavy, 19 Court Apartments, Wilton Place, Dublin 2.

Pat Dunleavy, Cronashallog, Dungloe, Co. Donegal.

Prof. Doris Edel, Celtic Deptartment, Utrecht University, Trans 10, 3512 JK Utrecht, Netherlands.

Edinburgh University Library, George Square, Edinburgh, EH8 9LJ, Scotland.

Prof. D. Ellis Evans, Jesus College, Oxford, OX1 3DW, England.

Clive Evans, Bruckless House, Bruckless, Co. Donegal.

Dr. Elizabeth Ewan, Dept. of History, College of Arts, University of Guelph, Ontario N1G 2W1, Canada.

Mgr. Dennis Faul, St. Patrick's Boy's Academy, Dungannon, Co. Tyrone.

Fr. Ignatius Fennessey OFM, Dún Mhuire, Seafield Road, Killiney, Co. Dublin.

C. and M. Gallagher, 10 Miller Street, Derry City, BT48 6SU.

L. Gowans, 5 Romney Street, Eastbourne, East Sussex BN22 7PB, England.

Dr. Geraint Gruffydd, The National Library of Wales, Aberystwyth, Dyfed, SY23 3HH, Wales.

Marion Gunn, Roinn na Nua-Ghaeilge, Coláiste na hOllscoile, BÁC 4.

Liam Hannaher, 6626 Tunlaw Court, Alexandria, Virginia 22312, USA.

Prof. Masaaki Hara, Tohoku Gakuin University, 1-3-1 Tsuchitoi, Aoba-ku, Sendai 980, Japan.

Mary Harkin, Brockagh, Cloghan P.O., Co. Donegal.

Ronald Hicks, Dept. of Anthropology, Ball State University, Muncie, Indiana 47306, USA.

Barbara Hillers, Dept. of Celtic Languages, Harvard University, 61 Kirkland Street, Cambridge, Mass. 02138, USA.

Sheila Hitchings, 7 Second Avenue, Kensington 6151, Western Australia.

J. A. Hunter, 18 Lodge Park, Coleraine, Co. Derry, Northern Ireland BT52 1UN.

Amy Ito, 10 Baltray Crescent, North York, Ontario M3A 2H4, Canada.

Nicholas Jacobs, Jesus College, Oxford, OX1 3DW, England.

Mary Kehrli-Smyth, 17 Chemin de Chantebise, 1291 Commugny, Switzerland.

Prof. Fergus Kelly, School of Celtic Studies, 10 Burlington Road, Dublin 4.

Sean Kelly, 474 Galtymore Road, Drimnagh, Dublin 12.

Kennys Bookshop, High Street, Galway.

Prof. John Koch, 84 High Plain Road, Andover, MA 01810, USA.

Dr. L. Koltun, National Archives of Canada, 395 Wellington Street, Ottawa, Ontario, K1A 0N3, Canada.

Ben A. Kroup, 52 Coolidge Road, Amsterdam, New York 12010, USA.

Marian E. Lea, 496 Tillbury Avenue, Ottawa, Ontario K2A 0Y8, Canada.

An Leabharlann, Acadamh Ríoga na hÉireann, 19 Sráid Dásain, BÁC 2.

Leabharlann Chontae Dhún na nGall, Leitir Ceanainn.

Prof. Jean Le Dû, Dep. de Celtique, Faculté des Lettres, Université de Bretagne Occidentale, Victor Segalen, BP 814, 29285 Brest Cedex, France.

The Library, The Church of Ireland College of Education, 96 Upper Rathmines Road, Dublin 6.

The Library, University College Galway.

The Library, University of Limerick, Limerick.

Lions Club of Tullamore.

Patricia Lysaght, Roinn Bhéaloideas Éireann, Coláiste na hOllscoile, BÁC 4.

Beatrice Maloney, Cavan Book Centre, Main St., Cavan.

Prof. Donald MacAulay, Dept. of Celtic, University of Glasgow, Glasgow G12 8QQ, Scotland.

An tAth. Liam Mac An tSagairt, Parochial House, 4, Circular Road, Dungannon, Co. Tyrone, BT71 6BE, Northern Ireland.

Tomás Mac Briartaigh, Tulach na Rí, Carndomhnach, Co. Dhún na nGall.

Prof. Proinsias Mac Cana, School of Celtic Studies, Dublin Institute for Advanced Studies, 10 Burlington Road, Dublin 4.

Breandán Mac Cnáimhsí, 6 Páirc Ghleann Álainn, Séipéal Iosóid, BÁC 20.

Dr. Nollaig Mac Congáil, Roinn na Gaeilge, Coláiste na hOllscoile, Gaillimh.

Andy McDevitt, Coolvoy, Doochary, Co. Donegal.

An tOll. Gearóid Mac Eoin, Roinn na Sean-Ghaeilge, An Coláiste Ollscoile, Gaillimh.

Dr. Uaitéar Mac Gearailt, Coláiste Phádraig, Droim Conrach, BÁC 9.

Dr. C. E. Mac Gioll 'Easbuig, Killorglin, Co. Kerry.

John Mac Innes, 49/2 Mortonhall Gate, Edinburgh EH16 6TJ, Scotland.

Donal & Majella MacLennan, 24 Park Crescent, Kimmage, Dublin 12.

Eileen MacLennan, 225 Wilbrod No. 604, Ottawa, Ontario, Canada.

Seán & Máire Mac Niallais, Ard na gCeapairí, An Bun Beag, Leitir Ceanainn, Co. Dhún na nGall.

Seán Mac Phaidín, 3 An tÚllord, as/Céide Bhruach na Sailé, Rath Fearnáin, BÁC 14.

An tAth. Brian Mac Raois, 9 Bóthar Bheann Borb, An Mháigh, Co. Thír Eoghain, BT71 7SQ.

Pádraig Mag Ualghairg, Coláiste Phádraig, Maigh Nuad, Co. Chill Dara.

J. J. McAlinden, 9 Dorchester Park, Portadown, Co. Armagh.

Dr. Brendan McDaid, 8401 Moccasin Path, Austin, Texas 78736, USA.

Hugh T. McGovern, 1893 Fairmeadow Cr., Ottawa, Ontario K1H 7B8, Canada.

Rev. John McIntyre, St. Bridget's, 15 Swinton Road, Baillieston, Glasgow, G69 6DT, Scotland.

Herbert McKee, 26 Park Place, Brynmill, Swansea, West Glamorgan, S. Wales SA2 0DJ.

Prof. Ernan McMullin, Box 1066, Notre Dame, Indiana, 46556, USA.

Helen Montgomery Meehan, Coolum House, Mountcharles, Co. Donegal.

Prof. Donald Meek, University of Aberdeen, Dept. of Celtic, Taylor Building, Old Aberdeen AB9 2VB, Scotland.

Gráinne Mhic Aonghusa, Dernahemrick, Rossinver, Co. Leitrim, via Sligo.

Sorcha Bean Mhic Grianna, 14 Marlborough Gardens, Béal Feirste, BT9 6SQ.

Prof. Douglas Moggach, Depts of Political Science & Philosophy, University of Ottawa, 75 Laurier Avenue, PO Box 450, Stn. A, Ottawa, Ontario K1N 6N5, Canada.

Frank Morris, Convoy, Lifford, Co. Donegal.

Dr. Kay Muhr, Northern Ireland Place Names Project, Celtic Dept., Queen's University, Belfast BT7 1NN.

Ella V. Mullenex, Franklin, West Virginia-26807-0031, PO Box 31, USA.

Tom Munnelly, Dept. of Irish Folklore, UCD, Dublin 4.

Kevin Murnaghan, Edenfel, Omagh, Co. Tyrone, BT79 0EW.

Yvonne Murphy B.L. & Adrian Hardiman S.C., 19 Palmerston Park, Rathmines, Dublin 6, and Portnoo, Co. Donegal.

Maeve Murray, "Carraig Mhuire", Fintra Road, Killybegs, Co. Donegal.

National Library of Ireland, Kildare Street, Dublin 2.

National Library of Wales, Aberystwyth, Dyfed SY23 3BU, Wales.

Máire Ní Annracháin, Roinn na Nua-Ghaeilge, Coláiste Phádraig, Má Nuad, Co. Chill Dara.

An tOllamh M.P. Ní Chatháin, Roinn na Sean-Ghaeilge, Coláiste na hOllscoile, BÁC 4.

Máire Ní Choilín, Cróibh, An Charraic, Tír Chonaill.

Meidhbhín Ní Urdail, Corcaigh, Co. Chorcaí.

Dr. Kenneth Nilsen, Dept. of Celtic Studies, Saint Francis Xavier University, PO Box 5000, Antigonish, Nova Scotia, B2G 2W5, Canada.

Dr. Jutta Nordone, A-4600 Wels, Baumgartnerstrasse 4, Austria.

Dr. Colm Ó Baoill, Dept. of Celtic, University of Aberdeen, AB9 2UB, Scotland.

Donncha Ó Baoill, Tom a' Draighin, Rann na Feirste, Co. Tír Chonaill.

Carmel O'Boyle, B.A. M.Sc., 141 Mount Prospect Avenue, Clontarf, Dublin 3.

Dr. Máirtín Ó Brian, Roinn na Nua-Ghaeilge, Coláiste na hOllscoile, Gaillimh.

Antoine S. Ó Broin, Leabhar Gaeilge, PO Box 2559, Dublin 7.

Seosamh Ó Broin, Acadh Mór, Béal Átha h-Amhnais, Co. Mháigh Eo.

Prof. Tomás Ó Broin, 13 Newcastle Park, Galway.

An tOllamh Breandán Ó Buachalla, Roinn na Nua-Ghaeilge, Coláiste na hOllscoile, BÁC 4.

Chris O'Byrne, 134 Dún na Mara Drive, Renmore, Galway.

Dr. Brian Ó Catháin, Scoil an Léinn Chéiltigh, 10 Bóthar Burlington, BÁC 4.

Prof. Tomás Ó Cathasaigh, Dept. of Celtic Languages & Literatures, Harvard University, 61 Kirkland Street, Cambridge, Mass. 02138, USA.

Mícheál Ó Ceallacháin, 29 Quai du Mont Blanc, CH-1201, Geneve, Switzerland.

Rev. Aodhán Ó Ceanainn, Derrybeg P.O., Co. Donegal.

Seán Ó Cnáimhshí, O'Donnell & Sweeney Solicitors, Dungloe, Co. Donegal.

An tOllamh Tomás Ó Concheanainn, 2 Valleyview, Deilgne, Co. Chill Mhantáin.

Mícheál Ó Conghaile, Cló Iar-Chonnachta, Indreabhan, Conamara, Co. na Gaillimhe.

Proinsias Ó Conluain, 75 Páirc an Fhraoich, Cluain Tarbh, BÁC 3.

Diarmaid Ó Crualaoich, M.A., Buaile Uachtarach, Mainistir Laoise, Port Laoise, Co. Laoise.

An tOll. Gearóid Ó Crualaoich, Roinn Stair na hÉireann, Coláiste na hOllscoile, Corcaigh, Co. Chorcaí.

Concubhair Ó Cronín, Páircín na nGallán, Barrghleann, An Chaolchoill, Beanntraí, Co. Chorcaí.

An tOll. Brian Ó Cuív, D.I.A.S., 10 Burlington Road, Dublin 4.

Liam Ó Cuinneagáin, Oideas Gael, Gleann Cholm Cille. Co Dhún na nGall.

An tAthair Séamus Ó Deá SP., Baile Uí Thífe, Cill Dálua, Co. an Chláir.

Dr. Liam Ó Dochartaigh, Ollscoil Luimnigh, Luimneach.

Vincent Ó Domhnaill, Inbhear, Co. Dhún na nGall.

Mary Grace Ó Dónaill, Mín na Leice, Croithlí, Co. Dhún na nGall.

Seán Ó Dónaill, Mín na Leice, Croithlí, Co. Dhún na nGall.

Brian O'Donnell, 10 Watermill Lawn, Raheny, Dublin 5.

Séamas Ó Dubhda, Baile an Oidhre, Caisleán Ghriaire, Co. Chiarraí.

Peadar Ó Dubhghaill, 106 Mt. Carmel Road, Droichead Nua, Co. Chill Dara.

Dr. Bearnárd Ó Dubhthaigh, An Roinn Oideachais, Brainse an Iar-Bhunoideachais, Úrlár XI, Teach Háicín, BÁC 2.

An tAth. Cathal Ó Fearraí, Coláiste Adhamhnáin, Leitir Ceanainn, Co. Dhún na nGall.

An Canónach Pádraig Ó Fiannachta, Tigh na Sagart, An Daingean, Co. Chiarraí.

Breandán Ó Flanagáin, Sliabh Carmel, Páirc na Maoile, Cluain Dolcáin, BÁC 22.

Seán & Agnes O'Flanagan, Notre Dame, Derrymore, Roscrea, Co. Tipperary.

M. Ó Flathartaigh, 18 Bóthar Chnocán Éadain, BÁC 4.

Noel Ó Gallchóir, Gort an Choirce, Co. Tír Chonaill.

An tAth. Seán Ó Gallchóir, Teach an tSagairt, Bunaleaca, Leitir Ceanainn, Co. Dhún na nGall.

An tOll. Pádraig Ó Gormaile, Ollamh le Fraincís, Coláiste na hOllscoile, Gaillimh.

Pádraig Ó hAdhmaill, 61 Páirc na Coille Uaine, Árd Mhacha, BT11 9HG, Co. Árd Mhacha.

Eoghan Ó hAnluain, Roinn na Gaeilge, Coláiste na hOllscoile, BÁC 4.

Dr. Brenda O'Hanrahan, 7 Park Lane, Dublin 4.

Aidan & Joyce O'Hara, 82 Ashton Avenue, Dublin 16.

Dr. Pádraig Ó Héalaí, Roinn na Gaeilge, Coláiste na hOllscoile, Gaillimh.

Pádraig Ó hEidhin, Comharchumann Íde Naofa Teo, Áras Íde, Faing, Co. Luimnigh.

Dr. Daithí Ó hÓgáin, Roinn an Bhéaloidis, Coláiste na hOllscoile, BÁC 4.

Prof. Eanna Ó hOisín, UCD, BÁC 4.

An tOllamh Ruairí Ó hUiginn, Roinn na Nua-Ghaeilge, Coláiste Phádraig, Má Nuad, Co. Chill Dara.

Diarmuid Ó Laoghaire SJ, Aspalacht na h-Urnaí, "An Timire", Páirc Bhaile an Mhuilinn, BÁC 6.

Donncha Ó Laoghaire, 2 Janeville Terrace, Sundays Well Road, Cork.

Lillis Ó Laoire, Gort an Choirce, Co. Tír Chonaill.

An tOllamh B. Ó Madagáin, Roinn na Nua Gaeilge, Coláiste na hOllscoile, Gaillimh.

Mícheál Ó Meallaigh, 60 Maineár Mhóin an Lao, Cnoc na Cathrach, Gaillimh.

Séamus Ó Mórdha, 142 Ascaill Ghlasnaíon, BÁC 11.

Diarmaid Ó Muirithe, Roinn na Nua-Ghaeilge, Coláiste na hOllscoile, Belfield, BÁC 4.

An tAth. Réamonn Ó Muirí, Parochial House, 15 Springfield Road, Moneymore, Co. Derry BT45 7ST.

Maitiú Ó Murchú, Mín Doire Dhamh, Gaoth Dobhair, Leitir Ceanainn, Tír Chonaill.

Marcas Ó Murchú, (Marcaisín Nóra), Béal Feirste agus Doire.

Michael O'Reilly O.M.J., St. Paul University Seminary, 249 Main Street, Ottawa, Ontario K1S 1C5, Canada.

Flann Ó Riain, Ardán, Eatharlach, Tiobrad Árann.

M. Ó Rocháin, Sráid na Cathrach, Miltown Malbay, Co. an Chláir.

Diarmuid Ó Sé, Roinn na Gaeilge, Coláiste na hOllscoile, Belfield, BÁC 4.

Prof. Pádraig Ó Siadhail, St.Mary's University, Halifax, Nova Scotia B3H 3C3, Canada.

An tAthair Pádraig Ó Siochrú, Tigh an tSagairt, Cillín Tiarna, Cill Airne, Co. Chiarraí.

Eoghan Ó Súilleabháin, Coláiste Phádraig, Droim Conrach, BÁC 9.

An Dr. Mícheál Ó Súilleabhain, Roinn an Cheoil, Ollscoil Luimnigh, Luimneach.

An tAth. Louis Page, Áras Vianney, Portiuncula, Béal Átha na Sluaighe, Co. na Gaillimhe.

Fernando Fernandez Palacios, Ci Sanchez Preciado 59 4#C, 28039 Madrid, Spain.

Sean Phillips, Librarian, Main Library, UCD, Dublin 4.

Philipps-Universität Marburg, Wilhelm-Ropke Strasse 6E, D-350232 Marburg, Germany.

Professor Dr. H. Pilch, Albert-Ludwigs-Universität, Englisches Seminar, Rempartstrasse 15, D-79085 Freiburg, Germany.

Méadbh Piskorska, 11 Bóthar na Caise Thiar, BÁC 14.

An tAth. Pádraig Pléimeann, M.S.C., Coláiste an Chroí Naofa, Carraig na bhFear, Co. Chorcaí.

Prof. Dr. Erich Poppe, Philipps-Universität Marburg, Fachgebiet Vergleichende Sprachwissenschaft (FB II), Wilhelm-Ropke-Str. 6 E, D-35032 Marburg, Germany.

The Rt. Hon. Sir Robert Porter, Larch Hill, 4 Church Avenue, Ballylesson, Belfast BT8 8JX.

Kevin Quinlan, The Diamond, Donegal Town, Co. Donegal.

Prof. Gerry Quinn, Dept. of Political Economy, UCD, Dublin 4.

Prof. Jo Radner, Dept. of Literature, American University, Washington D.C. 20016, USA.

Prof. Barry Raftery, Dept. of Archaeology, UCD, Dublin 4.

Donald Rankin, 2148 Bel-Air Drive, Ottawa, Ontario K2C 0X3, Canada.

Donald E. Read, 1181 Deer Park Road, Nepean, Ontario, Canada K2E 6H4.

Dexter Sampson, 1189 Cline Crescent, Ottawa, Ontario K2C 2P3, Canada.

Scoil Chaitríona, 12 Main Street, Ballyshannon, Co. Donegal.

Dr. John Shaw, School of Scottish Studies, University of Edinburgh, 27 George Square, Edinburgh EH8 9LD, Scotland.

Elva Skuce, 257 Lisgar St. # 507, Ottawa, Ontario, Canada.

Monsignor Joseph Spelman, Parochial House, Collooney, Co. Sligo.

Dr. Patrizia de Bernardo Stempel, Wachsbleiche 10-12, D-53111 Bonn, Germany.

An tOll. Gearóid Stockman, 10 Piney Hill, Belfast.

Swords Lions Club.

H. L. Temple, Magee & Company Ltd., Donegal Town, Co. Donegal.

Harrison Therman, PO Box 7356, St. Davids, PA, 19087- 7356, USA.

Una Uí Bheirn, M.A., 31 Páirc Ráth Maoinis, BÁC 6.

Áras Mháirtín Uí Chadhain, An Cheathrú Rua, Co. na Gaillimhe.

Máire Bean Uí Ghairbhí, 29, Bóthar Mac Aodha Thoir, Baile Bhailcín, BÁC 12.

Universitätsbibliothek, Werthmannplatz 2, D-79098 Freiburg im Breisgau, Germany.

An tAth. Séamas de Vál, Sráid na nGael, Bun Clóidí, Co. Loch Garman.

C. A. Veelenturf, De Merodestraat 2, NL- 2381 TT Zoeterwoude-Dorp, The Netherlands.

Waterford Corporation, City Hall, Waterford.

Dr. Seosamh Watson, Roinn na Nua-Ghaeilge, Coláiste na hOllscoile, BÁC 4.

Maike Wesener, Jahnallee 26, D-53173 Bonn, Germany.

Dr. T. K. Whitaker, 148 Stillorgan Road, Dublin 4.

Prof. Dr. Stefan Zimmer, Sprachwissenschaftliches Institut, An Der Schlosskirche 2, 53113 Bonn, Germany.

Arna fhoilsiú faoi choimirce Roinn na Nua-Ghaeilge, An Coláiste Ollscoile, Baile Átha Cliath.
Published under the auspices of the Department of Modern Irish, University College, Dublin.